ちくま学芸文庫

# 武家文化と同朋衆

## 生活文化史論

村井康彦



筑摩書房

# 目次

# 武家文化と同朋衆——生活文化史論

本書は三一書房から一九九一年一月に刊行された『武家文化と同朋衆——生活文化史論』を増補し、文庫化したものである。

# 序論

宮座の建物（滋賀県長浜市西浅井町菅浦）

## 天文文化論――都市の美意識

### 「場」の文化史

近時、文化史上の時代区分として、十六世紀中葉を、その時期の年号を冠して「天文文化」と呼ぶことが多くなった。その特徴は、三都（京・奈良・堺）を中心とする都市文化の昂揚と、戦国大名の城下町を中心とする領国文化の形成に求められよう。後者についていえば「朝倉孝景条々」が、四座の猿楽者を呼び下すよりも、国許の者を育成する方が上策であると記したことはよく知られるところであるが、朝倉氏ほど熱心に京文化を吸収した大名はいないし、当時一級の学者であった三条西実隆に接して古典の吸収に努めた地方大名も少なくなかった（芳賀幸四郎『東山文化の研究』、米原正義『戦国武士と文芸の研究』）。城下町づくりに当り、都市景観はもとより、言語や習俗に至るまで「帝都の模様」を移そうとした、いわゆる小京都の簇生は、この期における地方文化の状況をよく示している。

一方、その小京都が手本とした京都は、王朝以来の文化的蓄積はともかく、商工業を主体とする生産都市であり、当時における先端都市であったことに留意する必要がある。京都が古都として認識されるようになるのは、江戸後期のことである。戦国期の京都では上京・下京を中心に町組=町共同体が発達し、それを母胎とする市民生活が展開されていた。その一端は「洛中洛外図屛風」などに描かれるところで、その「京都の景気」を代表するのが祇園御霊会であったことはいうまでもない。

京都が政治の中心である一方、宗教や商工業などの複合都市であったのに対し、同じ時期、その一部を分有する形で栄えたのが奈良や堺である。ことに堺は応仁の乱の勃発により日明貿易船の発着港となり、南蛮貿易ともあわせて、急速に都市的な発展を見た。都市のもつ経済力という点では、十六世紀の堺にまさるものはなかったといえるかもしれない。文禄二年(一五九三)、宗魯なる人物が堺で筆録した『御茶道具目録』は、少しあとの天正初年のデータではあるが、奥書に「日本国中宝物所持高下ノ仁躰記レ之」とあるように、当時世に知られた名物(約四百三十点)とその所持者(約百九十人)をあげたもので、堺…七十人・百九十一点、京都…二十九人・五十一点、奈良…十一人・三十五点をはじめ、大坂・山口・博多・府中などの都市や在郷町、および国々の数字が記されている。当時道具所有熱が都市を中心に全国的な規模でたかまっていたことをうかがわせるが、その中心が三都、わけても堺であったことが知られると思う。茶の湯の代名詞となった「数奇」について、「物数を多く寄せること」(『分類草人木』)といった皮肉な定義が出てくるゆえんである。

このようなわけで天文文化には、三都を中心とする生活文化の昂揚という一面がある。天文年間茶会記が登場し、花伝書もまたこの時期に集中してつくられているところから、いっぱんにこれを天文茶会記・天文花伝書と総称している。もっとも「花の立てようを記した」(『日葡辞書』)花伝書の方は、すでに十五世紀の後半あたりから現われはじめており、初期のものは図鑑的な性格がつよかったが、十六世紀に入ると池坊を中心に、立て花の構成理論はもとより、理念ともいうべきものが生まれている。『専応口伝』の冒頭に記す「花論」などにそれを見ることができよう。花伝書の登場は、そうした花の理論・理念の形成の指標であるとともに、このなかでも述べているように、「一道世にひろまりて、都鄙のもてあそびとな」ったという、量的なひろがりを示すメルクマールでもあった。この時期の花伝書で、転居の花・婿嫁取婚の花など生活習俗に根ざした花の立て方が中心となるのも、立花が一般都市民の生活のなかに普及したことを物語っている。天文文化は町衆文化という色彩を濃厚にもっていた。

天文文化のこうした特質をより端的に示してくれるのが、茶の湯の世界であろう。先にもふれた茶会記を通して知られるところでは、三都の町衆茶人たちの間では、ワンパターンといってよいほど四畳半茶室をかまえていた。たとえば永禄二年(一五五九)四月堺を訪れた奈良の茶人松屋久政は、連日の如く茶事に招かれているが、次のように、どこも四畳半の茶室であった(『松屋会記』)。

| | | | |
|---|---|---|---|
| 十八日 | 天王寺屋道叱 | 北向四畳半 | 左かまえ |
| 十八日 | 納屋宗久 | 〃 | 右かまえ |
| 二十日 | 住吉屋宗左衛門 | 西向四畳半 | 左かまえ |
| 二十日（晩） | 樋口屋 | 北向四畳半 | 右かまえ |
| 二十一日 | 薩摩屋宗忻 | 〃 | 〃 |
| 二十二日 | 木下宗五郎 | （？）四畳半 | 〃 |
| 二十二日 | 北向道陳 | 東向（四畳半） | 〃 |
| 二十二日 | 天王寺屋了雲 | 北向（〃） | （？） |
| 二十三日 | 千宗易 | 南向四畳半 | 左かまえ |

このような四畳半茶室と、それに基づく茶礼によって特徴づけられる茶の湯の世界を、天正年間の成立になる『山上宗二記』の言をかりれば、「（武野）紹鷗《じょうおう》の法度」といった。千利休の師である紹鷗は、三十歳までは連歌師であったというが、心敬の歌論を承けて茶の湯の理念と骨格をつくり、この世界をリードしたのである。

ところで中世の文化史を茶や花を中心に研究して来たことと、多分関係があると思うが、わたくしは文化を「場」においてとらえることの必要を感じている。いわば「場の文化史」であるが、それは文化をジャンルごとに整理して理解するのではなく、人間の営為をその場に即し(あるいは戻し)、全体としてとらえる視角といってよい。たとえば室町時代に盛行した七夕法楽の花会を貞成《さだふさ》親王の伏見御所に例をとれば、前日あたりから公家・地下侍・寺庵らが花瓶を持ち寄って花を立て、当日、人びとはまず風呂に入り、ついで節供の儀を行ない、三献が終ったのち、花を進めなかったものも加わり和歌の会がもたれる。和歌の披露があったのち、再び一献あり、舞楽・朗詠が行なわれる。毛氈の上に盆を載せて並べてある瓶花を見ながら、会衆はこうして遊宴の一日を過ごすのである。そこでこのように「花飾」のある部屋を「花座敷(席)」といい、二、三日はそのまま陳列しておき、その間「花賞翫のため」あらためて連歌や酒宴を行なっている(『看聞日記』)。和歌や連歌会・朗詠に舞楽、そういった文芸が会所での遊宴のなかで、一連のものとして持たれているわけで、それをトータルにとらえなければ生活文化としての特質をつかむことはできないであろう。

天文文化をこのような「場」の視点でとらえようとする時に浮び上ってくるのが、先に指摘した四畳半の草庵であり、それの持つ意味であろう。そしてこのことの考察は、そうした草庵が「市中の山居(里)」として登場する時期、すなわち東山時代の文化のありようについての再検討ともなろう。近ごろわたくしは、東山文化という文化史上の時代概念にいささか懐疑的になっているからである。

## 会所の文芸

中世の文化を理解する上で重要な手掛りを与えてくれるのが、室町時代に本格的にあらわれる「会所」である。「建武式目」でその禁制さえうたわれている、連歌会や茶寄合など寄合性を特徴とする文芸や芸能と密接な関わりがあるからである。

会所の語の所見は、管見によれば平安中期、慶滋保胤《よししげのやすたね》の主催する勧学会の会所であるが（『本朝文粋』）、鎌倉時代になって和歌会の会所という形であらわれはじめ、室町時代に及ぶ。たとえば佐々木道誉《どうよ》の京都の宿所にあったという「六間（十二畳）ノ会所」（『太平記』巻三十三）。これは建物の一部屋であったが、室町幕府――室町殿（上御所）と三条坊門殿（下御所）――になると、庭間建物群の一つとして独立した会所が造営されている。すなわち義満の室町殿（花の御所）に一宇、義持の三条坊門殿に二宇（ただし一宇は没後義教が造立）、さらに義教の室町殿では三宇もの会所がつくられており、あとになるほど会所の需要がたかまっていたことを知る。これは将軍家における和歌会や連歌会などが月次《つきなみ》（月例）会となるなど、文芸を中心とする年中行事の充実と表裏の関係にあり、ことにそれを進めた義教に会所が多いのは理由のないことではない。この義教は、青蓮院門跡時代から猿楽に関心を有したのをはじめ、和歌・連歌・茶湯と、文芸・芸能万般に興味を持った数奇の将軍である。義政の芸術的な才能はこの父の血を引いたものといってよいのかも知れない。しかし周知のようにこの義教は、クジ引きで将軍となり、赤松満祐《みつすけ》によって殺される（嘉吉の変）、といった経緯から、従来政治の上はもとより、文化的な役割についてもほとんど評価されることがなかった。

このことに関連して、中世の文化を「北山文化」（前期）と「東山文化」（後期）とする従来の文化史上の時代区分について一言しておきたい。この概念が、義満の建てた北山山荘の金閣や義政の営んだ東山山荘の銀閣に象徴させた呼称であることはいうまでもないが、わたくしは右に述べたように義教（やその前の義持）の果した文化史上の役割を高くみる立場から、むしろ「北山と東山の間」を強調したいと思う。その呼称は元号をとって「永享文化」でもよいし、室町期（応仁・文明の乱以前）の文化を代表するという点ではそのまま「室町文化」と呼んで差支えないであろう。そしてその特徴も、まさしく会所の発展に集約されていたのである。

この会所は当初きまった構造があったわけではない。しかし幕府のハレの殿舎が伝統的な公家建築である寝殿造であったのに対し、ケの建物であることから新しい建築様式（書院造）が試みられ、書院座敷として発展したところに時代的な特色をもつ。いわゆる床の間をもつ書院造の出現の背景には、鎌倉時代以来昂揚した唐物数奇があったが、それについてはここではふれない（太田博太郎『床の間――日本住宅の象徴』）。書院座敷の出現は、それに相応しい座敷飾の規式を生んだ。『君台観左右帳記』や各種御飾書がそれであるが

（村井校訂解題『君台観左右帳記・御飾書』本書所収）、これがこんにちに及ぶ日本人の生活の美学の母胎となったことを思えば、会所の文化のもつ意味も理解できよう。この書院座敷に基づく茶礼、いわゆる書院茶湯の様式的な確立も、義教の時代であったと考えられている。これらが、室町文化のピークを北山と東山の間に求めたいとする根拠の一端である。

しかし、北山文化についてはともかく、東山文化の評価に関しては多少の補足が必要である。というのは、義政を東山殿、その時代を東山の時代と呼び、文化的な昂揚期とみる見方は、すでに中世末期（戦国時代）には生まれていたからである。『山上宗二記』『等伯画説』、あるいはジョアン・ロドリゲスの『日本教会史』などをみても、義政の時に唐物蒐集とそれに基づく茶の湯が完成したとする見方をとっている。茶の湯を中心としているとはいえ、わが国の中世文化に対する理解は、歴史的にも、まず東山文化という形でとらえることからはじまったといって間違いではないのである。

これらの見解が、義政の芸術活動を支えたものとして同朋衆の役割を重視しているのは評価されるところであるが、しかし結論的には従えない。たとえば唐物数奇＝蒐集にしても、将軍家のそれを「東山御物《ごもつ》」と称して義政の功に帰するが、むしろ経済的な不如意から手放したこともあるのが義政である。しかしより大事なのは、村田珠光の「心の文」に「和漢のさかいをまぎらかすこと肝要々々」とあるように、唐物数奇から和物数奇へと美意識の変化がおこりはじめていたのが、まさしく義政の時代であったことであり、実際に義政自身、そうした変化を先取りしていたことである。東山時代は、先にいった意味での室町文化から天文文化への過渡期とみる方が当っていよう。

## 「丈間」座敷の登場

義政もしくはその時代の理解に深くかかわってくるのが、義政が東山山荘に営んだ同仁斎の位置づけである。持仏堂である東求堂の東北の一室で、四畳半書院の最も古い遺構である。

この同仁斎については、かつて野地修左氏が建築史の立場から検討され、書斎であって茶室ではない、これを四畳半茶室のはじまりとみるのは江戸時代に生まれた俗説にすぎない、とつよく主張されたことがある（『日本中世住宅史研究』）。天文期にみられる四畳半茶室に直接結びつくものでない点では、その通りであろうが、しかし野地氏の意見にも問題がある。書院の茶湯にあっては、室内に炉が切られることがなく、他所で用意した茶が運び込まれる、いわゆる点て出しの茶であったから、書斎であれどこであれ、用いられる座敷が茶室ならぬ茶室であった。したがって、書斎であって茶室ではない、といったたぐいの議論にはほとんど意味がないのである。

それどころか、以前の解体修理の際、天井長押《なげし》に「丈間」「御ゐろりの間」といった墨書が発見され、この同仁斎には炉が切られていたことも判明した。となると野地氏が江戸

期に作られたものとして退けられた『御飾書』（相阿弥）に、

御持仏堂艮（東北）　四畳半敷御囲炉　南蛮物釣物　えふご水さし　同はんおけ　杓立
細口ことう　水こぼし　四方ことうふたおき　くさり常のことし

とある記事も真実性を帯びてくる。同仁斎が茶室として用いられたことは間違いない。

義政がこの四畳半書院につけた同仁斎という名は、「聖人一視而同仁、篤㆑近而挙㆑遠」（韓愈『原人』）に由来するが、小座敷にふさわしい名称であったといえる。座敷が大型化し立体化（上段の間・下段の間など）する傾向のなかでの小間の座敷には、逆に身分など社会的関係を否定する、つまり一視同仁という意味が見出されるからである。じじつこの部屋が「（方）丈間」と呼ばれていることのなかに、四畳半という空間が遁世者のこもった方丈の草庵と重ね合わせて理解されたことを示している。四畳半は脱俗の空間であったがゆえに一視同仁であったわけである。

義政の同仁斎が「丈間」と呼ばれていたことに関連して看過できないのが、義政とも交わりのあった公家、三条西実隆の構えた丈間の小屋のことである。正確にいえば、文亀二年（一五〇二）六月、売りに出ていた六畳敷の小座敷を連歌師玄清の世話で購入し、これを武者小路の屋敷内に移建したが、その際これを「丈間座敷」に改造したというものである（『実隆公記』）。八月十六日に完了したが、この間、小壁を白壁に塗り、押板・棚などを唐紙師に張らせ、畳大工に舗設させ、庭者に石を立て小樹を植えさせ、大工に庭の垣根を構えさせている。これが邸内の一隅に建てられたのにちなみ「角屋」と名づけられた「新築小屋」であるが、右の記事から明らかなように、書院造の構造をもつ独立の小座敷であった。草庵風の建物ではない。以後実隆は、この座敷で古典の書写をはじめ、公家や連歌師、武士などに古典の講釈を行ない、和歌会や連歌会を催している。武野紹鷗が実隆をはじめて訪れたのは大永八年（一五二八）三月のことであるが、紹鷗もここで受講したことがあったかもしれない。紹鷗は実隆から『詠歌之大概《えいがのたいがい》』（藤原定家著）の序の講釈を聞いている時、茶の極意を悟ったといわれている。

それはさておき、六畳を四畳半にわざわざ改めた実隆の事例は、この時期における四畳半志向を端的に物語っている。先の同仁斎とあわせて考えれば、その傾向は十五世紀末からのものであったといえると思う。そして義政の同仁斎が一部屋であったのに対し、角屋は独立の建物であるところに、丈間建築としての純粋化が進んでいるわけである。しかしまだ草庵（造）ではない。

## 草庵の系譜

実隆の屋敷は武者小路にあったから、つまりは上京の住人であったが、同じく上京でそこから数百メートルほどのところに住んでいた豊原統秋《とよはらのむねあき》も、ほぼ同じ時期、永正年間(一五〇四〜二一)、邸内の松の木の下に一宇の庵を結んで「山里庵」と名づけ、つぎのような歌をよんでいる(『碩礫集』)。

山にても憂からむ時の隠家《かくれが》や都のうちの松の下庵《したいほ》

——人里をのがれ山里に入っても依然心憂い、その心を癒すための隠家が、都のなか、邸内の松の下に営んだこの草庵である。

いま思わず草庵と書いたが、この山里庵もおそらく角屋と同様、書院風の建物であっただろう。また規模も分らないが、四畳半であったとみてよいであろう。しかしここには同仁斎ー角屋の流れを辿るなかで垣間見た草庵の思想が、明確な形であらわれたことを知る。

ここで問題になるのは、つぎの二点である。

その一は、建物の構造の上で、書院造から草庵造への移行時期の問題である。これまで見て来た四畳半がいずれも書院小座敷であったとすれば、天文期にみる四畳半の草庵茶室との間には建築上の不連続性にもかかわらず、四畳半を共通項とする思想的な連続性があったことになろう。その転換を促したものが、後者の思想、すなわち山里の思想であったことはいうまでもない。

ちなみに草庵造の茶室があらわれた時期は明確には押えられないが、『二水記』享禄三年（一五三〇）四月十四日条にみる万里小路邸の「茶室」を「近日里木造周備也」とあるのが留意されよう。この里木造が「黒木造」の誤字であれば、書院造でない草庵風の茶室であったことになり、ほぼこの時期が草庵茶室の出現期といえそうである。

その二は、そうした草庵がいわば「山里の草庵」ではなく、統秋の歌にもみられるように「都の隠家」、市中の草庵であったことの意味である。

もっとも市井のなかに隠遁の生活を送った、いわゆる市隠は、けっして珍しい存在ではなかったであろう。中国はさておき、わが国にその先例を求めれば、十世紀後半の慶滋保胤などがそれであろうか。保胤の著わした『池亭記』によれば、住んだのは六条の北の荒地に営んだ邸宅というから、京中（左京）ではあるが、当時は市街地からはずれており、厳密には市中とはいえないかもしれない。しかし、池の東に構えた書庫では書物を通じて「異代」の古賢にあい、西の小堂では阿弥陀を念じて心を安めている。保胤の心は現実の生活にではなく、過去（読書）と未来（念仏）にあったことがわかる。

『池亭記』といえば、これより先、源兼明にも同名の文章があり（『本朝文粋』）、場所も六条坊門西というから、ごく近くであったことになる。しかしこの二つの『池亭記』には叙述の上で際立った違いがある。それは保胤の方にはその前半を費して、平安京の都市的相貌と実態を述べ、そこに住む人間のおろかともいえる姿を描き出し、自分の池亭に及んでいることである。これは保胤に、自分の池亭もそうした都市生活のなかでとらえ、位置づける視点があったことを示していよう。したがってその保胤の、「(官につとめていても)心は山中にあるが如し」という述懐は、そのまま市隠の思想に通ずるものがあったといってよい。

この『池亭記』の影響をつよく受けたのが、同じ賀茂氏の一族であった鴨長明の『方丈記』であるが、遁世した長明の入ったのは大原や日野の草庵であって市中ではない。古代末期から中世にかけて輩出した、いわゆる隠者たちの生きざまについてはさまざまな理解がなされようが、西行のように遁世後もくりかえし、捨てて捨て得ぬ都なりけりと嘆いたものもいる(『山家集』)。その営むところの草庵も、人里から隔絶された場所というより、夕方ともなれば人里の灯が見えるようなところが少なくなかった。むしろそうすることで、遁世の身であることを自分に確認させたのである。

その意味では山里の草庵はつねに人里・都・ちまたとつらなっており、その対比のなかにこそ意義が存していたというべきかもしれない。

しかしその草庵が公然と市中に構えられたのが、統秋の都の隠家であり、しかもその主は俗人であって遁世者ではない。十六世紀に出現した都の草庵は美意識の世界に属していたといえそうである。

十六世紀初頭における京都の都市的実態は明らかでないが、市街は大きく上京と下京とに分れ、上京は公武の住宅地とそれを顧客とする西陣の機業者が住み、下京は主として三～五条の間に商工業者が集住していた。規模としては下京より上京の方が大きかったが、賑やかさは下京のものだった。「下京茶湯（者）」という表現がこの時期に生まれたのも、もっぱらそれによる。上京茶湯（者）といういい方は意味がないし、実際になかった。

この下京茶湯者の早い例が、四条に住んだ村田宗珠である。村田珠光の「遺跡（後嗣）」というが（『山上宗二記』）、係累などは明らかでない。連歌師宗長の『宗長手記』大永六年（一五二六）八月十五日条に、つぎのような記事がある。

下京茶湯とて此比《このごろ》数奇などいひて、四畳半敷き、六畳鋪《じき》をの〳〵興行、宗珠さし入《いる》門に大なる松有《あり》、杉あり、垣のうち清く、蔦《つた》（の）落葉、五葉六葉色濃きを見て、

今朝や夜の嵐をひろふはつ紅葉

この宗珠は、『二水記』にはより明確な姿をもって登場する。すなわちこの八日後、粟田口青蓮院の池庭中島で催された茶会に出席した宗珠を評して、「当時数奇宗珠祗候、下京地下入道也、数奇之上手也」といい、享禄五年（一五三二）九月六日条には、日記の作

者鷲尾隆康が青蓮院門跡尊鎮法親王・曼殊院門跡慈運法親王と下京の町堂として知られる因幡薬師堂に参詣しての帰路、宗珠の「茶屋」を見物し、そのときの印象を「山居之躰尤有㆑感、誠可㆑謂㆓市中隠㆒、当時数奇之張本也」と書き留めている。この「茶屋」は実隆や統秋のとちがって草庵であったとみられる。そして後者とちがい下京にあったことで、上京の統秋の山里＝都の隠家よりも「市中」の「山居」という性格はさらに明確であったろう。

草庵茶湯は、こうして「市中」と「山里（居）」という対比概念を結びつけたところに成立した。それは日常（市中）のなかに取り込まれた非日常（山里）の空間といってよいであろう。

京都に出現した「市中の山居（里）」が、当時もっとも都市的発展をとげていた堺において見られないわけがなかった。ジョアン・ロドリゲス『日本教会史』のうち、関係のある部分をあげておこう。

数奇 suky と呼ばれるこの新しい茶の湯 chanoyu の様式は、有名で富裕な堺 Sacay の都市にはじまった。……その都市で資産を有している者は、大がかりに茶の湯に傾倒していた。また日本国中はもとより、さらに国外にまで及んでいた商取引によって、東山殿 Figaxiyamadono のものは別として、その都市には茶の湯 chanoju の最高の道具があった。また、この地にあった茶の湯が市民の間で引き続いて行なわれていたので、そこにはこの芸道に最もすぐれた人々が出た。その人たちは、茶の湯のあまり重要でない点をいくらか改めて、現在行なわれている数奇を整備していった。たとえば、場所が狭いためにやむを得ず当初のものよりは小さい形の小家《カジーニア》を造るようになったが、それは、この都市がまったく爽やかさのない干からびた海浜の一平原に位置しており、さらにいえば、西側は荒い海岸に囲まれた砂原になっていて、周辺には泉や森の爽やかさもなく、また都 Miyaco の都市に見られるような、数奇にふさわしい人里離れて懐旧の思いにふける場所もないからである。

……このような地所（それは都市の主要で最良の部分であった）の狭さから、茶の湯にふけっていた人のすべてが東山殿の残した形式で、茶の湯の家を造ることはできないという事態が生じていた。そしてまた、その他の事情が起きて、茶の湯に精通した堺のある人たちは、幾本かの小さな樹木をわざわざ植えて、それに囲まれた、前よりも小さい別の形で茶 cha の家を造った。そこでは、狭い地所の許す限り、田園にある一軒家の様式をあらわすか、人里離れて住む隠遁者の草庵を真似るかして、自然の事象やその第一義を観照することに専念していた。そこは、日本人にとって懐旧にふける場所となるのがならわしであり、またその気質からいって、特に人口稠密な宮都や都市における交渉や激務の中に暮している人々にとっては、少なからず楽しい場所でもある。……この都市にあるこれら狭い小家では、たがいに茶に招待し合い、そうすることによって、この都市がその周辺に欠いていた爽やかな隠退の場所の補いをしていた。むしろ、ある点では、彼らはこの様式が純粋な隠退よりもまさると考えていた。というのは、都市そのものの中に隠退所を見出して、楽しんでいたからであって、そのことを彼らの言葉で、市中の山居 xichû no sankio といっていた。それは街辻《プラッサ》の中に見出された隠退の閑居という意味である（第一巻第三十三章第二節。訳は『大航海時代叢書』IXによる）。

はじめに見た、堺の茶人たちのもった四畳半茶室、すなわち「市中の山居」が都市（民）の美意識の所産であったことを的確にとらえている。そしてかれらは、こうした市中の山居の方が、純粋の山居（山中の山里）よりもすぐれているとも考えたというのである。ここには山里にこめられた隠者たちの求道性はなく、市中俗塵のなかで楽しむ数奇者の美意識だけがある。

この市中の山里を四畳半からさらに三畳・二畳という小間に縮小し、ふたたび求道性を強調するのが千利休である。「紹鷗の法度」を破ったといわれるのがそれである（村井『千利休』NHKブックス）。

# 二つの「一座建立」——中世芸能と観客

## はじめに

芝居で見るが、芝居を見るに変ったのはいつ頃からであろうか。たぶん江戸時代のことと思うが、この芝居の語、もともとは芝生の席に居て見物するというところから生まれた庶民的見物席のことだった。それが、ここでは大衆席という意味をこえて演劇そのものの称となっているわけである。芸能が演者と観客とから成り立っている以上、観客あっての芸能であることはいうまでもないが、この意味変化は演劇の普及にともなう観客の増大——それは取りも直さず大衆席の観客の増加だった——に原因しているのであろう。芸能における観客の立場というか意味を端的に示す事例である。

従来の芸能史研究が、こうした観客の存在を軽視したわけではないが、演技者に重点をおいてきたことも否めない。芸能を総体として理解するためには、この両者を含めて考察することが望まれる。

ところで、観客を把握する上でもっとも直接的な方法は劇場史という視点であろう。その規模や構造、あるいは興行形態を通じて知られる観客の動員数・階層・性別あるいは入場料、劇場内での風俗といったことがらが調査事項である。しかし観客論のもつ意味は、そうした観客側の問題、とくに数量的な側面を明らかにするにとどまるものではなく、芸能の質にも深くかかわるものであるように思う。演者にとって観客の反応が無関心であり得ないからである。そこに、演技にはね返る観客の目があった。観客は批評家であった。観客論は同時に芸能批評の問題とも不可分のものであることが知られるのである。

芸能史研究における観客論の意味は、さしあたり右に述べた如き点に求められると思うが、これを中世の芸能に適用した場合はどのようなことがいえるか、というのが本稿の課題である。

第一は、劇場（舞台と観客席）が出現する以前の中世では、臨時に設けられる桟敷や芝居といったものがそのすべてであるから、近世以後の劇場史の観点はストレートには適用できないことである。したがってここでは、芸能が行なわれる「場」を考えるというにとどまらざるを得ないだろう。おのずから、観客の数といった数量的な問題についても多くは期待出来ない。〝貴賤群聚〟で片付けられてしまうのがオチであるから。また中世では観客席はもとより舞台そのものも随時仮設されることが多く、その点でも制約が多い。

第二は、演者と観客の関係がもっとも端的に見られるのは舞台芸能であるが、中世の場合、いわゆる室内芸能について考える必要があることである。数あるジャンルの中、どれをもって中世芸能の典型とするか議論のあるところであろうが、田楽、猿楽や狂言といった舞台芸能とともに茶湯や連歌といった室内芸能が中世の所産であったことは明らかである。もっともこれらは野外で行なわれることも多く、非舞台芸能という方がより的確な表現かもしれない。また、連歌を芸能とするのが行きすぎならば芸能的文学といってもよいが、南北朝、室町時代に盛行した茶寄合と連歌会は少なくともそれを享受した人々にとっては異質のものではなかった筈である。そして、この両者に共通するのが寄合性であった。寄合の芸能としての茶湯や連歌を観客論の立場から考えることが必要であろうし、前述のこともからまって、中世芸能という場合はむしろこの点の考察が中心となるであろう。

## 神から人へ——観客の登場

村の人々にとって、芸能の〝場〟は鎮守の杜ー境内であった。

たとえば南山城の多賀町にある高神社。集落の東南の山腹にある旧郷社で多賀神社とも書かれるが、文永九年(一二七二)四月、本殿造営を祝い宝堅《ほうがため》の神事として散(猿)楽が奉納されている。演者は紀州石王権守と宇治若石権守の両者。拝殿の北脇二間が「殿原ザシキ」、西面一間が「女房ザシキ」とされ、「地下座シキ」は別の場所に設けられていた。村内の土豪や有力百姓である殿原衆やその女房たちの「座敷」と区別された地下のそれが芝居ということになろう。しかしかれらは必ずしも観客とはいえない。そこで演じられる芸能が本来神に奉納される神事であった以上、観客は神そのものであって、座敷に集う人々は、観客であって観客ではない。かれらは演技者の心を通して神と結ばれていたのである。さればこそ近江国湖北の菅浦の場合のように、須賀神社に奉納される能について、敏満寺虎若太夫がその手紙に、「能のつとめ承り候、座のものに申し聞せ候、みな参るべく候、地下とひとつになり候べく候」とのべ、演能にあたり地下の村人とひとつ心になったわけだし、また地下の人々も天文十七年（一五四八）十一月に至り、春秋二度の神事能の楽頭職を虎若大夫から買い取ったように、惣庄の手でこれを行なうようにもなったのである。いまに伝える能面や鼓は、そうした地下猿楽の記念物に他ならない。この場合、芸能と神事とは不可分に結び合っており、こうした神人一体感の中では、観客は観客であって観客とはいえない。

　このように考えれば、真の意味の観客の出現はそうした宗教的な意味の希薄な芸能、というより、それの持たれる「場」が深くかかわってくるように思われる。

　話はいささか遡ることになるが、古代においても、海柘榴市《つばいち》に代表される市場は、不特定多数の人間の集まる場所として、もっとも早く観客の出現した場所であったといえる。三輪山の麓、山の辺の道に沿う海柘榴市は、古来八十《やそ》の衢《ちまた》と呼ばれ、交易の場であったと共に、外交使節を迎え犯罪者をさらす場ともされた。しかしわたくしが想起するのは、ここで行なわれたという歌垣のことである。『日本書紀』武烈即位前紀に載せる歌垣とは、皇太子時代の武烈天皇が大臣平群真鳥臣の男鮪《しび》と、物部麁鹿火《あらかび》大連の女影媛をめぐる恋のさやあてを解決するために行なったというものである。衆人の前で恋の決着をつけるこうした歌垣には古代の野性、おおらかさが残っているといえよう。歌垣は「かがい」ともいわれ、関東筑波山麓のそれが有名であるが、もともとは豊作を祈って春先に共同体成員が飲食歌舞した、原始社会での予祝儀礼に由来している。そこでは人々は環座し、かけ合いで歌舞を行なったのだが、そういう中で女を張り合う男たちの恋の決着の場ともされたのだろう。しかし海柘榴市で太子たちのもった歌垣には、そういう本来的な意味は失われている。その結末(歌のやりとりの途中、鮪がすでに影媛と通じていることを知って怒った太子が、その夜鮪を奈良山に殺してしまう)もさりながら、これを見守った人々も市に集う不特定多数の〝観客〟であったから。しかも鮪を失った影媛は山の辺の道を北へ、葬送歌をうたいつつ鮪の殺された奈良山に行くことになっているが、これは「道行き」に他ならない。この歌垣は、これを記した書紀の編者の意識においても演劇化されているといえよう。原始的な生活習俗がその意味を失った時、それが芸能となり観客が登場したのである。演劇の原点が海柘榴市といった貴賤群聚の市場であったことは、まことに興味ぶかい。

このことは言葉を換えれば都市的発展の中に観客が登場してきたということでもあろう。都市というルツボの中で、本来神を慰撫するためのものだった神事祭礼も、人のためのものとなっていく。

賀茂祭がその好例であろう。王城鎮護の社として朝野の崇敬を受けた上・下賀茂神社への勅使参向の路頭の儀が、貴族社会と都市生活の展開の中で祭りとして成長したのが賀茂祭、それを葵祭ともいうのは、これに従う官人や牛馬などに二葉の葵を懸けたり挿頭したことによる俗称である。『枕草子』にも、「四月、祭のころ、いとをかし」で始まる一段があり、その若葉の季節への思いとも重なって、王朝びとにとっての祭りがこの賀茂祭にほかならなかったことを示している。祭りのパレードは、農村部でも虫送りといった行事にみられるように、賀茂祭に限るものではないが、それが、都市を場とする祭りであったところに、行粧を華美なものとする条件が存在していたといえる。これに従う近衛の官人の衣装や作物の風流の過差がしばしば禁制の対象とされた所以であり、この行粧の見物の場所を求めて車宿の争いが起こった所以である。『栄花物語』にも、道長が一条通りに桟敷を構えて見物したさまが述べられているが、最近の発掘調査で、その一条桟敷と推定される遺構がみつかり話題を提供した。平安京における街頭桟敷については、つとに林屋辰三郎氏の論考がある（『古代国家の解体』所収）。この中で、桟敷は元来「神招きの場」であったが、京中桟敷にはそうした原始的意味が遥か後方に忘却せられ、貴紳遊楽の場になっていたこと、平安末期に限れば貴紳の大桟敷に対して中級貴族の使用する小桟敷、あるいは市人の営利になる町桟敷の出現したこと、などが詳細に論じられている。

祭礼における見物席としての京中桟敷が、賀茂祭とならぶ平安京の都市的祭礼として発展した祇園会にも現われることは、これまたよく知られるところであろう。とくに室町将軍の桟敷は、六月七日の神輿迎えには四条東洞院、同十四日の還幸には三条東洞院に構えられ、管領以下諸大名がこれに従ったが、永和四年（一三七八）六月七日の場合、加賀守護富樫介の経営する四条東洞院の桟敷では義満が、藤若こと世阿弥を侍らせて見物し、押小路公忠をして慨歎させたものだった（『後愚昧記』）。このように将軍桟敷は、かつて摂関家や院の桟敷を受領たちが営んだように、大名たちの経営するところであった。そしてこうした祇園会の桟敷は、こんにち、観光客のための有料桟敷として、その伝統を伝えているわけである。

してみると祭りにとって観客は、当然のことながら、不可欠の構成要素であり、むしろ観客の抱く関心なり興味が祭りを発展――よい方にも悪い方にも――させる要因であったといえる。天文二年（一五三三）の祇園会が、山門の横やりにより幕府から中止を命ぜられた際、下京の月行事たちが「神事無レ之共、山鉾渡シ度」しと祇園社に申し入れたことは、この祭りにおける町衆の心意気を示すものとして著名であるが、しかしそれは同時に、山鉾巡行の神事からの分離が公然と主張されたことでもあって、ここにも祭りとしての発展が宗教性の希薄でもあったことを示している。祇園会の山鉾巡行が、さまざまな風流や舞曲など芸能的発展をもたらしたものであることについては説明を要しまい。それはまさしく、多数の観客を前提とした祭礼の都市的発展－変容であった。

## 舞台芸能と観客――世阿弥の「見所」論

観客のもつこうした「魔力」をもっとも自覚したのが世阿弥ではなかったろうか。父観阿弥からの教えをふまえつつ、自身の体験を通じて得たところのものをその著作に展開している。中でも『風姿花伝』や『花鏡』にみる「見所」の論は、芸能史上自覚的に取り上げられた最初の観客論といえよう。

もっとも「見所」論を「観客」論とするのは多少問題がないわけではない。なぜなら、世阿弥の説くところはあくまでも演技者としていかにあるべきか、という演技論・稽古論あるいは演出論であり、演技者・演出者の対決すべき相手として対置されているのが見所だからである。しかし当然のことながら、世阿弥の目に映ずる見所は一様ではない。固定的にはとらえられていない。「貴人」もあれば「愚なる輩」もおり、「上根上智の眼」「目きゝの眼」もあれば「遠国田舎のいやしき眼」もある。同じ人々を相手でも、会の初めの見物客がまだ静かになっていない時と落ち着いてからの演能、昼と夜の違い、という工合に、座敷の様子によって演技の在り方をきめこまかく考えている。それはまさしく見所の存在を前提とする、その反映論としての演技論といってよい。

そういう意味での世阿弥の「観客」論（つまり演技論）をもっとも端的に表わしているのが、「ちからなく、この道は見所を本にするわざなれば」（残念ながら能楽の道においては見物席の褒美を根本にするものであるから）という語であろう。演技に強い・荒いと幽玄・弱いとの区別を知ることの大事さをのべたあとに出てくる言葉で、だからそうした演技も、見物者の好みによって演じ分けなければならないと述べている。見所を本とするとはいうものの、それを「力無く（残念なことだが）」とするところに、世阿弥のホンネが吐露されているといえる。世阿弥にとって見所＝観客は絶対であった。だから絶対的存在である見所の褒美を得られない演者は、どんなに巧者でも駄目だとする。「下手が眼の利く人に認められないのは当然のことで何の不思議もないが、上手が目利かずに認められないということは、見る人の眼識が低いためである。しかし真の上手で、工夫をつくす為手であるなら、又、眼の利かない者の目にも面白いと感ずるように、能をするに相違ない」といい、「この位を得たらん上手こそ、天下にも許され、又遠国田舎の人までも普く面白しとは見るべけれ」とも、「されば、いかなる上手なりとも衆人愛敬欠けたる所あらんをば、寿福増長の為手とは申し難し」とも述べている。「この芸とは、衆人愛敬を以って、一座建立の寿福とせり」というのが、「見所を本にする」世阿弥の演技論のアルファでありオメガであった。

このような考え方から出てくるものは、「座敷（見所）の様子を見て吉凶を予知」し、時と所に応じて演じ分けるという相対的な演技論である。「相応の所」を知り、見所相応の演技をすること、またそれが出来て初めて一座の棟梁にもなれるのだとする、きわめて現実主義的な演技論が展開される。そしてそのためには「物数（曲目）」を多く知ること、多く知るには自分で能作すること、それで他人と差がつけられるのだとするのである。それが演者の「花」であり、その花を「秘すれば花なり、秘せずば花なるべからず」とするわけである。そうした秘事は秘密にすることによって「大用」、すなわち重大なる効用が生ずるからである。

このようにみてくると、世阿弥の意識の中には常に見所＝観客があり、それを中心に演技論が構成されていたといって過言でない。しかしこの程度のものであれば、せいぜい体験的な観客論（演技論）にすぎないともいえよう。しかも「所の風儀」に応じて演じ分けるというのは観阿弥のモットーとするところであったというから、父譲りの考え方といってよい。

その点で、恐らく世阿弥において初めて自覚されたのが「離見の見」の論であろう。もっともこれとても、目前心後——目を前につけ心を後におく、といった言葉の世阿弥的翻訳とも考えられるが、能勢朝次氏も指摘するように、離見の語を仏教的用法とは違って自己流に用い、そうした新造語をもって前述の如き「相対論」「効用論」を高めているように思われる。

世阿弥によれば、自分で自分を見る目を「我見」といい、そこでは真の自分を見ることは出来ない。これに対して「離見」とは見所より見た所のおのれの風姿、つまり客観的に見た自分、他人の目に映じた自分の姿である。この離見の目で見る時、初めて自己の姿を完全に見得することが出来る。自分を見得出来れば自分の前後左右も見られるようになる、というものである。演技者としてはこの境地に至って初めて真の演技をすることができるわけで、「離見の見にて、見所同見と成て、不及目の見所まで見智して、五体相応の悠姿をなすべし」というのは、世阿弥の見所論の到達点といってもよいであろう。

それにしても、我が身を見所におくことによって自己を批評し高めるという世阿弥の考え方をみるとき、見所－観客の存在が世阿弥にとっていかに大きなものであったかが、あらためて思われる。

しかしそれならば、世阿弥において見所は批判をこえた存在であったかといえば、むろんそうではない。見る目を持つ者、持たぬものについて区別していたことは既述の通りであるし、『花鏡』の「比（批）判之事」の条にはその見所批判ともいうべきものがみられる。

そもそも能の批判というものは、見物人の好みによって区々であるし、すべての人の賞翫をうることは容易ではない。しかし能のうまく成功した者をみると三種類がある。一つは「見《けん》」で成功した能、二つは「聞《もん》」で成功した能、三つは「心《しん》」で成功した能である。このうち「見」の能は花々しく見える所演で誰にでも理解されるもの、「聞」の能はそれに比べればしみじみとした能で、音曲のもたらす効果の大なるもの、しかしその妙味は田舎者には分らない。これに対して「心」の能というのが無上の能で、さして見物を喜ばせるようなところのない演能で、そのさびた味わいの中に、人の心に深く感ぜしめるもののある冷えた曲。しかしこれはよほど眼識ある目利きも分らない。ましてや田舎者の目利きには思いもよらない。これを「無心の能」とも「無文の能」ともいう。

芸境の説明であると同時に、見物人が見‐聞‐心へと高められる境地を批判、つまり理解しうるかどうかを問い、最後の「無心（文）の能」がわかって初めて「よき見手」であるとしている。これまで述べた世阿弥の所論は、見所の批判＝理解に対して演者がいかに応えるかをもっぱら問題にしていたといってよいが、ここでは逆に見所側の在り方を問うている。「心なく見所を本にする」というのが世阿弥の本心なら、「てきは《（ママ）》を忘れて能を見よ、能を忘れて為手を見よ、為手を忘れて心を見よ、心を忘れて能を知れ」、というのもまた見所に対する世阿弥の本音であり挑戦であったように思われる。

以上、世阿弥の「見所」論を通して演者と観客の関係について述べた。実技者であり能作者であった世阿弥にとって、観客とは抽象的な存在ではなく、つねにそれと対決すべき目標であり、それがすべての出発点であった。観客論を正面から取り上げた希有の例といえよう。それがまた世阿弥に、田舎遠国の褒美こそこの道が存続しうる根本としながらも、衆人の愛敬より貴人――それは高貴の人というだけでなく上根上智の目利きの人をも指している――の賞翫に意を用いさせた理由ともなっていたように思う。むろん貴人の義満・義持に仕えたというかれの身分や立場がその芸風に大きな影響を与えていたこともある。しかし芸風ということでは、義持が猿楽より田楽を好み、「冷エニ冷エタ」芸風の持主であった新座の増阿弥を寵愛したことが重要な意味をもっている。それが世阿弥の芸風をして物まね・写実主義から幽玄・象徴主義へ大きく変貌せしめた原因であったし、先述来の著作、つまり見所論も、そういう状況の下で貴人＝義持をつよく意識しつつ展開したものに他ならない。

中世芸能における観客論に関連するものとしては、ここでは簡単にふれるにとどめるが、室町中期より盛行する勧進興行のことも問題となろう。勧進とは寺社の修造費捻出のために猿楽、田楽あるいは平家琵琶などを興行し、観覧者から徴収する桟敷料と芝居（大衆席）料の利益を得たもので、それを可能としたのは、これら芸能に対する衆庶の関心の高まりであったことはいうまでもない。猿楽では永享五年（一四三三）四月あるいは寛正五年（一四六四）四月に催された紀河原の勧進興行が著名であるが、他の芸能をふくめてその興行場所は、京都でいえば北野天満宮境内・鴨河原・祇園辺・四条油小路・四条櫛笥《くしげ》・五条東洞院・下辺八条・今熊野辺、などである。また入場料については多くのデータがないが、応永三十年（一四二三）ころ芝居席で人別一疋（十文）であったといい、これに対して貴人席の桟敷料は三十疋ないし五十疋（三百～五百文）といったところであったらしい。

いずれにせよこうした勧進興行の盛行は観客の増加を意味するが、それにともない演技も「衆人愛敬」の要素をつよめざるを得なかったろう。じじつ応仁の乱前後に活躍した宮増太夫や観世小次郎信光らの作品には、そうした時代的な傾向に沿うかのごとく、四、五番目物に属する現在物＝劇能が多いのを特色としている。シテに対するワキの立場がつよめられ、登場人物が多いことなど、劇的要素がつよくそれだけ分りやすい作品となっているのであるが、その傾向と勧進興行の流行とは表裏の関係にあったのである。

## 室内芸能と観客――連歌と茶湯

二条河原落首に、「茶香十炷ノ寄合ハ、鎌倉釣《づれ》ニアリシカド、都ハイトド倍増ス」といわれ、「在々所々ノ歌連歌、点者ニナラヌ人ゾナキ」とうたい込まれた茶寄合と連歌会が、当時もっとも先端的な文芸・芸能であったことは、尊氏の諮問に答えて出された政治意見書『建武式目』の第二条にも、「群飲佚遊ヲ制セラルベキ事」としてこの二つがあげられていることにもうかがわれる。バサラ大名の佐々木道誉ら在京の大名たちが、衆を結んで茶寄合や連歌会を催し、日々に寄合い活計を尽したさまは、『太平記』などの好んで取り上げるところであった。

茶湯と連歌とを中世的芸能（文芸）の典型とみるゆえんは、それが本格的に成立した時期はもとより、両者に共通するその寄合性においてである。連衆により発句から揚句まで百韻・千句・万句とつらねるのが連歌なら、主客同座して茶を喫するのが茶湯である。そこでは複数の人間の寄合が前提条件であった。もっとも茶についていえば、賭をともなう闘茶（茶勝負）を主とした時代と、珠光・紹鷗を経て利休にいたって大成された草庵茶湯とでは、おのずからそのあり方にも変化があったであろう。一方連歌については、同様の性格をもつ近世の俳諧のあり方も参考になろう。

さて、寄合の文芸・芸能（以下は芸能の語に統一する）の特質は、俳諧についての八亀師勝氏の定義づけを借用すれば、「作者であると同時に鑑賞者でもある複数の連衆が時間と空間とを共有しつつつくり出すもの」（『蕉風俳諧における座の意識』。以下俳諧の寄合性については本書に従う）である。茶湯であれば、亭主の点前を見る客人も、次の段階ではその所作に組み込まれ、こんどは亭主が見る側に廻る。寄合の芸能のもつ寄合性とは、単に複数の人間が集るということだけでなく、会衆おのおのがプロセスの一端にかかわり、しかも主－客、作者－鑑賞者、つまりは演者と観客とに対比される立場にあるおのおのが、次々とその立場を変化させつつ、全体として有機的なつながりをもっているという点にある。演者と観客との間に断絶や対立がないばかりか、両者の間には可逆関係ともいうべきものが生じているのである。

ちなみに連歌あるいは俳諧が、それが持つこのような性格のゆえに近代的個我の確立に基づく個の創作という要素が希薄なために、前近代文学として低い価値しか認められなかったこと、しかるに近代的な個人主義の行き詰まりの中で、それを超克する可能性なりエネルギーをもつかもしれない存在として、こうした寄合の文学、座の文学のありようが近時見直されはじめたことは知られる通りである。連歌・俳諧そのものは、室町時代あるいは江戸時代を頂点として衰退し、今日では文学のジャンルとしてはみるべきものはない。その点茶湯とは事情を異にするが、あらためて今日の問題として検討されてよいものであろう。

ともあれ室内芸能における観客の立場は、舞台芸能のそれとは本質的に差異のあることが考えられる。その点に関してわたくしは、オクタヴィオ・パスが連歌の実験的試みにおいて羞恥感を抱いたという話を大変興味ぶかく思う。大岡信氏が『本が書架を歩みでるとき』で紹介されたのを読んで知ったことだが、パス(メキシコ人)、エドアルド・サングネティ(イタリア人)、チャールズ・トムリンソン(イギリス人)、ジャック・ルーボー(フランス人)の四人がパリのホテルに五日間閉じこもり連歌という詩形を試みたのであるが、その際次のような実感を抱いたというのである。

――羞恥心。私は他の人たちの前で書き、彼らは私の前で書く。何かしら、カフェで素裸になるとか、外国人の前で排泄したり、泣いたりするような感じ。日本人は、公衆の前で裸になって入浴するのと同じ理由、同じ流儀で《連歌》を考えだしたのである。われわれにとっては、浴室ものを書く部屋も厳密にプライベートな場所であり、そこへは一人で入って、あまり自慢出来ないこと、あるいは輝かしいことをかわるがわる行う。……（橋本綱訳）

この話から、さしあたりわたくしは二つのことが引き出せると思う。

一つは、前述した非個人的な制作行為に対する欧米人のとまどいである。個・自我に沈潜する中で創作することを筋道とする欧米人には、制作のプロセスを他人に見られることへの心理的抵抗があり、それが強い羞恥感ともなったのであろう。日本人の書斎が中世書院造の部屋（建物）としてはじまったことは知られる通りであるが、書院の部屋は思索の場というよりむしろ接客の場、会所であり、またそうした客人たちとともに行なう諸芸能――和歌・連歌あるいは茶湯や謡、時には畳を上げて猿楽能の催される舞台ともなった――の場であったことを、ここで想起しておくのも無駄ではない。

二つには、このようなパスたちの根底にある考え方は、別の言い方をすれば、日常性の否定、虚構の中に芸術活動があり、作品の価値がある、とする見方である。人前で行なうことの羞恥というのであれば、衆人注視のもと舞台の上で演技する者こそそれを最もつよく感ずる立場にあるといえる。ところがそれが問題にならないのは、演技者は観客の視線のなかで演技するものだという前提なり了解、換言すれば演技は非日常的の虚構の行為であるという了解があるからこそ、羞恥心はあっても問題にならないのである。そこでは気持ちの上で一線が画されている。とすれば、パスの抱いた羞恥感とは、連歌における日常性と虚構性の未分離、つまり日常性のレベルでの行為が同時に創作活動でもあることへのとまどい、ともいえるであろう。いわゆる生活芸能というジャンルは日本独自のものかも知れない。すべてを生活次元で受けとめ風俗化する力は日本人の現実主義的な体質によるものであろうが、それが欧米人との特徴的な違いであるとするなら、室内芸能における演者と観客の関係の追求は、ひろく日本文化論の一環として考慮されてしかるべき問題であろう。

外国人の目を通じて印象づけられた連歌のもつ非個人性＝開放性と日常性とを、更に濃厚にもっていたのが、茶湯である。しかもその大成者であった利休の試みたものこそ、そうした茶湯における日常性と虚構性との関係の追求にあったといってよいのである。それが利休のテーマであった。

茶湯とは岡倉天心がいったように、「日常生活の俗事の中に存する美しきものを崇敬することに基づく一種の儀式」（『茶の本』村岡博訳）であり、いうなら「（日常）生活芸能

（術）」である。利休も道歌で、「茶の湯とはただ湯をわかし茶を点てて飲むばかりなり、もとを（と）知るべし」とうたい、茶湯のもつごくありふれた日常性を強調している。木地釣瓶、竹の花入、瓢炭斗といった好みの道具にも、利休の意図したもの、美意識がうかがわれる。

しかし茶湯の作法をとってみても、それが元来は点茶－喫茶の動作の自然の流れにそって組み立てられたものであり、いわば所作の日常性を根本にしているといいながら、それが一定のルール（茶礼）として機能する時、茶湯には日常性ばなれがはじまっているとしなければならない。茶湯は日常性の芸能であるがゆえに、その日常性、つまり無原則な点茶、喫茶行為をある側面で断ち切らなければならない宿命をもっている。その点、利休の推進した小座敷の茶室は、それまでの茶室の定型とされていた四畳半を二畳、一畳半にまで圧縮したもので、いわば非日常の虚構の空間をつくり出したものといえるし、にじり口は単なる露地からの入り口というだけではなく、日常性としての外界と内部＝虚構の空間とを断ち切る結界として考え出されたものであろう。したがってそこでは形においてだけではなく、心の在り方も問題にされているわけである。

茶湯は日常性と虚構性の地平に存在する芸能であり、その両方の要素をもっているがゆえに、つまり矛盾した構造をもつがゆえに存在しうる芸術の一形式であるといってよい。そのどちらを欠落した場合でも、茶湯は茶湯でなくなるのである。そこのところの認識はきわめて重要である。

さて利休は茶室を小型化した時、茶の本質である寄合性についてどのように考えていたのであろうか。それについては『江岑夏書』に、「一、四畳半ニハ客二人、壱畳半□《(ニハ)》客三人と利御《(利休)》中候……」と記す伝承が参考になろう。この場合利休の真意はその数字そのものにあったのではなく、四畳半で客二人なら一畳半には三人だという、むしろ論理をこえた論理、狭い茶室でも広く使えるのだということの指摘にあったといってよい。右の文章に続けて江岑は、「四畳半（に）客二人尤成事ニ候」という感想を付記しているが、それでは利休の意図を正しく理解したものとはいえないように思う。そうではなく、狭さの極限にまで追い込み茶室のもつ一切の虚飾を捨て去った時、そこは広狭を超越して無限の空間となることを言いたかったのだと思う。このように考えれば、利休が小座敷の茶を追求したのは、寄合性の否定ではなく、まさしくその純粋化を目指したものであったというべきである。そこにこそ主客同座の場があるとみたのである。

ところで茶会においては、会記が台本、茶室が舞台、主・客が演者と観客とする見方がある。たしかにそれで茶湯に演劇的要素を認めることは可能であろう。客は、当日用いられる道具の取り合わせに亭主の趣好を吟味しつつその点前ぶりを鑑賞することが出来る。しかし前にもふれたように、亭主の動作は次の段階で客人に引き継がれることによってはじめて意味をもってくる。つまりここには演者と観客の完全な分離はない。両者あってはじめて全過程が終了する。連歌や俳諧と同様、会衆全員が過程を共有しあう関係がここにもある。

こうした寄合性から導き出されるものは、第一に、「当座性」ともいうべき性格である。現在では、当座をしのぐ、といった使い方をされるのがこの語であるが、いうところの当座性とは、いままさに会衆が寄合っている、そのことにかかわる要素を指している。

たとえば連歌や俳諧は句を連ねるものではあるが、前の句に次の句を付けるに当り、連衆おのおのが句を出し合い、その中から宗匠がもっともふさわしいものを選定することが行なわれている。そこでは付句における連衆の「内面的競合」(八亀氏)があったわけで、懐紙に書き留められた限りでは、結果的に一人の付句が記されているにすぎないが、実際の創作過程にあっては、出座の衆がすべてにかかわりあっているわけである。文台を引き下ろせば反故である、といった芭蕉の真意も、そういう創作の過程の重視ということにあったのであろう。したがって、千句なら千句全体としての出来よりも句の付合における変化の妙、つまり部分に意味を認める態度も、この当座性のしからしむるところであった。

事は余談にわたるが、この当座性が連歌や俳諧以外の場でも認められるのは、寄合に共通する特色といってよいであろう。たとえば、南画家の田能村竹田が二十代の頃、豊後竹田では岡藩主中川家の侍医、唐橋世済(号君山)を中心に、同じく画員の淵野真斎(号蘭渓)や渡辺蓬島らでつくられていた文人墨客のサロン、竹田社や米船社というのがあり、これに竹田も参加していた。その会所には大勝院円通閣があてられたが、部屋には馬漢巌描くところの観音大士像が安置され、そこで毎回参加者が携えてきた詩箋・画幅を批評しあったが、夕刻に及んで会が終れば、これらの作品を円通閣上から投げたので、子供たちが争ってこれを奪ったという。もちろん、その詩画は何らかの形で書き留められたものと思うが、俳席において文台を取れば反故という考え方にそのまま通ずるサロンの持ち方であったといえる。竹田たちが会所に用いた円通閣は、いまも海西法窟という扁額を掲げて建っている。

それはともかく、こうした連歌・俳諧の当座性を支えるものが、連衆相互の心のつながりにあったことは言うまでもない。そこに俳諧の席において「くつろぎ」の精神が求められた理由がある。『去来抄』にこういうエピソードが収められている。

じだらくに寝れば涼しき夕哉

さるみの撰の時、一句の入集を願ひて、数句吟じ来れど取るべきなし。一夕先師の、いざくつろぎ給へ、我も臥なん、との給ふに、御ゆるし候へ、じだらくに居れば涼しく侍ると申、先師曰、是ほ（発）句也、と。今の句につくりて入集せよとの給ひけり。

俳席の「くつろぎ」が、連衆の和とそれによって可能となる創作上の心構えとして求められたことが知られると思う。俳席に一汁一菜が出されて連衆の楽しみとされたのも、それがくつろぎの方便であったからであろう。そしてこれは大なり小なり座の文芸・芸能に共通する性格であったといってよい。これに対して舞台芸能の場合、演者と観客の間にかわされる心的交流がないわけではないが、それを必須不可欠の要件とするものではない。

　室内芸能のもつこのような当座性が、座衆、つまり未分化の形で存在する演者と観客相互の間にくつろぎ―和を求めたとすれば、それが更にある種の倫理性にまで高められていくであろうことも十分に予想されるところである。茶湯の世界で生まれた「一期一会」の理念が、まさにそれであろう。

　一期一会の語は、幕末の大名茶人、井伊直弼の『茶湯一会集』によって著名となったが、すでに天正年間の述作になる『山上宗二記』に見えている。

一、客人フリ（振）事（客の心得）在二一座ノ建立一ニ、……第一、朝夕寄合間ナリトモ、道具ヒラキ、亦ハ口切ハ不レ及レ云ニ、常ノ茶湯ナリトモ、路地ヘ入リヨル出ルマテ、一期ニ一度ノ会ノヤウニ、亭主ヲ可二敬畏一、……

とある「客人フリ」とは、一座の成り立つように、客人としてなすべき所作、もつべき心得のことである。ここでは客人フリについてふれるだけであるが、続く次項には「亭主フリノ事、心ニ成程客人ヲ敬ヘシ……」と記されているから、一期一会の語は亭主・客人を含めての心得を説いた言葉といってよい。それは戦国時代を通じ、「市中の山居」という形で茶湯が都市民の間に展開する中で生まれた「寄合の倫理」であった。舞台芸能には存在しない演者と観客－主・客の両者に共通する倫理の形成がここには見られる。

そういえば同じく「一座建立」の語を用いながら、世阿弥のいう一座とは直接的には観世座という、おのれの属している集団のことであり、その座がなり立ち、生きのびるためにいかにあるべきかを説いたのが、あの「見所」論であって、ここにみる一座建立とは、まったく意味するところが異なっている。衆人愛敬の背景にそれとは裏腹の、見所との厳しい対決姿勢の求められたのが世阿弥の一座建立なら、これは文字通り主客融和のなかに求められた一座建立であった。そしてこの二つの異なった「一座建立」の語の使われ方のなかに、はからずも舞台芸能と室内芸能の、演者と観客の関係のちがいが示されているように思う。

しかし寄合の芸能におけるこうした倫理性の発現は、その芸能の体質に基づく必然的な結果であったとしても、寄合性が主－客つまり演者と観客との関係を結びつける方向、いわば求心力として働くために、両者の真の相互批判――世阿弥があれほど追求したような形での「見所」論は生まれなかった。室内芸能がもつ寄合性から出てくる特徴の第二点が、この世界では芸能批評が殆んど育たなかったということである。むしろある場合には批評はタブーとされた。芸能の発展の上で、この功罪は相半ばするといってもよいであろう。もとより茶人の芸に対する評価が行なわれなかったわけではない。利休をはじめ、すぐれた茶人にまつわるエピソードは数多く伝えられている。しかしそれらが単なる逸話にとどまっているところに、批評精神の未熟さが示されている。連歌・俳諧の場合はそれが文字に留められる点で、先の当座性をこえる契機があり、批評の素材となり得るが、しかし茶会記は連歌懐紙とは同じではない。茶会記では、当日用いられた茶道具が書き上げられるだけで、道具の観察記録はあっても、点前を含めて亭主振り客人振りについての記事は殆んど見当らないのである。

## むすび

中世芸能における観客を把捉するには種々の方法があろうかと思うが、ここでは舞台芸能と非舞台芸能とに分け、前者では猿楽能における世阿弥の見所論についてふれ、後者では連歌・俳諧と茶湯とを中心に考えてみた。この場合、猿楽能が中世に確立したという意味では代表的な中世芸能といえるとしても、前後の時代の芸能との対比でいうならば、寄合の芸能としての茶湯をもってその典型とみなすことが出来よう。なお連歌・俳諧をそれがもつ芸能的側面から考察するのは偏頗のそしりをまぬかれがたいが、茶湯と併せ考察することにより寄合性のもつ意味が明確になると思ったのである。俳諧については八亀師勝氏の研究に全面的に負うている。記して謝意を表したい。ひと言でいえば、中世芸能は演者と観客との未分離と可逆関係を特質とする寄合の芸能であったこと、その寄合性のゆえに、そこでは倫理道徳は生まれても批評精神の育つ土壌は殆んどなかったこと、である。そしてここに見る特質は、ひとり中世芸能ないし伝統芸能にとどまらず、日本人の体質——善きにつけ悪しきにつけ——であったように思われる。観客論はそういう視野の広がりをもっている。

（付記）ここでは取上げなかったが、茶と並んで中世に発達した室内芸能の一つ、花は、早い時期、七夕などに瓶花を持ち寄って会を催すといった形の寄合性が見られたことは事実で、その限りでは寄合の芸能といってよいのだが、しかし花を立てる行為そのものは個人的なものであり、その創作過程に茶や連歌にみられるような会衆のかかわりはみられない。出来上った瓶花が多数並べ立てられ、それを多数の者が見たとしても、美術館に陳列された絵画や彫刻と同じで、それを以て寄合性と呼ぶべき性質のものではない。観客論の立場からすれば、花の本質はむしろ個人芸たることにあるというべきではないかと思われる。その点、香（聞香）は寄合の芸能といってよいが、しかしこの方は香そのものの貴重さと古典文学の知識の必要といったことから、茶ほどのひろがりをもつことはなかったのである。

# 第Ⅰ部　武家文化の構造

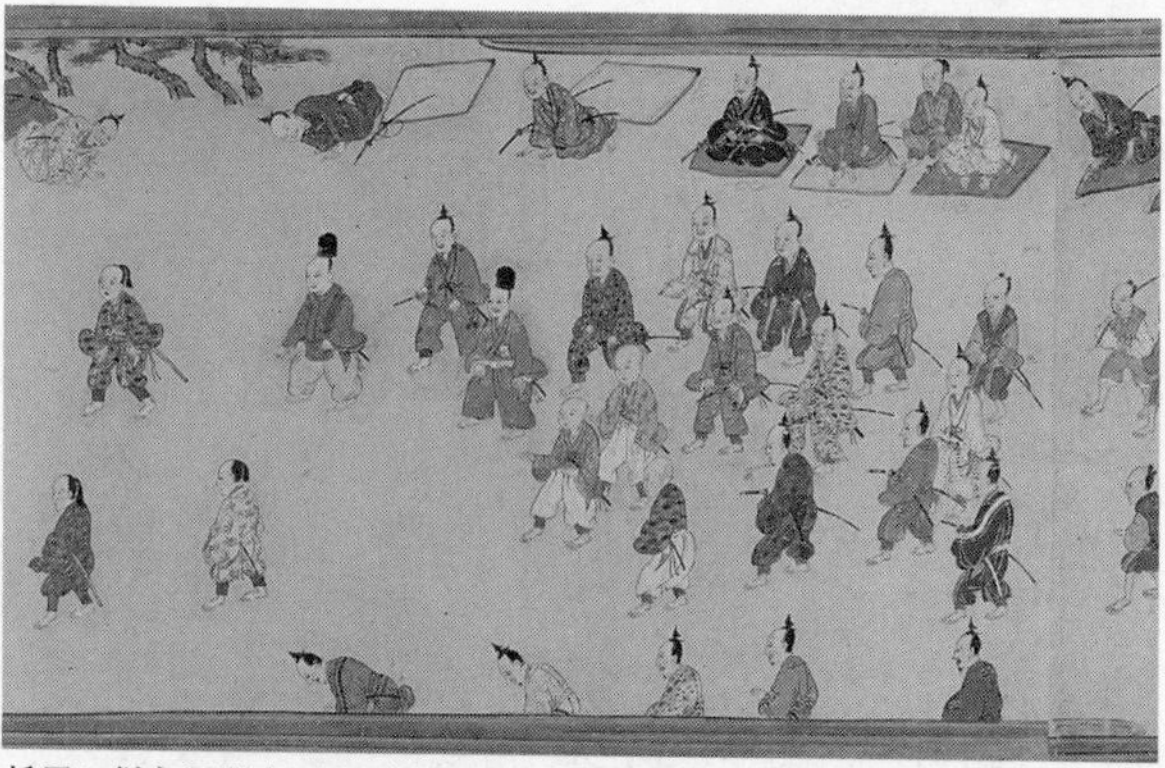

将軍に従う同朋衆三人（京都市・若宮八幡宮社所蔵・足利将軍若宮八幡宮参詣絵巻部分／写真提供　京都市歴史資料館）

## 北山殿の唐物数奇

### 遠国の宝

『正徹物語《しょうてつ》』のなかにつぎのような一文がある。

歌の数奇につきてあまたあり。茶の数奇にも品々有。先《まづ》茶の数奇といふものは、茶の具足を奇麗にして、建盞《けんさん》・天目・茶釜・水指などのいろいろの茶の具足を、こころの及ぶほどたしなみ持たる人は茶の数奇なり。

正徹がこの書を著わした永享二年(一四三〇)は、「くじ引き」将軍義教《よしのり》が就任した翌年のことであるが、当時茶の数奇が建盞(中国建窯で焼かれた天目茶碗)など唐物具足をたしなみ持つこととされていた事情が知られる。数奇とは好きの仮字であり、要するにある対象に心を寄せ執着する状態のことだから、唐物具足に心を寄せれば唐物数奇ということになる。唐物趣味の流行したこの時期においては、それが、茶の数奇の極致とされたのである。

しかし唐物数奇－趣味はこのころに始まったわけではない。すでに鎌倉末期の元徳・元弘ごろに成立した吉田兼好の『徒然草』百二十段にもこうみえているのである。

唐の物は、薬の外は、無くとも事欠くまじ。書《ふみ》どもは、この国に多くひろまりぬれば、書きも写してむ。もろこし（唐土）舟のたやすからぬ道に、無用の物どものみ取りつみ（積）て、所せ（狭）く渡しもてくる、いと愚かなり。「遠きものを宝とせず」とも、また「得がたき貨《たから》を尊まず」とも、文にも侍るとかや。

――兼好にいわせれば、薬のほかは危険をおかしてまで唐物を求めることはないというのであるが、彼にそういわしめるほどに当時唐物趣味・舶来趣味が社会各層にひろまっていたのであろう。

兼好が引用している「遠きものを宝とせず」ということばの出所は『書経』周書旅獒篇であるが、その逆の「遠物を愛する」というのも古くからあった。それこそ思いを遠く平安前期にはせるなら、延喜三年（九〇三）八月一日太政官符（『類聚三代格』）は、唐人商船が九州に来着したとき、諸院諸宮王臣家や富豪の輩《やから》が官使の到着以前に争って唐物を買い求めることを禁断したものであるが、その官符のなかに「心は遠物を愛し、直《あたひ》を踊《たか》くして貿易《むやく》す」とある。延喜といえば遣唐使が停止されて十年後のことであるが、菅原道真がそれを建策したのは、たんに唐の政治情勢とか航海の危険という理由だけでなく、当時唐商船が頻繁に来航していてこちらからあえて出かける必要がなくなったという現実的な理由もあったのである。しかもそういう状況は、唐が滅んで一時期の空白ののち宋代にはいってからいっそう顕著となった。十世紀末から十一世紀前半までに宋商船は三十数回も来航し、そのつど衣服・工芸品・嗜好品・香薬・書籍などをもたらしており、それにともない、わが国の僧侶のなかにも宋商船に便乗して入宋する者が少なくなかったようだ。永観元年（九八三）の奝然《ちょうねん》、延久四年（一〇七二）の成尋《じょうじん》などはよく知られるところであろう。後者のばあい入宋中の日記『参天台五台山記』によると、神宗皇帝に謁見して日本の風俗を問われ、「文武の道を学ぶは唐朝をもって基《もとゐ》となす」と答え、「日本国が漢地のものを必要とする物貨は何か」との問には、「香・薬・茶埦（碗）・錦・蘇芳《すおう》等なり」と答えている。唐物崇拝がいわゆる国風文化の展開期に始まっていた事実は十分留意しておいてよいことと思うが、それは以後平安後期－鎌倉時代を通じていっこうに衰えることはなかったのである。してみれば、兼好のいう「遠い宝」へのあこがれは、もう何世紀にも及ぶ時間のなかで育てられていたことになる。

## 唐物流行

ちなみに、兼好にゆかりのある武蔵の金沢文庫（神奈川県横浜市金沢区・称名寺内）には、おなじころ鎌倉でも唐物が愛好されていた事情を示す史料が何点かある。主として金沢貞顕の書状であるが（『金沢文庫古文書』）、そのなかに唐物の語が何回か出てくるのである。書状なので年代は必ずしも明らかでないが、唐船が帰朝して鎌倉中に唐物多しといい、極楽寺で市が立てられ唐物披露が行なわれたとある。また貞顕が親交していた称名寺の明忍房剣阿から点心に招かれ、その席で唐物を一見して喜んだ礼状もあれば、逆に貞顕が上洛するとき、本尊と唐絵の保管を剣阿に依頼した書状もある。元徳二年（一三三〇）六月の書状は、六年ぶりで関東へ帰る息子の六波羅探題貞将《さだゆき》に対し土産物についてあれこれ指示したものであるが、そのなかにこんな文句があった。

又から（唐）物、茶のはやり候事、なほいよいよまさり候。さやうのくそく（具足）も御ようひ（用意）候べく候。

唐物の愛好や喫茶の風が流行しているから、唐物具足や茶道具を買い求めて帰るようにとの注文である。

貞顕は北条氏の一族で、高時のあとごく一時期執権となったこともあるが、権勢より風流韻事に関心のつよかった武将である。祖父実時が称名寺境内に建てた金沢文庫をいっそう充実整備したのもこの貞顕で、その執事掃部助倉栖兼雄が兼好の兄にあたる関係もあって、吉田兼好も両三度この文庫を訪れている。青嶋石を運んで称名寺の庭を整備したことも知られている。そういう貞顕が茶の愛好者になったのは、たぶん若いころ六波羅探題として前後十一年間京都で生活したことに端を発するものと思われるが、唐物趣味もそれと無関係ではないだろう。ちなみに称名寺では、偶然の機会に墓石の下から発掘された骨壺が宋の官窯で焼かれた青磁の壺だったことで話題を呼んだことがある。当初この骨壺は貞顕（一三三三没）のものとみられていたが、その後の調べで貞顕の父、顕時（一三〇一没）の骨壺と判明した。顕時が生前愛用していた遺品を、本人の希望によってか、それとも貞顕ら遺族が追慕の思いを込めて、骨壺に用いたものであろう。唐物数奇の一端が知られて興味ぶかい。

## 禅僧と唐物

兼好のころ作成された鎌倉・円覚寺の『仏日庵公物目録《ぶつにちあんこうもつ》』がまた、鎌倉末における唐物受容の実態を知る上での好材料である。奥書によればこの什物目録は元応二年（一三二〇）に作成され、その後の移動によって貞治二年（一三六三）に改訂したものというが、絵画・墨跡・茶具足など多種多様な唐物が当庵に所蔵されていたことが知られる。三十九鋪にのぼる諸祖頂相《ちんぞう》（肖像画）をはじめ、徽宗皇帝の自画自賛の竜虎二鋪以下牧谿《もっけい》・趙

幹・李弧峰・崔白らの花鳥画・山水図が書きあげられ、墨跡では、密庵咸傑《みったんかんけつ》・虚堂智愚《きどうちぐ》や

**禅僧の往来（鎌倉末期）**

| | | | |
|---|---|---|---|
| 1306 | 徳治1 | （4月） | 日本商船元にいたり交易す |
| 1307 | 〃 2 | （是歳） | 僧祖雄入元す |
| 1309 | 延慶2 | （是歳） | 元僧慧日（東明）来朝、貞時これを禅興寺に請ず |
| 1310 | 〃 3 | （是歳） | 僧宗巳入元す |
| 1311 | 応長1 | （是歳） | 僧覚明入元す |
| 1314 | 正和3 | （是歳） | 僧大智入元す |
| 1317 | 文保1 | （是歳） | 僧智演、宗然入元す |
| 1318 | 〃 2 | （是歳） | 僧印元、善政、仁浩、斉哲、本浄、元晦入元す |
| | | | 僧居中は再入元す |
| 1319 | 元応1 | （是歳） | 宋僧道隠来朝す |
| | | | 高時これを建長寺に請ず |
| 1320 | 〃 2 | （是歳） | 僧元光、宗然、可什、円旨、慧広ら元に赴く |
| 1321 | 元亨1 | （12月） | 僧妙暁元に赴く |
| | | （是歳） | 僧仁浩再入元す |
| 1323 | 〃 3 | （元亨年中） | 僧景印入元す |
| 1325 | 正中2 | （是秋） | 僧円月入元す |
| 1326 | 嘉暦1 | （是歳） | 元僧正澄来朝す |
| | | | 僧契聞入元す |
| 1327 | 〃 2 | （是歳） | 僧邵元入元す |
| 1328 | 〃 3 | （是歳） | 東福寺士偲、士顕入元す |
| 1329 | 〃 4 | （6月） | 元僧楚俊ら来朝す |

無準師範《ぶじゅんしはん》といった名がみられ、具足としては建盞（天目茶碗）、青磁や古銅の花瓶・香合はじめ、薬合・印籠・方盤・円盆・茶桶《ちゃとう》・燭台・硯等々が多数書き上げられている。いったいこれだけのものがどういう径路をたどってこの一寺庵の有に帰したのか、不思議に思われるほどであるが、むろん当寺庵に関係した彼我禅僧によって中国から将来されたとしか考えようはない。

そこで試みに鎌倉末期の約三十年間どんな状況で彼我の僧が往来したかを調べてみた。その結果は別表の示すとおりで、ほとんど連年といってよいほどの頻繁さであった。たとえ交易を目的とするものでなくとも、諸祖の頂相をはじめ禅の境地を示す種々の絵画あるいは禅院の荘厳具《しょうごんぐ》などが、彼ら禅僧により争ってもたらされたであろうことは想像にかたくない。兼好が『徒然草』で苦言を呈したくなった気持もわからないではない。

この『仏日庵公物目録』で留意されるいま一つの事実がある。それは「方々に進められる仏日庵以下の事」という記載があって、什物の唐物がかなり武家に流出している事実である。たとえば四聖絵四鋪・寒山拾得一対（虚堂賛）・松猿絵一対（牧谿）・犀皮円盆一対、堆朱一対の五色は、観応三年（一三五二）四月十八日、足利尊氏が当庵に訪れたとき引出物の不足によりこれらを進めたといい、以下同様に尊氏の子義詮《よしあきら》（二代将軍）、関東管領足利基氏、尾張国守護土岐頼康・直氏、越前国守護斯波高経、千葉介氏胤、上杉左馬助などの名が記されている。このうち土岐氏や斯波氏に山水画が贈られたのは、両国にある寺領の押領事件を解決してもらうためであったようで、こんなところに貴重な唐物の果たした役割がうかがえるようである。大内氏のように倭寇を通じて唐物を入手する守護大名もいるにはいたが(『太平記』巻三十九)、大名や国人層の多くはこうした形で唐物を入手したものであろう。

兼好の意に反し「遠きものを宝」とし「得がたき貨を尊」ぶ、いわゆる唐物趣味がこうして禅院・武家社会を通じて瀰漫し、公家社会にも及んで一種の社会風潮となり、それがやがて南北朝〜室町初期における中世的美意識の母胎ともなったのである。

**渡唐天神**

瑞渓周鳳《ずいけいしゅうほう》の日記『臥雲日件録』文正元年(一四六六)五月七日の条によると、この日嵯峨大慈庵の瑞渓のもとへ等持院主梅室周馥《せんしつしゅうふく》が訪れてのよもやま話に、北野天神が径山寺《きんざんじ》(浙江省杭州市臨安区天目山の東北峰)の無準師範に参禅したことが話題になったらしい。そのとき梅室がいうには、自分が侍童として将軍義持に仕えていたおり(応永末年のことか)、周防・長門の守護大内盛見が秘蔵の天神像を献上したことがあり、自分がそれを取り次いだが、その像の絵は牧谿法常《もつけいほうじよう》、賛は無準師範であったというのである。道真といえば、かつて遺唐使を廃止した張本人である。宋にわたり径山の無準に参禅し受衣《じゆえ》したわけがないが、当時はそういった渡宋(唐)天神説話が禅宗僧侶を中心にひろくうけいれられ、それがまた絵にも描かれていたわけである。それればかりか、同じ日記の文正元年九月十四日の条によれば、「天神無準に参ずるの像、大唐亦これを画しもつて売る云々」とあって、かの地にまで伝えられていたらしい。盛見が献上した天神像が牧谿画・無準賛なら、これもかの地でつくられた唐絵ということになるが、むろん贋作であろう。道真が唐服を着し拱手して袖に梅花をはさみ肘に小袋をかけて立つ、というのが天神画像である。

それにしてもどうしてこんな奇妙な説が生まれ、その画像が描かれるようになったのだろう。この説話はおそくとも南北朝時代には北九州あたりの禅僧社会で生まれていたらしい。そして説話の形成される過程で種々の変差を生じたのであろう。次のように内容的にも二、三の類型に分けることができるようである。

渡唐天神説話には、菅神が直接無準師範に参禅する形式と聖一国師を媒介として無準に参禅する形式と、両者が総合された形式の三つがある。

第一形式による説話　明徳年中（一三九〇〜九四）のこと、ある僧が夢の中で竜鳳（天子）の姿をした人がそばに直立しているのを見た。だれともわからないでいると、人あってこれは北野の天満天神で、径山《きんざん》の無準師範に受衣《じゅえ》（弟子になること）したのだといったが、夢はそこでさめた。僧はこのことを、京都は南禅寺の海寿禅師に話しておいたが、数年後、海寿のところへ来た佐忠庵なる者の所持する菅神像が、まさしく、かつてある僧から聞いた夢の中の天神と符合することを知った。そこで海寿はその絵に賛をした。

第二形式による説話　京都は東福寺の第一世聖一《しょういち》国師は径山の無準師範に参禅、仁治二年（一二四一）、帰朝して太宰府の崇福寺にはいったが、その年、天満天神がこの寺に聖一国師をたずね、その教えを受けて無準に帰衣、親しく僧伽梨（大衣）を賜わった。

一、二の形式が総合された説話　ある日、薩摩福昌寺の一僧が、道場を改築していると、かたわらの岩間から天神像が発見され、それには次のような賛があった。

築前に一富民あり、一夕夢中に天神が現われ、一生不犯の持戒僧百人による千部法華の読経を請う。富者、よく持戒僧を集めえず。崇福寺の聖一国師に相はかりしところ、水晶の数珠十連を用意せよと。国師は道場四面にくだんの数珠を陳列、独座して読経せり。富者の夢に再び天神現われ、願いの成就せしことを謝す。天神さらに受衣を請う。国師いう。径山に至り無準に参禅せよと。また夢中に現われし天神は、袖に梅花をはさみ、肘に一袋を懸げ、みずからその一袋をさしていわく、わが受けし衣、この中にあり、と。

以上の説話は、それぞれ、『悟心和尚天神賛』『菅神入宋授衣記』『臥雲日件録』などの文献にみえる天神説話であるが、説話の中に出てくる、南禅寺、東福寺、崇福寺は、いずれも五山禅寺として栄えた寺で、説話の発生が儒仏習合の禅林思想によることがわかる。いずれにせよ史実をまげてでも道真を渡唐（宋）参禅させたのは、この時代禅僧間に詩文が流行し儒教研究への関心がたかまったことと無関係ではない。いわゆる五山文学であるが、そこから仏教（禅）と儒教の二教一致＝不二思想とか、これに道教を含めて三教一致思想があらわれてきたのである。一方、かつては怨霊として恐れられた道真は、時間の経過とともにそのこわさが失われ、鎌倉時代ともなればもっぱら文神－学問の神として崇敬されるようになっていたのであるが、禅家における儒教趣味が、儒家でありその文神でもある道真に親近感をいだかせ、禅僧的感覚からそれをさらに渡宋参禅させるにいたったものである。つまり道真の渡唐参禅とは儒仏の一致習合を説いたものにほかならず、それは不立文字をたて前とする禅僧が詩文をもてあそぶことの理屈づけであり弁明なのであった。

そういうわけで渡唐天神説話が禅僧によってつくられたことは間違いないとしても、さらに、渡唐（宋）という連想から、貿易商人がこの説話の形成に関与したらしいことに注目する必要があるように思う。

渡唐天神説話のおそらく完成形態を示すものと推定される『臥雲日件録』文安三年（一四四六）四月十五日条のそれには、「筑前の富人」の夢のなかに天神があらわれて願いごとをし、それを依頼された富人が聖一国師に相談する、という形になっている。この「筑前の富人」はいずれ博多などで貿易にあたった富商と思われるが、こうした説話と富人とのかかわりを思わせる話が、琉球のばあいではあるが、伝えられているのである。すなわち『北野誌』所収「琉球神道記」によると、琉球に菅神がまつられるようになったのは、入唐船《につとう》の上使として渡唐した林氏大夫が、渡航に際しての天神功徳に感謝して勧請したのによるというものである。つまりここでは渡唐天神は彼ら貿易商人にとって貿易の守り神であったわけだ。してみれば同様に渡唐貿易にあたった九州あたりの商人にとっても天神はかかわりの深い存在であったろう。それが「筑前の富人」が天神説話に登場してくる条件であったと考えられるのであって、それはとくに十五世紀初頭、足利義満によって始められる日明貿易の展開にともない、さらにつよく意識されていったに違いない。そうしてみると渡唐天神説話＝信仰も、やはり唐物崇拝の一表現といえると思う。ちなみに天神画像は、その名号とともに、この時代盛行した連歌会に際して必ず壁か床の間に掲げられるようになった。これには室町将軍の北野社参とそこでの連歌会興行ということが深いかかわりをもっている。明徳二年（一三九一）二月、義満が当社社頭で万句連歌を行なったことは有名である。

## 禅院茶礼

禅院に流行した唐物趣味－唐物数奇は、それが寺内での荘厳具として用いられたことに大半の理由があったといってよいが、その唐物数奇を禅院のわくを越えてひろめた主要な契機として、禅院茶礼の普及という事実をあげなければなるまい。南北朝―室町初期、佐々木道誉《どうよ》をはじめとするバサラ大名たちの行なった茶会は、「異国本朝の重宝」をもって飾られていたし(『太平記』)、このころ成立した『喫茶往来』にみる喫茶亭でもまったく同様、唐物荘厳であったこと、しかもそれら茶会のあり方が、禅院茶礼の系譜を引くとみられるからである。

それなら当時の茶会はどんな形でもたれていたか。『喫茶往来』の記事をあげる前に、毎年四月二十日京都建仁寺で行なわれている建仁寺茶礼を紹介しておきたい。同類の茶会は東福寺や鎌倉の円覚寺でもたれているというが、これらの茶会によって茶礼の古態を知ることができるからである。

会衆は大方丈に回り敷きされた畳にすわる。正面には栄西禅師の画像が掲げられていて、まず侍香の僧が部屋の中央に置かれた大香炉で焼香する。ついで四人の供給《くきゅう》の僧が、天目茶碗および寺紋入りの菓子盆を運び、会衆ひとりひとりにうけとらせる。このとき天目茶碗のなかにはすでに抹茶がはいっていて、会衆はそれを天目台ごと受けとる。これで準備ができたことになる。つぎは点茶である。さきほどの供給の僧が、口に茶筅をはめた浄瓶《じんぴん》を持って客の前に立ち、中腰の姿勢で湯をつぐ。そのさい茶筅を右手にとり、浄瓶を左手に持って、客が両手でささげ持つ天目茶碗に湯をそそぎ、終わるとその浄瓶を右脇下につけ、右手に持った茶筅で、客の目の前で点茶する、というものである。

この茶会は四人の正客に相伴客が八人ずつついたところから四頭《よつがしら》の茶会ともいわれる。そういえば『太平記』巻三十三に、バサラの大名佐々木道誉が大原野で催した花見茶会で、人々が「四主頭《ししゅとう》ノ座ニ列ヲナシテ並居タレバ云々」とあるが、この四主頭《よつがしら》がまさにそれにあたるものであろう。とすればこういった茶法は少なくとも南北朝時代まではさかのぼりうることになる。それを裏づけてくれるのが、先に保留しておいた『喫茶往来』(伝玄恵作)の記事である。その要点を個条書に示してみよう。

(一) 会衆へ亭主の息男が茶菓をたてまつる。

(二) 梅桃《ばいとう》の若冠(紅顔の若者)が建盞《けんさん》(天目茶碗)を全員にわたす。

(三) 若冠が左手に湯瓶、右手に茶筅を持って、上座から下座に至るまで茶を点てる。

さきの建仁寺茶礼とまったく同じといわねばなるまい。なお当時流行した闘茶と結びつけて考えると、あらかじめ抹茶が入れられていたことも同様である。(二)の天目茶碗に、このように抹茶入りの茶碗を運んでは客の目の前で点てるこの方式は、幾種類もの茶をつぎつぎと出しては飲ませる闘茶にふさわしい茶礼でもあったことがわかる。

このような特異な茶礼はいつごろ禅院で始まったのだろうか。必ずしも明らかではないが、推定されるところでは、中国の『勅修百丈清規《しんぎ》』や『禅苑《ぜんえん》清規』を手本としてわが国の禅院でも『永平清規』(道元が一二三七~四九の間に撰述)とか『瑩山《けいざん》清規』(瑩山紹瑾撰)、

『大鑑小清規』(清拙正澄が「禅宗清式は皆唐法に依るべし」として一三二七年に撰述)などがつくられ、禅僧の守るべき行儀が定められるようになった鎌倉後期のことと思われる。それら清規のなかに、ほぼ同様の茶儀が定められているからである。

ことばを換えていえば、寺院と茶の結びつきは平安の昔からありながら、茶礼という形が禅宗寺院においてしか生まれなかったのは、もっぱら茶礼をふくむ清規が禅院社会でつくられたからにほかならない。しかし栄西にまではさかのぼらないように思う。「茶徳を誉むる所の書」(『吾妻鏡』)である『喫茶養生記』が、その書名の示すとおり茶の薬効を述べるだけで茶礼について触れるところがないのは、とりもなおさずこの段階では飲茶の作法規式がなかったことを示している。

要するに清規の出現によって「茶徳」から「茶礼」に進化し、それが南北朝=室町初期に禅院のわくをこえてひろく一般に普及していったのである。なお茶と禅の関係といえば、すぐに「茶禅一味」が連想されるが、この語に示されるような茶の精神性が唱えられるのは、十六世紀の半ば以降のことである。しかも茶湯は、禅院社会で行なわれていた茶礼を母胎に形成されたが、それ以後は禅院茶礼から乖離する一方であったことに留意する必要がある。この禅院茶礼(四つ頭茶礼)が書院座敷の出現に対応して変質したのが、義教のころに成立したとみられる、いわゆる殿中(会所)茶湯である。

## 唐絵と似絵

建仁寺茶礼を手がかりとし、『喫茶往来』や禅院清規を援用することによって南北朝＝室町初期における茶礼のあり方を考えてきたが、なお残された問題がある。それは、このような茶礼を行なう場－喫茶の亭の室礼＝座敷飾が唐物荘厳であったという事実である。少し長文にわたるが、この時代の特徴を最もよく示すものなので、喫茶の亭の室礼のありさまを『喫茶往来』の記述にみておこう。

本尊として張思恭《ちょうしきょう》の彩色の釈迦説法図を左に、牧谿の墨絵観音を右にかけ、普賢・文殊を脇絵に寒山・拾得を面飾りとしている。卓には金襴をかけて胡銅の花瓶を置き、机には錦繡を敷いて真鍮の香匙《こうじ》・火箸《こじ》を立てている。瓶花が美しく咲き、炉中の香がほのかに匂ってくる。来客用の胡床には豹の皮を敷き、主人の竹の椅子には金紗をかけてある。所々の障子には種々の唐絵を飾り、香台には堆朱・堆紅の香合を並べ、茶壺にはおのおの栂尾《とがのお》・高雄の茶袋をつめ、西廂の前には一対の飾棚を置いて種々の珍菓を積み、北壁の下には一双の屏風を立てていろいろの懸物をかまえ、そのなかに鑵子《かんす》（釜）を立てて湯をわかし、まわりに飲み物を並べて巾《ふきん》でおおっておく。

さきほど述べてきた茶礼は、こうしたふんいきのなかでもたれたものなのであった。バサラの茶会ながら、そのなかにある種の規式をみとめることができるであろう。それに、ここにはまだ床が出てこないが、会所の発達に応じて右の飾りつけは床飾の規式となり、それが同朋衆が奉仕する殿中茶湯の場をさらに豪華なものとしたのである。

それにしてもここに見られるのは徹底した唐物数奇であるが、その唐物数奇は義満による日明貿易の開始によりさらにつよめられることになった。とくに将軍家を中心とする武家社会においてそれはいちじるしく、将軍家の倉、「公方（相府）書庫」には一級品の唐物が収集・保管された。

たとえば陶磁器では、曜変や油滴の天目茶碗に代表される宋・明の官窯で焼かれた茶碗をはじめ鉢・香炉・花瓶のたぐいが、朱や紅の漆でつくった堆朱・堆紅（剔紅《てっこう》）では元末・明初に活躍した名家、張成・楊茂《ようも》・周明のいわゆる堆朱三作が、といったぐあいである。とくに絵画については、義満の唐絵収集は有名で、その鑑蔵印「天山」や「道有」が押されている画軸は、今日伝存するものでも二十三軸を数えるといわれている。なかでも大徳寺の所蔵になる牧谿筆の本尊白衣観音、脇鶴・猿猴の三幅対、伝牧谿筆の瀟湘八景、梁楷筆六祖像などが著名であるが、これらの唐絵はそのすべてがもと将軍家の殿中（会所）飾にもちいられていた。

しかしそうした唐絵の受容と利用に関連して、当時の人々の鑑賞眼といったものが問題になってくると思う。『喫茶往来』の記事でも知られるように、障子や屏風にやたらと唐絵をかけまわすのが趣味であったからで、文献の上からは『看聞日記』永享五年（一四三三）七月七日条に、「座敷餝屏風二双立廻わす。絵廿五幅懸廻わす」というのが、おそらく最高であろう。こういうふんいきは一般に北山時代以後多少おちついてくるとはいうものの、そこでは個々の絵が純粋に鑑賞されたとは考えがたいのであって、唐絵は座敷飾の小道具としての意味しかなかったかの如くである。

このことは、当時画人論はあっても画論はなかった、などといわれる問題とも無関係ではない。後述する『君台観左右帳記』には、その前半に宋・元を中心とする百数十人の中国画家が品等分けされているのであるが、そこには本格的な絵画論、あるいは美学が展開されているわけではなかった。たしかにわが国では近世初頭に長谷川等伯の『等伯画説』があらわれるまで、画論はなかったといって間違いではない。

しかしその反面、中国ではそれほど評価されていなかった南宋末の画家、牧谿法常の絵が愛好され、おびただしい数の絵が輸入された事実は、やはり日本人なりの鑑賞眼があった証拠であろう。牧谿はその親近感から「和尚」と称せられ、したがって和尚の絵といえば牧谿のそれをさしたのである。周文の弟子で幕府の御用絵師であった小栗宗湛《おぐりそうたん》にいたっては、牧谿にあやかろうと相国寺《しょうこくじ》の禅僧季瓊真蘂《きけいしんずい》にたのみ、自牧という庵号をつけてもらっている。

それにしても唐絵は貴重であり、だれしも簡単に入手できるものではなかったから、それを模写することが当時流行したようである。そこでこれを「似絵《にせえ》」といった。「似絵」といえば肖像画のことと思いがちであるが、それは限定のしすぎで、対象に似せて描いたものが似せ絵に他ならない。『看聞日記』の嘉吉三年（一四四三）九月十八日条には、伏見宮貞成《さだふさ》親王のところへ、君沢《くんたく》筆四幅一対の絵が持ちこまれたので、相国寺の僧に鑑定してもらったところ、君沢筆ではなくて似せ絵であった。しかし、いかにもよい絵なので小盆などと交換して求めた山水絵であるが、せいぜい自愛しよう、とある。贋絵という感覚ではなく、それが似せ絵、つまり唐絵に画題なり筆様を似せて描いたものならば、結構それを愛好しているのである。のちのことになるが、『蔭涼軒《いんりょうけん》日録』によると、延徳二年（一四九〇）七月、養源院の障子絵を北房宗継（小栗宗湛の子）に描かせるにあたって絵の筆様が定められ、六枚は夏珪《かけい》（南宋）様、あとの四枚は和尚（牧谿）様であったという。他のばあいでは君沢様・馬遠《ばえん》（夏珪とならぶ南宋の代表的山水画家）様・李竜眠《りりゅうみん》（同じく北宋）様なども所見するから、代表的な中国画家の筆様が「絵本」として模倣されたものであろう。こういうところにも唐絵受容の程度がうかがえるのであるが、しかしこうした似せ絵の流行は、模写を通じての習作がさかんに行なわれた段階であったともいえるのであって、やがて雪舟などが出てくる準備期間と思えば、過小評価することもないであろう。

## 在京大名

康安元年（一三六一）十二月、細川清氏《きようじ》や楠木正儀《まさのり》ら南朝方の軍勢が上洛し将軍屋形を焼き払ったが、そのとき都落ちした佐々木道誉のふるまいはまことに風情あるものとして賛嘆されたという（『太平記』巻三十七）。それは屋形の会所には座敷飾をほどこし、眠蔵《めんぞう》（寝所）・遠侍（詰所）には宿直物《とのいもの》や酒食をととのえ、遁世者二人を留め置いて、屋形に来た者を饗応させたからである。道誉の屋形はそのとき三条京極にあった。

この逸話の裏には、じつはその年七月将軍義詮が、細川清氏のまねきに応じて七夕の夜、清氏邸に臨むことを約しながら、にわかに道誉の宿所に渡御《とぎょ》したために、清氏は面目を失い南朝方に寝返ったという経緯があった。大名たちはその宿所（屋形）に将軍が渡御する（これを将軍御成という）のを無上の光栄に思っていたからである。後述するように、義満以後幕政の年中行事化の傾向が進行するなかで御成も一種の年中行事となり、正月二日の管領邸御成始を皮切りに、十二日斯波邸、十九日赤松邸、二十二日山名邸、二十三日細川邸、二十六日京極邸、同日夜畠山邸といったぐあいに、諸家への御成が毎年恒例の行事となったようである。将軍の権威が名実ともに失墜した戦国時代でも、なお『××邸御成記』といった記録がつくられているところをみると、公方（将軍）の渡御を仰ぐことが何よりの名誉とされた事情がうかがえよう。その約束を破られた細川清氏が反旗をひるがえしたのも、ゆえなしとしない。

それはともかく、そうした将軍御成の意味を理解するには、その前提条件として諸大名の邸宅宿所が京都にあったという事実を忘れてはならない。つまり南北朝＝室町初期以来、守護大名やその一族家臣はいずれも将軍居所たる京都に宿所を構えて在京したが、その数は膨大なものであったらしいのである。のちのことになるが、『応仁記』（「洛中大焼之事」）によると、

扨《サテ》大名ノ家ヅクリ、吉良・石橋・渋川等ヲバ先オキテ、武ヱイ（斯波）・細川・畠山・山名・一色・六角ハ上土門《アゲツチモン》ヲ立ニケル、亦冠木《マタカブキ》門ノ武士方ハ、讃州・相模・土岐・京極……、此外奉行頭人ト奉行外様《トザマ》大名家々ノ殿ヅクリ、注サントスルニ際限ナシ、或ハ薬医平門大名ノ内ニ至ル迄《マデ》、凡《オヨ》ソ六、七千間（軒）ハ左アラントゾ覚ル。

とあって、家格に応じた門構えの武家邸宅が櫛比していたという。ちなみにこの家格ということでは、先述した将軍御成がその格付けに大きな役割を果たしていると思われる。しかも、大名たちがこのように在京したのは、たんに彼らの便宜のためばかりではなく、じつは幕府の強い方針によるものであって、大名在京という事実はそのまま室町将軍の権力のあり方にかかわる問題でもあったのである。

すなわち従来の研究では、室町幕府体制は弱体で、守護大名の勢力均衡の上にのっかっている連合政権であった、というふうに理解されてきたが、近時の研究成果に徴すると、

室町将軍の権力は想像以上に強烈であった。とくに大名統制策の一環として守護大名に在京を強制し、たやすく下国・在国を許さなかったことが明らかにされている。江戸幕府が諸大名に江戸屋敷を構えさせて在府させたことは、徳川将軍の権力の強さを示すものとして指摘されるところだが、その先蹤はすでに室町幕府において存在していたのである。

こうして京都には多数の武士が常住し、彼らは幕府職制の中に編成されていった。すなわち三管四職(斯波・細川・畠山の三家および赤松・一色・山名・佐々木京極の四家)をはじめ、御相伴衆(三管領家・山名・一色・赤松氏等)、御供衆(三管領家・一色・山名・大館・上野・武田氏等)、国持衆(斯波・細川・山名・土岐・佐々木・武田・富樫等)、准国持衆(細川・佐々木氏)、外様衆(畠山・赤松・土岐・佐々木・末野氏等)、中次衆《もうしつぎ》(大館・伊勢・上野・畠山・一色・安藤氏等)等々として、諸大名の惣領家・庶子家の親子兄弟が在京し、将軍に随近奉仕したのであった。将軍を中心とする随近近習らの同心円的構成ともいうべきもので、こうした体制は将軍義満のころにはほぼ確立したものと思われる。したがって有力武士の京都集住が、彼らをして北山文化の主体、荷担者たらしめる条件ともなったのであって、在京大名の存在は、政治的・軍事的な面だけでなく、文化史的な観点からも、もっと重視される必要があろう。室町文化の特徴の一つである、武士に近仕する一群の芸能者の存在も、こうした大名の京都集住という観点から説明できるのであるが、その点については行論の都合上、「東山殿の芸術生活」の章で述べたいと思う。

永享三年正月、幕府及び将軍の行事

| | | |
|---|---|---|
| 十一日 | 猿楽能・松囃子 | （室町第） |
| 十三日 | 和歌会始 | （〃） |
| 十五日 | 垸飯始 | （〃） |
| 十七日 | 的始 | （〃） |
| 十八日 | 連歌会 | （北野会所） |
| 十九日 | 月次連歌 | （室町第） |
| 二十日 | 猿楽能 | （〃） |
| 二十五日 | 恒例和歌会始 | （〃） |

## 年中行事の成立

在京大名の問題とともに、室町幕府論に関連して指摘しておかねばならないことは、さきに一言したが、義満以後に見られる幕政の年中行事化である。参内始・的始・垸飯《おうばん》始・御成始等々といった行事が応永～永享年間にかけて恒例化しているのがそれである。

もっともこれら行事のなかには端午節供・七夕・重陽など王朝以来の公家的なものもあれば、武家的といっても評定始・的始などのように鎌倉幕府のそれを踏襲したものもあって、必ずしもすべてが室町幕府独自のものというわけではないが、北山時代以後、義持・義教時代を通じて武家故実が成立した。伊勢氏や小笠原氏などが故実家として著名である。

室町幕府におけるこうした年中行事の成立条件は、当然のことながら幕府の体制が整備され、幕政が安定的に運営されるようになったことに求められる。したがってその時期は義満の北山期といってよいが、その後の義持・義教時代に及んでいっそう進行したとみられる。この間、宮廷公家との接触が頻繁となり（応永三十二年に義持は計十五回も後小松院の仙洞へ参院している）、それと対応するかのように文芸的な方面での年中行事が成立してくるのが特徴的である。わけても正長元年（一四二八）正月、兄義持のあとをうけて将軍となった義教（初名義宣）は、同四月二十九日、幕府和歌始、五月十五日、月次和歌会をはじめたのを皮切りに、つぎつぎと種々の文芸の会始や月次の会を制度化しているのが注目される。義満のころにはこうした文芸的な会は個人的かつ臨時的なものでしかなかったのが、義教になると公的かつ恒例の行事とされたところに、義満と義教の文芸に対する関心の度合いや姿勢の違いといったものが看取されよう。記録を整理していくと、正長という年号が翌年永享に改められてからの数年間に、出るものはほぼ出そろったという感じがする。参考のため永享三年（一四三一）正月の幕府および将軍の行事を列挙してみたのが前掲表である。永享四年の例からすると、その年正月十三日に行なわれた松拍《まつばやし》（囃）子と猿楽は、おのおの赤松満祐《みつすけ》・一色義貫《よしつら》・畠山満家および細川持経がつとめたというから、これらの年中諸行事はそれぞれ大名の奉行のもとに催されたのである。

ところで、こうした文芸関係の年中行事があらわれてきたことに関連して、義持および義教の文化史上における地位について一言しておく必要があろうかと思う。たとえば世阿《ぜあ》弥《み》がたくさんの伝書類を書いたことはよく知られるとおりであるが、その大部分は義持時代でのことであった。それは義満以上にきびしい鑑賞眼をもっていた義持から疎外された世阿弥が、その貴人の芸術眼にこたえようとしたものであったことが指摘されている（西一祥『世阿弥研究』）。世阿弥はこういっている。

かやうの稽古の浅深の条……其比《そのころ》（義満）は、貴人・上方様の御比判にも、是をのみ御覧じはやされて、非をば御さんだん（取沙汰する）もなかりし也。当世（義持）は御目も弥闌《いやたけ》て、少しきの非をも御さんだんに及ぶ間、玉を磨き、花を摘める幽曲ならずは、上方様の御意にかなふ事あるべからず。（『至花道』）

また義教については、文化的な年中行事の出現または定着するのがその時代であったこと、そのような遊興の場としての会所の増加が、後述するように義教時代に顕著であること、その会所＝殿中飾の規式が成立し、またそれに奉仕する同朋衆の制が確立するのも彼の時代であること、などが知られている。むろん義満が観阿弥・世阿弥父子を庇護して猿楽能大成の基礎をつくったことは忘れられないが、それ以外にはとくに見るべきものがない。総合判定を下すなら、義持とくに義教のほうが多角的であり、また資質においてもまさっていたように思う（政治的能力や業績とは関係ない）。室町の武家文化は義持によって推進され、義教によって大成されたというのが妥当な判断であろう。

## 会所の出現

会所とは遊興の場所のことである。それが南北朝＝室町初期の武家邸宅に出現、発展し、武家文化ひいては室町（前期）文化のシンボルとなった。

会所とは会合する場所の意であるから、人々が集まればすなわちその場所が会所である、と言えなくもないし、事実南北朝＝室町初期までは泉殿とか常御所といった建物を適宜にしつらえ（座敷飾）て、和歌・連歌などの会合に用いたようであるが、それ専用の会所があらわれてきたのである。その早い例としては、さきにも述べた佐々木道誉の宿所にあった会所があげられよう。康安元年（一三六一）十二月八日南朝方の細川清氏・楠木正儀の攻撃をうけたさい、自分の宿所にやってくる武将のために、会所や書院の部屋飾をし、遠侍（詰所）に遁世者二人をおいて接待するよう命じて都落ちをしたというのがそれである。そのとき、六間（十二畳）の会所には大文（紋）の畳を敷きならべ、本尊・脇絵・花瓶・香炉・鑵子・盆にいたるまで一様に置き調えておいたとある。しかしこの会所は眠蔵《めんぞう》（寝所）や遠侍と連続していたらしいから、専用の会所とはいっても建物の一室であった。ところが室町幕府の建物群のなかに、遊興専用のしかも独立した会所が建てられるようになった。その初見は、永和四年（一三七八）に建てられた義満の室町殿（花の御所）においてである。宮廷公家のばあいは応永二十九年（一四二二）に新造された一条東洞院の仙洞（後小松院）に会所泉殿のあったことが知られるが、王朝以来の伝統をもつ泉殿が会所として建てられたところに過渡的性格が認められるし、それは武家邸宅の模倣であった。しかし模倣ということでは、武家邸宅のほうが寝殿造の建物を襲っていたことを忘れてはならない。尊氏・義詮時代はもとより、義満の「花の御所」にしても、公式の行事が行なわれる場、いわゆる晴れの建物群は、寝殿・透渡殿《すきわた》・二棟廊・中門廊・中間などといった公家的伝統的な建物であったのであって、それは義持・義教・義政においても同様であった。寝殿の内部がいくつかの部屋に仕切られている点で本来的な寝殿との時代差は認められはするが、基本的な構造においては変わりはない。

ところがそういった晴れの建物群とは別個に、いわゆる庭間建物群として小御所・泉殿・観音殿といったもののほかに会所が出現するのである。すなわち義満の室町殿に一棟、応永十六年(一四〇九)十月に完成した義持の三条坊門殿には東御会所がつくられ、ついで永享元年(一四二九)奥御会所が増築されて二棟、永享三年に建築され、同八年まで増築された義教の室町殿には、南向会所(永享四年)、会所泉殿(同五年)、新会所(同六年)というぐあいに三棟が建てられている。時代が下るほど会所がふえ、つまりはそれだけ会所への関心が強くなった事情がうかがえる。

してみればこの会所こそ武家的なものを象徴する建物であったこと、それは南北朝初期以来の、守護大名たちの「バサラの寄合」の場が洗練化された形でつくりだされたもの、と考えてよいであろう。とくにそれが義教の将軍就任後の永享初年に増加していることは、ちょうどその時期幕府において文芸関係の年中行事が出現し制度化した事実との対応関係を思わずにはおられない。そしてこの二つの事実はたしかに対応関係にあり表裏の関係にあったと断定して間違いない。

## 会所の文芸

つまり武家文化の特徴は会所の文化という点に見られたのである。そして会所の文化(文芸)の特徴は、さらにつぎの三点に存在していたと考えられる。

その一は、すでに述べたように、会所が唐物荘厳の座敷飾であったことである。

応永十五年(一四〇八)三月、義満が後小松天皇を北山山荘に迎えての二十日ばかりというものは、十日舞、十一日連歌、十四日舞楽、十五日猿楽、十七、十八日蹴鞠、十九日楽、二十日三船の会、二十一日連歌、二十二日猿楽、二十三日和歌、二十四日舟遊・早歌、二十五日蹴鞠・白拍子、二十七日白拍子といった遊興の日々であったが、その会所に当てられた十五間(三十畳)の天鏡閣(金閣の背後にあり、空中廊でつながれていた)は、それこそ唐物荘厳であった。

西東二所に御座しきをまう(設)けられて、くさぐさのたから物、数をつくして奉り給、からゑ(唐絵)、花瓶、かうろ(香炉)、びやうぶ(屛風)などのかざり、つねとことなり、から（唐）の国にてだにも、なほありがたき物どもを、ここはとあつめられたれば、めもかがやき、心もことばもおよ（及）ばずぞありける（『北山殿行幸記』）。

というわけで、東西二カ所の座敷には唐絵や唐物道具が贄を尽くして飾られたものである。

同様に義持の会所についても、これを一見した貞成《さだふさ》親王は、「凡そ会所以下の荘厳置物宝物等目を驚かす。山水殊勝、言語の及ぶところにあらず。極楽世界の荘厳も此の如きか。養眼の外他なし」（『看聞日記』）といい、義教の会所についてその政治顧問満済《まんさい》は、「善を尽し、言詞にのべがたし、北山殿以来多く御会所等一見の処、先々を超過しをはんぬ」（『満済准后日記』）、というごとくであった。これ以上同趣旨の賛辞を引用するには及ぶまい。会所こそ、長い歴史をもつ「遠国の宝」へ心を傾ける唐物数奇の集大成であり宝庫であったといえるのである。そして『御飾記』とか『君台観左右帳記』といった書物が、唐物奉行の同朋衆によってつくられた唐物荘厳の規式を記す座敷飾の書であった。

その二は、そうした唐物荘厳の座敷飾やそこでの文芸・芸能活動に同朋衆が奉仕する、いわゆる阿弥の文芸であったことである。この点については紙幅の関係上、右にあげた『君台観左右帳記』などとの関連において、「東山殿の芸術生活」で述べることにしたい。

その三は、会所は諸文芸・芸能の共通の場であったこと、逆にいえば中世の文芸はそれぞれが単独に催されることが殆んどなかったという事実である。

そしてこのことはさらに二つの意味がある。その一は、さきに述べた『北山殿行幸記』にみるように、会所で和歌・連歌・舞楽・猿楽・白拍子などが催されていて、どの文芸・芸能も同じように唐物荘厳という座敷飾のなかでもたれている、という文字どおり共通の場であったことであり、その二は、文芸がそれ自体で完結していなかったこと、である。たとえば『喫茶往来』の記述にみられたように、茶会とはいっても、はじめに点心や菓子が出され、ついで茶会——その間には闘茶も行なわれる——が終われば茶の道具がかたづけられて酒宴となり、管弦に時を忘れてしまう、といったぐあいで、そこには純粋の茶事はみられない。有名な『慕帰絵』五巻三段には和歌会が行なわれていて、そのかたわらの廊下や台所では、茶や点心の準備がなされている様子が描かれているが、これでみると和歌会も同様の成り行きをたどったことが想像される。つまり和歌にしろ連歌にしろ、あるいは茶会にしろ、他の遊興と一連のものとして行なわれ、それ自体で完結するものではなかったのである。

とくに茶についていえば、それは遊宴の一過程にすぎず、自己目的をもって完結する「茶事」とはいえなかった。茶会にして茶会ではないのである。だから、いわゆる茶室は、この段階ではいまだ存在せず、会所に台子《だいす》を持ちこむか、この隣あたりに茶湯所が設けられていて、そこで茶の用意をするのが普通であった。つまり会所は茶室であって茶室ではなかったのである。

また花についていえば、床飾の中心をなす三具足（花瓶・香炉・燭台）の一つとして立てられたのが立て花であるが、他の道具と同様、花は座敷飾の一構成要素でしかなかった。したがって、座敷飾の規式からのがれ、それ自身を自由に鑑賞するようになって、はじめて立華《りっか》となるのである。

してみればおのずから結論は明らかであろう。茶にしても花にしても、会所という場・わくから脱却するところに、本格的な成立があったということである。それがとりもなおさず茶道や花道成立の第一歩であった。

文字どおり、すべての「道」は会所に通じ、その会所は唐物数奇の終点であった。その意味で唐物数奇の会所は、中世的武家文化の象徴的存在であり、近世的文芸の温床であった。

# 東山殿の芸術生活

## トモニツレタル遁世者

バサラの大名佐々木道誉が康安元年（一三六一）十二月に都落ちした際、「我宿所へハ定テサモトアル大将ヲ入替ランズラン」というわけで、会所・書院などを整頓し、遠侍（詰所）に遁世者二人を留めておいて去った話（『太平記』巻三十七）は有名で、「北山殿の唐物数奇」でもふれたが、同じく『太平記』巻三十三にも、道誉ら在京の大名が衆を結び日々寄合って行なう茶の会などで飾る異国本朝の重宝や懸物を「トモニツレタル遁世者、見物ノ為ニ集マル田楽、猿楽、傾城、白拍子ナンドニ皆取クレテ云々」とあり、ここでも「トモニツレタル遁世者」と出てくる。大名が「トモニツレタル遁世者」とは何者であろうか。話を応永七年（一四〇〇）に飛ばそう。この年七月小笠原長秀が信濃守護職に補せられて同国に下向し善光寺にはいったが、村上満信を棟梁とする大文字一揆、佐久三家といった国人衆がこれに反抗し、九月二十四日、更級郡布施郷大塔《おおとう》で合戦が勃発した。いわゆる大塔合戦である。結果は長秀方が敗れて京都へ逃げ帰るのであるが、この時の合戦記『大塔軍記』によれば、任国に向かう長秀の軍隊に頓阿弥《とんあみ》なる遁世者が前打《さきうち》として混じっていたという。

この頓阿弥は芸能万般に通じていたらしく、その多芸多才が買われて従軍したことは明らかで、これこそ「トモニツレタル遁世者」に違いあるまい。大名武将は、それを同道することによって、戦陣にあってはその緊張をゆるめ、平時にあってはその無聊を慰めたのである。

したがってそうした遁世者が、初めに見た道誉のばあいのように「在京大名」の邸宅に出入りし、あるいは召しかかえられたのも当然で、とくに将軍家のばあいが最も多かったのである。

たまりん物語

たとえば義満の勘気にふれて東国へ追放された「たまりん(玉林)」。「たまりん」はその気持を「東国下り」(海道下り)一篇の詞章につくり、それを同僚の海老名南阿弥《なんあみ》におくったが、南阿弥がこれに節をつけ世阿弥がうたったところ義満はいたく感心し、ふたたび「たまりん」を召し返したという。

『中楽《さるがく》談儀』のなかで世阿弥(観世元清)の語るところであるが、この「たまりん」は同じく世阿弥の『五音』に出てくる琳阿(弥)のことであった。他に「リン」阿弥と名のる傍輩でもいたのでそれとの区別上か、それとも全くの字遊びでか、琳を分解して王(玉)・林とよんだものであろう。それはともかく、この琳阿弥は連歌などをよくして義満に仕えた遁世者であった。

琳阿弥召還のきっかけをつくった海老名の南阿弥には世阿弥も深いかかわりがあった。世阿弥とその父観阿弥《かんなみ》が義満に認められ、その保護と寵愛を得て猿楽能を確立するきっかけをつくってくれた人物こそ、この南阿弥であったからである。『猿源氏草紙』によれば、この南阿弥はもと関東武士であったが妻をなくしたのち上洛し剃髪して南阿弥陀仏と称したといい、歌・連歌それに音曲などを通じて大名高家に出入りした、都に著名な遁世者であったという。この御伽草子の記事の真実性はともかくとしても、その文芸的才能が近侍の条件になっていたことは明らかである。『常楽記』に所見する「海老名南阿弥陀仏」が当人なら、永徳元年(一三八一)三月に他界しており、それは観阿弥父子を義満に推挽してから七年後のことになる。

このように室町時代になると、将軍家や大名は多かれ少なかれ、文芸、芸能をよくする「道々ノ物ノ上手共」「数奇ノ人」を近侍させ、「遊物《あそびもの》(者)」=芸能者を召しかかえていたのである。それは和歌・連歌・茶湯・立花《たてはな》・舞・白拍子・早歌・八撥《やつばち》(羯鼓《かっこ》)・一声《いっせい》(囃子)・コキリコ(小切子)等、文芸、芸能全般にわたっていた。公家社会にこうした芸能者が出入りしなかったわけではないが、文化(芸)享受の形態というか構造においては武家社会独特のものと言ってよいのであって、そこに武家文化の特質を認めることもできるのである。したがって同朋衆の存在がこの問題とふかくかかわってくる。

## 同朋衆の系譜

芸能をよくするこうした遁世者は、その呼称からも明らかなように法体《ほったい》姿をなしていた。すべて阿弥号を名のるのもそのためである。この阿弥号は念仏宗、とくに一遍の始めた時宗において用いられた名号であるから、遁世者が時宗と深いかかわりのあったことが推測される。

そのことを理解するには、鎌倉最末期の戦乱以来、時宗の僧がいわば従軍僧として軍隊に従っていた事実を知る必要がある。たとえば元弘三年（一三三三）正月に鎌倉幕府軍が楠木正成を河内千早城に攻めたとき、この軍隊に従う時宗の僧が二百人もいたといい（『楠木合戦注文』）、義満が山名氏清らを討った明徳の乱（一三九一年）では、「奥州（氏清）ニ付申サレタリケル時衆（時宗の僧のこと）」が氏清の死を御台所に報告し、家喜九郎景政にも「最後マデ付タル時衆」があって、その遺言を妻に伝え、最期のありさまを語って聞かせたという（『明徳記』）。さきに引きあいに出した『大塔軍記』にも、時宗の僧が戦死者の遺品をとり集めて遺族へ送りとどけたとある。してみれば、時宗の僧の話が軍記物の素材にされることもあったに違いない。

時衆が軍隊や武将につき従ったのはむろん宗教的な目的、すなわち戦死者に念仏（十念）を授けその菩提を弔うためであるし、武将もまたその目的で彼らを同道したのである。元弘三年五月二十八日付の他阿弥陀仏書状にもこんなことが書かれている。

た、かひの中にも、よせ（寄）手、城のうち、ともに念仏にて候ける。どし（仲間）うちたりとて、後日頸《くび》めさる、殿原《とのはら》、これらの御房達、はまへ出で、念仏者には皆念仏すゝめて往生を遂げさせ、いくさの以後は、これらを皆見知《けんち》して、人々念仏の信心弥弥《いよいよ》興業忝候。

そういうわけで、南北朝内乱のさなか観応年間には、「軍勢に相伴《あいともなう》時衆の法様」というのがくばられていたことが、応永六年十一月二十日付、他阿弥陀仏の書状にみえる。ただしこの書状によれば「今は見および、聞およべる時衆も不レ可レ有」とあって応永初年には忘れ去られていたらしい。そこでこの年あらためて「心得らるべき条々」を定めたものである。いわく、「時衆が軍隊に同道するのは十念一大事のためであるから、弓矢方のことで使者になってはならない」、いわく「軍隊においては護身のため鎧甲を身につけるのはよいが、弓箭兵仗を手にして殺生してはならない」、というのはいいとしても、「檀那の一大事（戦死）を見届けるのに身体がひもじくてはかなわないから、食事はいつでもあるにまかさせて食べておけ」とは、宗教者にしては直截にすぎるようだ。おそらく実際の体験からくる「戦陣訓」なのだろう。

彼らが金瘡（刀の切りきず）療治をよくしたのも、そうした従軍の過程で体得したわざであったに違いない。かの頓阿弥が物語を習ったという古山珠阿弥を、応永元年（一三九四）九月義満の日吉社参に召し具された供奉人《ぐぶにん》のひとり、古山珠阿弥陀仏と同一人とすれば、彼は「御医師」でもあったことになる。戦死者に十念を授ける以前、戦傷者を治療することが必ずあったからにほかならない。そういえば、のちのものであるが『異本小田原記』（「氏綱連歌の事」）にも、

惣じて時衆の僧、昔より和歌を専とし、金瘡の療治を事とす。依レ之御陣先へも召連れ、金瘡を療治し、又死骸を治め、或は最後の十念をも受け給ひけるほどに、何れの大将も同道ありて賞翫あるぞと聞えし。

とある。そしてまたここには、時衆の僧が和歌や連歌など文芸・芸能をよくするにいたった経路が簡潔に述べられている。同朋衆は、こうした遁世者＝時衆にその系譜を引き、それが幕府職制に編成されたものにほかならない。その時期は一般的にいって義満のあたりからで、義持・義教のころ制度的に確立をみた。その結果義政の時期にはその周辺に多数

の同朋衆の姿を見ることができるようになったのである。寛正〜延徳年間、義政の同朋衆はのべ数十人いたことが確認されている。

ここで誤解を招きそうな二、三の点について付言しておこう。(イ)同朋衆は必ず阿弥号をもつが、その逆は必ずしも真ならざること、(ロ)同朋衆は時宗の系譜を引くが制度として確立して以後は、必ずしも時宗の徒に限るものではなかったこと、(ハ)同朋衆にもピンからキリまであり、すべて同朋衆を一芸一能にひいでた人物と見てはならないこと、などである。

**唐物奉行**

同朋衆の職掌を一言でいえば、室町幕府における殿中雑役の奉仕である。その雑役とは、使い走り・掃除・配膳・御酒奉行・御湯取り・憑《たのみ》（贈答品）取次ぎといったものから、唐物奉行・座敷飾・立花、和歌・連歌等々にいたるさまざまな職掌をいう。雑役の内容はそれこそ雑多であった。したがって、殿中雑役夫だから文芸的なものには無関係である、という一部の議論が無意味なら、前項で述べたように、同朋衆を一芸に長じた人物とのみ信じている通説も正しくないのである。それらを総括したとらえ方をしなければ正しい同朋衆論にはならない。

しかしそういうなかでも、おのずから職掌に関係ある分野で著名になった同朋衆が何人かいた。その代表的存在はやはり毎・能・芸・相阿弥の四代四阿弥である。『花営三代記』

『満済准后日記』や『蔭涼軒日録』などにその関係記事が散見するのであるが、毎阿弥は義持・義教に、能阿弥は義教・義政に、芸阿弥は義政、相阿弥は義政－義晴らに仕えたことが知られる。

このうち毎阿弥については、残された記録の関係もあってかその働きは十分わからないが、以下の三代はいずれも唐物奉行として唐物器物とくに唐物の目利《めきき》（鑑定）・評価・表装修繕・保管にあたり、またそれらを用いての座敷飾にあたっている。三阿弥の目利が権威あるものとされた事例はいくらもあり、将軍家歴代の収集物の粋である東山御物のなかには、相阿弥が外題を書いたと称するものが多数存在している。

もっとも目利ということでは禅僧のなかにもすぐれた鑑定家がいた。たとえば、義政時代の蔭涼軒主、亀泉集証《きせんしゅうしょう》などがそれで、相阿弥とも親交があったが、自他ともにゆるす目利であったらしい。そこで前者を学者的鑑識といい後者を職業的鑑定というように理解する人もある。たしかに同朋衆の鑑定が実際的であるのに対して、禅僧のそれが学究的であったという違いはあったろうが、亀泉のばあい、相阿弥の眼識に対してはふかく敬意を払っていたようだ。それにしても当時唐絵に対する知識は、宋代の『宣和画譜』とか元代の『図絵宝鑑』といった二、三種の中国の画史画伝から得たものにすぎなかったようだから、けっきょく現物をたくさん見ることのなかで実際的知識を獲得してゆくよりしかたがなかったろう。

してみれば、能阿弥や相阿弥が著わしたという『君台観左右帳記』は彼ら唐物奉行が職業柄蓄積してきた目利の知識の集大成ともいえるであろう。本書は三部に大別され、はじめが宋・元を中心とする百五十人前後の中国画家を品等に分けた画人録、つぎが座敷飾、終わりに器物の説明がある。絵や器物が座敷飾の道具であることからすれば、全体としては座敷飾の規式書なのであるが、画家を格づけしたり器物に値段をつけているところに、目利の基準にされた本書の実用性がうかがえると思う。いわゆる骨董道の萌芽は東山時代に求められるのである。

四（三）阿弥は、唐物奉行という仕事を通じて彼ら自身も画筆をよくするようになったらしい。芸阿弥・相阿弥は「国工」「国手」と称されており、鎌倉建長寺の書記、祥啓が芸阿弥に就いて画を学んだ際、芸阿弥は相府所蔵の絵本を取り出してこれを臨摹《りんも》（模）させたので急速に上達したといわれている（『翰林葫蘆集』）。前述したように、「筆（本物）をよく覚候て」「只物数をよく見候て」はじめて目利ができるという同朋衆の論理からすれば（『君台観左右帳記』）、その指導方針が有効だったのも当然であろう。文字どおり、よい「絵本」をたくさん見るのが上達の近道というわけであった。

三阿弥らはまた連歌もよくしたようだ。義持・義教時代に盛行してきた会所の連歌において同朋衆は必ずその連衆《れんじゅ》として参加したものである。記録の上からは本阿・量阿・慶阿（改名して讃阿）・栄阿などの名が知られるが、なかでも能阿・相阿はともに「連歌宗匠」

と称されているから、連歌をよくする同朋衆のなかでも、とくに長じていたのであろう。文明十九年（一四八七）七月八日の義政の連歌会には、その連衆として調阿弥・徳阿弥とともに相阿弥が陪席している。

三阿弥の重要な仕事であった座敷飾とは、こうした連歌会・和歌会とか茶会などが行なわれるときの会所を唐物によって飾るものであって、三阿弥はその最高責任者であった。後世相阿弥が「数奇之宗祖」とされたのも、けっして理由のないことではないのである。

## 公方御倉

このあたりで将軍家の書庫をのぞいてみよう。いったい相府書庫にはどれほどの唐物唐絵があったのだろう。

義満が収集した絵には「天山」「道有」という鑑蔵印がおしてあったことは、前項でもふれたように有名である。それらは他の唐物器物（茶碗・茶桶・花瓶・香合・薬籠・印籠・方盤等々）とともに、一つには禅僧の手を通じ、一つには日明貿易のルートを通じて得られたものに違いない。そしてそうした収集熱は、義満とは比較にならぬほど芸術的な資質と関心を有した義政にいたって、最もたかまったと想像される。寛正五年（一四六四）七月渡唐船を派遣するにあたって、能阿弥がむこうで求むべき諸器の「模様図」を書いて指示したことがあり、相阿弥も長享二年（一四八八）五月蔭涼軒で「大唐御誂《あつらへ》者之事」を禅僧の亀泉集証、画家の狩野元信と相談しているが、これは貿易船が中国で求めた牧谿の墨絵観音・脇四幅、月渓の官女画二幅、牧谿の赤鶏・白鶏二幅等の金襴の絵様を定めるためであった（『蔭涼軒日録』）。

してみれば、近世初頭の画家長谷川等伯が、わが国最初の画論ともいわれる『等伯画説』のなかで、

　東山殿ニハ百カザリ（飾）有レ之、一切ノ唐絵ト伝唐絵并見事ナル物ハ皆東山殿ノ御物也。

と述べたのは、あながち誇張であったとはいえないであろう。「雑華《ざつけ》室印」は最近義教の鑑蔵印と判明したが、義政までの収集品は合わせて東山御物《ごもつ》と称されたのである。『山上宗二記』によれば、三日月の茶壺・松島の茶壺・四十石の茶壺、捨子の茶壺、居敷袋の香合、趙昌の花の絵、玉澗の瀟湘八景の図、牧谿の布袋図、徐熙《じょき》の鷺の絵などがあげられる。

しかし公方書庫には唐物がたまる一方であったというわけではない。むしろ義政のころから流出しはじめたといってよいかもしれない。

たとえば寛正六年（一四六五）六月には、亡父普広院殿義教二十五回忌の仏事銭三百貫がないため、唐物奉行の千阿弥をして絵軸や大刀を売りに出さしめ、今出川氏と伊勢守が

それを買っているし、同じく「其筆妙甚美」となる孫君沢《そんくんたく》（元代の画家）筆の四幅山水も売りに出されて三十五緡《さし》を得ている。

この年の遣明船が「今度日本衰微によって銭を求めらるる也」（『蔭涼軒日録』）といい、文明十五年に幕府船を二隻派遣したときも「銅銭地を掃《はら》つて尽き、官庫空虚……今使を差して入朝し求むるところは此に在るのみ」（『補庵京華別集』）と、恥も外聞もなく表明した幕府財政の窮迫は、公方御物を売りに出すこともまたやむをえずとしたのであった。しかしそこは義政である、残念でしかたがない。初めのうちは売るのを「御領掌なか」ったらしい。そうなると仏事を行なう相国寺のほうが困る。「しからば御仏事退転あるべき也（仏事はできません）」と不服だったという話が伝えられている。義政死後では明応七年（一四九八）、牧谿筆、簡翁賛の半身布袋三幅一対を土蔵志乃《しの》に沽却《こきやく》することが申し入れられている（『実隆公記』）。百貫布袋とか腹摩布袋《はらさすり》と号された武家累代の重宝であったが、それが有《う》徳者《とくしゃ》の土蔵（倉）へ売られているところに、皮肉な時代性を見る思いがする。

なお『蔭涼軒日録』によると、そうしたばあい、売り物は主として寺家へ出すようにされたらしい。大徳寺などの寺院に、義満の鑑蔵印のある御物唐絵が現蔵されているのは、そうした事情によるものであろうか。

## 二人（三人？）の千阿弥

三阿弥と並んで有名な同朋衆として忘れられないのが千阿弥である。同朋衆としての仕事は能阿弥よりは数年はやく始めているが、能阿弥のほうが早く没している。生年はそれほど違わなかったらしい。相阿弥と並んで義政に近侍したが、当然、相阿弥よりははるかに年長であった。

この千阿弥も唐物奉行とよばれているが、三阿弥の仕事がどちらかといえば唐絵関係を主としていたのに対して、千阿弥は主として唐物（器物）関係に従事したらしく思われる。関係記事（『蔭涼軒日録』）からするに、義教や義政から命ぜられて香合や堆朱の盆、桂漿《けいしょう》の食籠、茶碗などの沙汰にあたることが多かったからである。したがって千阿弥が茶事に関係したことは十分考えられる。そういえばこの千阿弥こそ千利休の祖とされている人物であった。

ただしここで同朋衆と茶湯との関係について付言しておかねばならない。それは近時における同朋衆の研究のなかで、三阿弥を茶道の祖とする通説が批判され、そうした説が生まれたのは、江戸時代寛文から元禄にかけてつくられた付会の説にすぎない（野地修左『日本中世住宅史研究』）、とされているからである。

たしかに三阿弥については、彼らが直接茶事に関係したことを示す史料はない。その点三阿弥は茶湯同朋ではなかったといってよいと思う。しかし一歩退いて考えるに、当時の茶が殿中（会所）茶湯という形をとり、同朋衆の奉行によって座敷飾が施された殿中会所での茶会であったことを考えれば、その唐物の管理全般にわたって関与した三阿弥が、茶会のつど茶湯道具の飾りつけやそれに伴う茶湯の奉行に関係したとみてもさしつかえはないのである。相阿弥が「数奇之宗祖」とされたのは、けっして意味のないことではない。それに殿中茶湯ではその会所は専用の茶室であったのではなく、一般に点茶は会所の部屋に隣して設けられた「茶湯所」で行なわれたから、そこにも茶湯を奉行する同朋衆の存在は不可欠であった。

不詳な三阿弥に比して、千阿弥のほうは茶事に関係深かったことはたしかである。大永四年（一五二四）将軍義晴の細川邸御成の際、その御供衆の茶湯者に玉阿弥と千阿弥がいたことが知られる（『細川亭御成記』）。ただしこの千阿弥は義政時代の千阿弥とは同名異人である。初見が義教の永享三年（一四三一）であるから、そのとき若くて十代なかばであったとしても、大永四年には、百歳を超えることになる。少なくとも二人（三人?）の千阿弥（その両者の関係不明）の存在を予想せざるをえない。

そしてこういう例は千阿弥に限らなかったのである。たとえば立阿弥がそうである。応永三十二年～永享六年（一四二五～三四）に所見する立阿弥が、寛正元年～永正三年（一四六〇～一五〇六）にみうける立阿弥と同一人物であるためには、これまたあまりに長命にすぎるようだ。しかし、どちらの立阿弥も立て花に深いかかわりがあった。同朋衆は最初の一字だけで区別するのだから同じ名が出てくる可能性は十分あるわけだが、千阿弥・立阿弥についていえば、同じ職掌に従う同朋衆のばあい同じ名を襲名するということがあったのかもしれない。なお義政時代立花に当たった同朋衆としては台阿弥の名も知られる。

ちなみに同朋衆の奉行する殿中の立花は、座敷飾の一環をなすものとして、床や書院の棚に立てられたもので、いわゆる立華《りつか》が花それ自体を鑑賞の目的にするのとは根本的に違っていた。立花をよくした立阿弥が「御会所の同朋」と称されたところにも、そのことがうかがえると思う。座敷飾の規式から早く解放されて、立華が展開するのは、むしろその伝統のよわい公家社会においてであった。とくに義政時代にあらわれた頂法寺六角堂の池坊専慶がその旗手であったといってよい。

## 山水河原者

同朋衆の職掌を述べるなかで、義政もしくは、その前後の将軍に近侍した人物の何人かを紹介してきた。しかし義政と阿弥者の関係ということで忘れられないのは、作庭家の善阿弥であろう。

ただし善阿弥は同朋衆ではない。その子や孫の名が小四郎に又四郎という俗名であったように、阿号も踏襲はしていない。

それはともかくとして、この善阿弥が当代傑出した作庭家であったことは、当時の記録に「泉石の妙手」「丘壑《きゆうがく》経営の妙手」(『蔭涼軒日録』)といい、「山となし樹を植ゑ石を排(配)すること天下第一」(『鹿苑日録』)といった賛辞からもうかがわれる。記録の上では長禄二年(一四五八)、蔭涼軒の庭園の補作、翌年から数カ年をかけて室町上御所の作庭、またこの前後奈良興福寺大乗院の庭園の補作(いまは奈良ホテルの庭園)、文明三年(一四七一)興福寺中院の作庭および文明八年内裏学問所の作庭、などが知られるが、そのほとんどは義政の命によるものであった。義政が善阿弥をいかに寵愛したかは、寛正元年(一四六〇)、同四年に病気になったとき同朋衆の春阿弥をやって見舞わせ、毎日煎薬を与えさせたことにもうかがえる。そこで相国寺の季瓊真蘂《きけいしんずい》のごときは、「彼を慈愛すること、尤も定分を過ぐ、其れ辱たる也」といって、多少非難めいた口ぶりのなかに羨望の感を禁じえなかったのである。

もともと山水河原者あるいは庭者といわれる人々は、夢窓疎石のような石立僧《いしだて》が作庭するに際して石や樹木運び、庭の掃除、管理などの雑役に使われていたのであるが、その経験を通じてしだいに作庭の知識と技術を体得し、ついには作庭家として活躍するようになったもののようだ。東山時代にはかなりの数の山水河原者がいたことが知られている。善阿弥の子小四郎、孫の又四郎がまた作庭にすぐれた才能を有していたらしい。とくに又四郎は、自分が卑しい屠家《とけ》に生まれたことを悲しみ、心にかけて物の命を断たず財宝もむさぼらなかったという。そこで人格者といわれた相国寺の景徐周麟も又四郎の人格・学識に感じて、近ごろは僧侶の所為は屠家にも及ばなくて恥ずかしい、と述べたものである。東山山荘の作庭は文明十六年にはいってからであるから、同十四年九月、九十七歳の高齢で没した善阿弥は関係なかったが、小四郎や又四郎がきっと関係したに違いない。なお義政は西芳寺の庭園に深い関心をもち、その母勝智院（日野重子）のために建てた高倉御所の林泉は、もっぱら西芳寺のそれを模している（一四六一年）。この時作庭に当った者の名は明らかではないが、時期的にみて、善阿弥が関与したと考えて間違いあるまい。いずれにせよ義政＝善阿弥による作庭はいわゆる石庭ではなく、王朝以来の池泉回遊式庭園が主であった。

それにしても、義政がこうした下層の山水河原者を寵愛した事情はどのように理解したらよいのだろう。義満と世阿弥、義持と増阿弥、義教と音阿弥、というふうにみてくれば、身分的に対極にある者を重用したのは歴代将軍とて同様で、なにも義政に始まるわけではなく、むしろそこにこそ武家社会における一特質を見いだしうるのであるが、義政のばあい、義教のような恣意的な寵愛とは少し違うように思われる。善阿弥の病気見舞いにつかわされたのは同朋衆の春阿弥であったが、その春阿弥がやがて病気になったときも洛中の名医を呼び集めて看病させ、没後のことにまで心をくだいている。王者の憐憫だといってしまえばそれまでであるが、義政には弱者に対する愛情といったものが感じられる。東山山荘の東求堂にある書斎が「聖人は一視して同仁なり」から同仁斎と命名されたことも思いあわされよう。深層心理学的（？）にいえば、案外彼自身が政治と家庭から疎外されたことと深いかかわりがあるのかもしれない——。

## 東山山荘

義政が東山に山荘を経営しようと思い立ったのは、寛正五、六年（一四六四、六五）のころであったらしいが、応仁・文明の大乱で中断し、実際に事始めを行なったのは二十年後の文明十四年（一四八二）二月のことであった。山荘の亭舎として西指庵・東求堂・超然亭・太玄関・弄清亭等々があり、いわゆる銀閣は義政の没する前年、延徳元年（一四八九）に完成をみた。義政が洛北長谷《ながたに》からここに移住したのは文明十五年（一四八三）六月のことであるから、移住後も工事が続けられ、結局生前には完成しなかったのではあるが、亭舎の扁額や障子絵の絵様の決定事情をみると、この山荘にそそいだ義政の執念が知られるようである。彼が、「世上のことは万事無道で、自分の命に誰も従わない。腹が立つだけである。だからこれから後は天下の政道については全くタッチしない」（『蔭涼軒日録』）といったのは、ちょうどこの山荘にあった文明十八年十二月のことである。義政が造営に示した熱意の度合は、そのまま政治からの離脱のそれに対応しているのである。

この東山山荘に関係した画家は狩野正信である。これ以前義政の御用絵師としては小栗《おぐり》宗湛《そうたん》がおり、義政から「当世これを除いて余子なし」といわれて寵愛を得ていた。相国寺松泉軒、雲沢軒、石山寺宿坊、飯尾肥前守邸など、将軍御成御座の間の障子絵はすべて宗湛の描くところであった。この宗湛が寛正四年二月、蔭涼軒主季瓊真蘂より牧谿に多くを譲らずとて「自牧庵」の号をうけたことは有名である。しかし宗湛は、東山山荘の造営にかかる前後に死んだらしい。正信はそのあとを受けて義政の御用絵師となった。

文明十七年十一月、持仏堂の十僧図を正信が描くにあたって、その画様が問題となった。馬遠《ばえん》様にすべきか李竜眠《りりゅうみん》様にすべきか、というわけである。唐絵を絵本（手本）にしてそれを真似てかく（これを似せ絵といった）わけで、このときは公方御倉にある御物の一覧を義政に請うている。ちょうど相阿弥が父芸阿弥の喪に服している最中であったらしく、忌《い》明《あ》けののち相阿弥が出仕して来たとき御倉より取り出させて一見に供しよう、ということになった。相阿弥が出仕したのは十二月下旬であったが、禅僧の亀泉集証・横川景三《おうせんけいさん》らとともに絵様を「評議」し、結局、李竜眠様に決定をみた。障子絵一つをつくるにも、義政の意をうけて禅僧・同朋衆・御用絵師たちが協力した様子がよくわかる。

亭舎の名前の決定に示した義政の執念もたいへんなものであった。禅僧の横川景三に撰進させるのであるが、そのいちいちに異議をはさんでは二転三転、かの東求堂内の同仁斎のばあいは、じつに仁知・養恬・益謙・春仁・宥密・愛仁・逍遥・遊初・宥省・潤猷・昭黙等々の名が撰進されたあげく、同仁斎におちついたのであった。

この同仁斎は四畳半の小座敷で、付書院《つけしょいん》・違棚を持ついわゆる書院造の書斎である。ただし解体修理の際、「ゐろりの間」という墨書が見つかっており、囲炉裏が切られていたこと、したがって茶湯もしたことがあったにちがいない。四畳半茶室の起源とされるのを、あながち俗説として退けることもない。東山山荘での茶事は会所・常御殿・西指庵にそれぞれ「御茶湯の間」(点茶所のこと)があるから、右の会所以下の建物でも行なわれたものと思われる。

ただし一般的にいって、会所が茶室でないということと、そこで茶会がもたれなかったということとは同義ではない。炉は切られていなくても、台子《だいす》をもちこみ風炉《ふろ》での点茶がなされたかもしれないし、別の部屋で点てられた茶が同朋衆によってこの部屋に運ばれたかもしれないからである。

## 唐物から和物へ

荒唐無稽の俗説と思われたものが、あんがい真実ではないかと思われることがある。同仁斎の四畳半茶室説もそういったたぐいではなかろうか。というのは、俗説のいうように、このころからたしかに小座敷があらわれはじめているからである。

たとえば義政が没して十二年後の文亀二年(一五〇二)六月、三条西実隆は連歌師玄清の斡旋で六畳敷の小屋を買い、これを四畳半に改造して屋敷の一隅に移建している。これが角屋《かどや》と称するもので、ここで実隆は古典書写や講釈、和歌・連歌や茶の会を行なっている。その部屋は小壁・白壁があり、押板や棚がついており、唐紙も張られ、畳が敷かれていたというから書院造であった。庭には石を立てて木を植え、板垣で囲ったという。武野紹鷗《じょうおう》が茶の極意を悟ったという『詠歌之大概』の講釈を聞いたのはこの部屋であったろう。またこの実隆に和歌を学んだ伶人豊原統秋《むねあき》は、自邸の庭の奥にある松の根もとに「山里庵」をつくり、実隆をこれに招いて茶をもてなしたことがある。

　この二つの事例は、おそくも十六世紀の初期には、公家たちのあいだに小座敷をもつことが一種の流行になっていたらしいことを思わしめる。むろんその小座敷は専用の茶室というわけではない。書斎であり教室であり会所でもある、といった部屋である。小会所だからそこで茶湯がもたれてもいっこうおかしくはない。そしてこれが小座敷の茶室が出てくる源流となった。なぜならそれから二十年たった大永年間には、明らかに四畳半敷・六畳敷の専用の茶室がもたれはじめているからである。村田珠光《じゅこう》の後嗣村田宗珠は、「当時数奇之張本」といわれ、下京に「山居之躰」をもった茶室を構えている。そこで「下京茶湯（者）」と称されていた（『二水記』）。あり方としては実隆や統秋の小座敷と変わりはないが、ただ茶室としての機能なり性格が優越してきたことがうかがわれる。

　このように考えてくると、小座敷は幕府など武家邸宅においてよりは、むしろ座敷飾などの規式に縁遠い公家や町衆《まちしゅう》の世界から出てきたものといえるかもしれない。同仁斎は四畳半といっても独立した建物ではないところに違いがあるし、武家社会ではなお殿中（会所）茶湯が主流であった。

その点、四畳半座敷は村田珠光の作事であるとする『南方録』の所伝は、本書の成立事情を考慮しなければならないとしても、信じてよいと思われるし、その珠光が古市播磨に与えた「心の文」で、「和漢のさかひをまぎ（紛）らかすこと肝要〳〵、用心あるべきなり」といったというのは、まことに興味深い。もっとも珠光によれば、「ひえかれる」ためといって初心の人体《にんてい》がやたらと備前物・信楽《しがらき》物をもてはやすのは言語道断である、ときめつけてはいるが、そのことは逆に、当時備前物や信楽物、すなわち唐物にかわる和物に関心が向けられていた様子が知られ、金春禅鳳《こんぱるぜんぽう》の、これらの和物も「面白くたく（巧）み候はば」唐物よりも「まさり候べく候」（『禅鳳雑談』）といった意見が出てくるのは時間の問題であった。これを「北山殿の唐物数奇」の冒頭に引用した『正徹物語』での唐物数奇と対比すれば、そこに時代差をはっきりと認めることができよう。「唐物から和物へ」という道具に対する美的感覚＝数奇の変化と、「会所から小座敷へ」という転換は、相対応する現象であったのである。その転換期がじつに東山時代のことであった。

### 有徳者の文芸

義政の没後東山御物の一部が土蔵志乃《しの》に売却されたことは前に述べた。この志乃は香道家の志野であるが、土蔵といわれているように金融業で蓄財した有徳者であった。その財力で香をたしなむ数奇者になったのであろうが、そのおもむくところ牧谿画を得るためには百貫も惜しくないような風流人になったのであろう。有徳者＝上層町衆の文化的関心のあり方をよく示している。

時代は少し下るが、狂言に有徳人がたくさんの茶湯道具を持っていた話が出てくるのも、そのあらわれであろう。たとえば「こぬすびと」では、盗人のはいった家が、

扨《さて》も〳〵結構な普請かな、イヤ、又有徳人の普請は違うた物ぢや、角《すみ》から角迄も手のこうだ能い普請ぢや、さればこそ是にはや色々道具が取敷いて有る。是は何ぢや、ハハア、茶の湯の道具ぢや、風炉・釜・茶碗・茶入、扨も〳〵結構な道具ぢや、此釜は定《さだめ》て芦屋《あしや》で有《あら》う。又此茶碗はうたがひもない高麗《かうらい》で有う。扨又此茶入の形のしほらしさ、是は何を一色取ても一かどの元手ぢや。

というありさまであった。この狂言をそっくり絵にしたら、十五世紀のものという『福富草紙』のうち、長者の高向《たかむくの》秀武夫妻が夜着を打ちかけて楽寝をしているシーンになるのではないかと思われる。その部屋の棚に青磁の鉢や天目茶碗・茶筅などが置いてあり、当時における有徳者の典型的な姿が示されているからである。

むろんこの絵において青磁の鉢や天目茶碗が唐物であったか否かをせんさくしてもしか

たないが、土蔵志乃のように唐物所有はそう簡単ではない。おのずから和物の道具が中心になったはずだ。さきに引用した狂言の文句にもあるように、釜でいえば筑前芦屋でつくられた芦屋釜、下野《しもつけ》の天明《てんみよう》でつくられた天明釜といったところ、茶碗・茶壺は瀬戸・常《とこ》滑《なめ》・信楽・備前・丹波などの古窯で焼かれた地方色豊かな和物が求められたに違いない。

つまり珠光や禅鳳の言にみてきた和物趣味の流行は、その要因としてこうした有徳人による茶湯愛好、つまり地下《じげ》茶の発展＝道具所有の展開と相関関係にあったと理解することができるだろう。唐物一辺倒から和漢のさかいをまぎらかし、さらには和物中心に移行させた主体は、有徳人＝町衆であったのである。その点珠光のあとをついだ宗珠が「下京茶湯」と称され、商工業でにぎわってきた下京に住む数奇者であったことは、たいへん意味深いことだと思う。なぜなら、町のなかに小座敷の茶室を構えて市中の隠者の生活をしたのは、何も脱俗的な生活をしたということではなく、かえって、彼らの財力の象徴、換言すればエリート意識の一表現であったと思うからである。これから茶の湯が京・堺・奈良の町衆により発展してゆくのは十分に意味のあることであった。茶の湯に並ぶ立華が、市井にあって門弟をふやした池坊によって発展させられることも、同様に見過ごすことのできない事実であろう。

## 勧進能と手猿楽

文芸・芸能の町衆《まちしゅう》への普及ということでは、義政時代に盛行した勧進猿楽興行についてふれておく必要があるだろう。勧進猿楽興行とは寺社がその修造費を捻出するために貴賤群聚を対象として猿楽能・狂言を上演することで、彼らから徴収した観覧料から、出演料や勧進聖《ひじり》の手数料など必要経費を差し引いた残りが寺社の純益ということになる。勧進聖はいってみれば「呼び屋」で、聖といったのは遁世者が多かったせいである。上演に先立ち勧進帳を読み上げるのであるが、その勧進帳の起草や清書を、当時の著名な学者で能筆家であった三条西実隆に依頼する勧進聖があとを絶たなかったようだ。

　この勧進興行で最も大規模であったのが、寛正五年（一四六四）四月、糺河原《ただすがわら》で三日間興行された義政主催のそれであろう。ここは尊氏時代にも田楽が興行され桟敷が崩れて大騒動になったことがあり、近くは、永享五年（一四三三）四月、義教が音阿弥の観世大夫就任披露をかねて大々的に行なったことがあり、勧進興行にはうってつけの場所であった。

　義政の興行した勧進猿楽は、そのときの上演にあたり、円形に組まれた桟敷の正面に神の座が設けられていたこと、能・狂言が交互に上演されていたこと、などにおいて芸能史上でも注目されている。またこのとき義政の命を受けて演能した音阿弥は、かつての有名なパトロン義教が嘉吉の変（一四四一年）で暗殺されたのち沈淪の境涯を彷徨していたのであるが、義政の保護を得るようになってふたたび昔日の栄光をとりもどしていた。勧進能が行なわれたときはすでに六十七歳の高齢で、子の政盛に大夫職をゆずり隠居していたのであるが、壮者をしのぐ演技に人々の称賛を博したといわれる。世阿弥が猿楽能を大成した「質」の人なら、音阿弥はこれを普及させた「量」の人といえるであろう。糺河原の勧進能だけでなく、その前後、しばしば勧進興行に関係しているからである。

そういうなかでも、たとえば文明十八年（一四八六）に観世大夫（元重）の行なった勧進猿楽は、その勧進元が「親町室町」であったことが興味をひく。室町という町衆たちの自治組織が勧進元となって興行したものであるが、勧進興行による収益という経済的な面だけでなく、町衆のあいだに芽ばえた能楽への関心の深さを示すものであった。永正年間に書かれた豊原統秋の『体源抄《しゅうたい》』には、「当世猿楽とて謡《うた》ふことは一向昔は無きことなり。かくの如き音曲世に出来して天下の乱起ることとこれあるなり」とあって、謡曲の流行が乱世の基だと非難したい口ぶりであるが、これこそ町衆のあいだに普及した能楽の姿を示していよう。

手猿楽と称された素人演能者の出現もまったく同じ理由によるものだった。永正のころ「いま京洛上下に手猿楽とて多く出で来侍る」（『粟田口猿楽記』）といわれている。いずれ有徳者のなかでその経済的余力からたしなんだ素謡《すうたい》あたりから病みつきとなったもので、ついには半職業的な演能者になったものも少なくなかったらしい。そういうわけで勧進興行にも四座に代わって出演する者もあらわれたし、組織をつくって地方巡業に出かける手猿楽集団も出てくるありさまであった。永正のころ禁中に出入りした宮千代という小童《こわらべ》の手猿楽は、その父が岩村という織手屋で今は堺に居住しているが、根本は京都の者であったというから、おそらく応仁の乱に疎開した大舎人座《おおとねりざ》の織手のひとりであったのだろう。彼らが乱ののち西陣あとに帰住して始めたのが西陣織であったことはいうまでもない。

## 小京都の出現

雪舟が一年有余の在明生活を切り上げて帰国したのは文明元年(一四六九)である。帰国早々義政から幕府の御用絵師になるようにさそわれたが、これを辞退し、狩野正信を推薦してみずからは西国に遊んだという(『本朝画史』)。この話はたぶん雪舟の偉大さをいうためにつくられた後世の虚妄の説であるが、入明の直前、大内氏の城下山口郊外雲谷軒で雪舟に会った慧鳳《えほう》が、その詩の序文に、いま民間のいかなる児童走卒といえども西国周防の楊知客《ようしか》(雪舟の相国寺時代の役名)という名画家を知らない者はないと述べているから、雪舟の名は当時においてすでに高かったのである。

雪舟が京都をはなれて地方へ下り、明から帰国後も上洛することがなかったのは、直接には大内氏など西国大名の熱心な招聘によるものであるが、その間、折を見ては各地を歴遊し名勝旧跡を描いているように、日本の風土に対する強い関心といったことにもよるのであろう。在明中に描いた絵に「日本禅人等楊」と落款したことや、帰朝後、如拙・周文の偉大さを再確認するなど、これまでの中国中心の価値観や美的感覚から解放された雪舟の言動は、注目に値する。そしてここにも、唐物から和物へという時代的な転換期の様相を知ることができよう。しかし雪舟のような、中国と日本といった国際的視野からのものでなくとも、国内的な規模で文化の国風化が進行していた。京都に対する地方、公家に対する（地方）大名といった対比において、それぞれ後者が前者のもつ文化を積極的に吸収していったのがそれである。

京都・公家文化が地方の戦国大名に受容された事情を詳述することは別項にゆずるとして、そのことにおいて重要な媒体になったのが連歌師であった。宗祇・宗長・宗柏・宗《そう》碩《せき》・周桂といった連歌師が地方を遍歴するあいだに古典＝和学を大名たちに伝達した功績は大きい。連歌師がおもむいた先は武田・上杉・朝倉・大内・大友氏などであったが、これらの大名はいずれも京都文化の熱心な摂取者であった。こうして領国文化は中央文化を吸収するところから形成されていくのであった。

山口をはじめ各地に成立した小京都の存在は、だから領国文化の象徴ともいえるのである。城下町そのものは兵農分離・農商分離といった領国支配上の要請から形成されたものであったが、それが同時に、京都的なものが移植される場でもあったところに、その歴史的な性格・特質がうかがえるのである。

義政の東山時代は、そうした転換期にあたっていたといえよう。

# 同朋衆と阿弥衆——室町文化の形成者

## 「軍勢に相伴ふ時衆の法様」

〝講釈師、見て来たような嘘を言い〟とは、『太平記』など軍記物を講釈するのに、合戦の現場をさも見て来たかのごとくに語る、その話し振りを皮肉ったものだが、もともと軍記物に潤色がある以上、止むを得ないことだろう。武者何某の戦いぶりがどうしてそんなに細かにわかっているのだろう、とは聞いて誰しも抱く疑問であった。

しかし古来、合戦には記録係が用意されていたことを考えるなら、合戦譚のすべてが作り話とはいえないであろう。時代は遡るが、『日本書紀』に壬申の乱の記事が詳しいのは、大海人皇子に従った舎人たちの日記、『和《わ》珥《に》部臣君手《べのおおみきみて》記』『調 連淡海《つきのむらじおうみ》日記』『安《あ》斗宿禰《とのすくね》智《ち》徳《とこ》日記』とか、主として大和で戦った大伴連馬《ま》来《く》田《た》・吹負《ふけい》兄弟ら大伴氏の記録、いうならば「合戦日記」がつくられていて、それが素材とされたことによる（『釈日本紀』）。合戦日記ということでは、『平家物語』にも、武者が功名をあげると、「その日の一の筆につきにける（筆頭に書き上げられた）」、などとあるのがすなわちそれで、源平争乱の時もその日その日の合戦記録が作成されていたのである。それが義経や景時らによって逐次鎌倉に送られ、それで頼朝は戦況の推移を把握していたわけである。その記録係を手書《てがき》とか執筆《しゅひつ》といい、のちに佑(右)筆といわれたのもそれである。義仲の手書大夫房覚明は有名であるが、『蒙古襲来絵詞』には竹崎季長の執筆の姿が描かれている。

しかし同じ従軍者でも、鎌倉最末期から南北朝動乱期になってはじめて登場するのが、いわば従軍僧、それも時衆の僧たちである。一遍上人にはじまる時衆(宗)の僧が武将に従ったのは、その最期にあたって念仏(十念)を授けその菩提を弔うためで、武将もまたそうした宗教的目的のために同道したのである。これには時宗が他の宗派と違い早くから死体の処理や葬礼に関与したことと無関係ではない。合戦のあと戦傷者の治療にあたることも、かれらの仕事のうちであった。

そんなことから、南北朝内乱のさなか、観応年間には、「軍勢に相伴時衆の法様」なるものがつくられていて、これが従軍僧たちに与えられていたようだ。ただし応永六年(一三九九)十一月二十五日付、他阿弥陀仏の書状によれば、その「法様」を「今は見および、聞およべる時衆も不ㇾ可ㇾ有」とあって、この時期には忘れられていたらしい。そこでこの年あらためて「心得らるべき条々」を定めたのだった。いわく、「時衆が軍隊に同道するのは十念一大事のためであるから、弓矢のことで使者となってはならない」(ちなみにこの意味での「陣僧」には禅僧がなることが多かった)、いわく「軍隊においては護身のために鎧甲を身につけるのはよいが、弓箭兵仗を手にして殺生してはならない」(つまり合戦時にはこれを傍観しているわけだ)、というのをはじめ、「檀那の一大事(戦死)を見届けるのに身体がひもじくては叶わないから、食事はいつでもあるにまかせて食べておけ」とは、いかにも実際的でおもしろい。この文書は他の七条金蓮寺文書とともに、現在東山長楽寺に所蔵されている。

このような時衆従軍僧は、管見では、元弘三年(一三三三)正月、鎌倉幕府が楠木正成を河内千早城に攻めた時、これに従う時衆が二百人もいたという、その名も『楠木合戦注文』(『正慶乱離志』とも)という合戦日記の記事を初見とし、以後南北朝・室町時代の合戦にしばしば登場する。

たとえば義満が山名氏清を討った明徳の乱(一三九一年)では、「奥州(氏清)ニ付申タリケル時衆」が氏清の死を御台所に報告し、また家喜九郎景政にも「最後マデ付タル時衆」があって、その妻に遺品を届け遺言を伝えた上、最期の有様を語って聞かせている(『明徳記』)。こうした従軍僧の〝証言〟が軍記物の素材とされたことは十分考えられるところであろう。また従軍しないまでも、付近で合戦があればそこへ赴き、死者を弔うこともあった。新田義貞が越前藤島の灯明寺畷で戦死した時には、善光寺の妻戸時衆がかけつけ、その遺骸を引き取っている(『太平記』)。

ところで『大塔軍記』は応永七年七月、信濃守護小笠原長秀が同国に下向したのに対して、村上満信を頭領とする大文字一揆や佐久三家といった国人衆がこれに反揆し、更級郡布施郷大塔《おおとう》で合戦した時の戦記であるが、これによると、長秀の軍隊には頓阿弥なる遁世者が前打《さきうち》として従っていた。この頓阿弥は、面貌醜くその躰は甚だ賤しかったが、洛中の名仁で、連歌は侍従周阿弥の古様を学び、早歌は諏訪顕阿・会田弾正両流を伺い、物語は古山珠阿弥の弟子、弁舌広才は師匠に勝るほどの上手である。狂忽して舞えば当座の興を催し、歌えば座中の頤《おとがい》を解く、まことに淵底を究める風情は言語道断で、是非の批判に及ばなかった、という。時衆の世界から芸能に長じた者が輩出した理由に、従軍をはじめとする武将との接触が考えられるゆえんである。

### 同朋衆の職掌

同朋衆は、こうした前史をもって室町初期、「トモニツレタル遁世者」が幕府の職制に組み込まれた時に出現した。その名称については、将軍に近侍する童坊に由来すると見るより、本来の宗教的意味をもつ同行同朋に出るものとすべきである。同朋衆がかならず阿弥号をもって呼ばれるのもそれであろう。もっとも、あとでふれる四阿弥のように譜代の同朋家では少年期から出仕することもあったようで、そんなところから童形の同朋といったイメージも生まれて来たのであろう。同朋衆はこの四阿弥の時代、すなわち義持・義教から義政にかけての時期が、質量ともにピークをなしていた。

なお同朋衆は室町幕府の職制の一つであったが、バサラ大名で知られた京極道誉のような有力大名のなかにも「遁世者」を抱えているものがいた。のちに信長が本能寺で横死した時、森蘭丸などとともにその傍らに死んだ一人に針阿弥がおり、秀吉にも友阿弥という同朋衆がいて茶事などに奉仕していた。

さて、そうした同朋衆の姿を示してくれるのが、『足利将軍若宮八幡宮参詣絵巻』(五五頁写真参照)である。社伝では、応永十七年(一四一〇)八月十五日の放生会にあたり、義持が若宮八幡宮(当時は六条左女牛にあった。その後移転を重ね、現在は東山五条にある)に社参した時のことを描いたものといい、そのなかに二カ所、三人の同朋衆の姿が見える。剃髪しているものの、衣装は結構派手で、腰には刀をさしている。時には騎馬して従うこともあったようだ(なおこの絵巻物については「補論　室町文化と同朋衆」末尾の「付記」参照のこと)。

『応仁記』によれば、応仁元年(一四六七)八月、義政の近習十二人が山名宗全方に内通したかどで細川勝元の要求により殿中を「掃除」(追放)されるということがあったが、そのなかに専阿弥という同朋の名が見出せる。当時の記録から後述の千阿弥のこととみてよいが、この事実は、同朋衆のなかにもその立場上、政治的な動きをするものがいたことを示している。

室町文化に関心をもつ者として、かねがね同朋衆を描いた絵画資料はないものかと尋ねていたところ、たまたま昭和四十五年夏、京都府文化財保護基金による府下の寺社宝調査の際、横井清氏などとともに当社でこの絵巻物を実見する機会に恵まれたのだった。戦前京都大学での展覧会に出品した記録もあるから、その存在が知られていなかったわけではないであろうが、同朋衆に対して特別関心を抱くこともなかったのであろう。絵巻物を繰りひろげるうちにこの場面を見た時は膝をたたいて喜んだものだった。

さて同朋衆の職掌は多岐にわたる。使い走り・掃除・配膳・贈答品の取次ぎ、といったものから、唐物奉行・座敷飾、香合・茶湯・立て花の扱い、あるいは和歌・連歌の会の連衆として同席するなど、ピンからキリまであった。あとにも述べるように同朋衆のなかには一芸一能に秀でたものがいたのは確かだが、といってふつう理解されているように、一芸一能に秀でたものが選ばれたというわけではない。それから、殿中での職掌は一応定まってはいたが、同一人でも雑多な仕事に従ったというのが実状である。同朋衆は幕府の近辺に居住し、結番制で出仕し、月俸を与えられていた。

数多い同朋衆のなかでも、後世に名を残したものとして先ずあげられるのが、毎阿弥（?〜一四一六初見〜三六）、能阿弥（一三九七?〜一四三六初見〜七一）・芸阿弥（一四三一〜八五）および相阿弥（?〜一四八五初見〜一五二五）の四代四阿弥である。もと越前朝倉氏の家臣であったといい、義持・義教・義政から義稙時代にかけて活躍した。もっとも毎阿弥には文芸上見るべきものはないが（そこであとの三人を「三阿弥」と称することが多い）、もっとも信任された公方同朋であった。能阿弥以下は唐物奉行といって、将軍家の蒐集にかかる唐物唐絵の保管・出納・表装・鑑定あるいはそれらをもってする殿中の座敷飾にあたった。『君台観左右帳記』はかれらによって生み出された座敷飾の規式の書であり、中世的美意識の原点となった（『古代中世芸術論』「日本思想大系」所収）。さらにかれらは、その職業上絵画をよくして国工・国手と称せられ、連歌の宗匠とも呼ばれている。

同朋衆の名で落せないのが、千（苗字は田中で、千は通称）利休の祖父と伝える千阿弥である。利休の祖父は法名を道悦といい、利休の少年時代まで生きていたことが知られているが、この道悦が義政の同朋衆で、先にもふれたように勝元によって追放された千阿弥と同一人物かどうかについては、わたくしは多少の疑問を抱いている。千家の千が千阿弥に出るものなら、それはむしろ堺の町人に多かった時衆ー田中家の千阿弥に由来する苗字と考えた方が妥当のように思う（村井『千利休』）。それはともかく、公方同朋の千阿弥は、わたくしが確認したところでも少なくとも三人はいる。しかし、いずれの場合でも香合や茶碗を扱い、茶事に関係していることが知られ、この種の職掌にかかわるもののうちの一人が千阿弥の名を襲ったものらしい。それは立て花についても言えるようで、記録の上では少なくとも二人の立阿弥《りゅう》が知られるが、ともに立て花に関係している。将軍家の立て花は代々立阿弥が立てることになっており、その名も立て花に長じた者が受けついだようである。

## 阿弥の文化

すでに述べた通り、同朋衆はその系譜からかならず阿弥号をもつが、しかし将軍と関係ふかい人物でも、阿弥号をもつものがすべて同朋衆であったとはいえない。たとえば作庭で有名な善阿弥は、義政に寵愛されたが、子の小四郎、孫の又四郎とともに、同朋衆というのではなかった。ちなみに東山山荘が営まれる時には善阿弥は高齢であったから、その庭園づくりは又四郎が当ったものと考えられている。観阿弥・世阿弥父子を義満に引き合わせたのは、海老名南阿弥という同朋衆で、これが機縁となって猿楽能が大成されたことは周知の通りだが、観阿弥・世阿弥、あるいは世阿弥の甥、音阿弥にしても、同朋衆ではなかった。当時の記録に「猿楽(者)・同朋(衆)」といった書き方がされたように、両者は区別されている。猿楽者は座という集団をもっており、個人として仕える同朋衆とはおのずから別個の存在であった。

この点については香西精《こうさいつとむ》氏に論考がある(『世阿弥新考』)。氏は世阿弥を同朋衆・時衆とみる通説を否定するために、猿楽者と同朋衆の立場や職掌の違いを検討されたのだが、世阿弥の芸術性をいうのに同朋衆の地位や役割をことさら低く見たところがあり、その点で問題を残している。なお観世家の屋敷は明治まで現西陣中央小学校内にあり、観世稲荷とか観世井戸と称されるものがその遺構であるが、場所的にみて室町御所に近いから、音阿弥の頃に所見する「観世宿所」というのも、この場所であったのかもしれない。

立て花の世界で応仁の乱後に活躍したものに繍谷庵《しゅうこくあん》文阿弥やその弟子宣阿弥・正阿弥といった阿弥者がいたが、これも時衆ではあっても同朋衆ではない。文阿弥は「王侯貴戚、愛重（寵）してやま」なかったといわれ、相阿弥から座敷飾の書を譲られた人物で、花の一派を立て『文阿弥花伝書』をつくっている。その点では同朋衆の世界と無縁というのではなかった。「スイニ花タツル文阿弥、当世ノ人ノ心ニカナフナルベシ」とうたわれたのは、二世文阿弥である。『祇園社家記録』の裏文書には、すでに南北朝時代、六条道場の弥阿《みあ》（弥《み》）や蓮阿弥といった僧が花に関わっていたことが知られ、阿弥者による立て花の歴史の古さを示している。

先の香西氏は、やはり世阿弥研究の一環として、世阿弥が時衆でないことを主張され、世阿弥の著作のなかに禅宗用語が多く見られるところから、その禅的教養を強調され、そこに所見する「フカン寺」が奈良県磯城郡田原本町大字味間にある「補厳寺」であることも突き止められた。世阿弥は晩年曹洞禅に帰依したことが明らかになった。

こうなると阿弥号をもつものすべてが時衆（あるいは広く念仏宗）ともいえない。義満が観阿弥・世阿弥あるいは道阿弥を命名した時の経緯からいっても、そこに本来的な意味はほとんど含まれてはいなかったろう。義教による音阿弥の命名にしても同様であったと思われる。同朋衆のなかにも、自身熱烈な法華信徒であったものがいたし、子を禅宗の喝食にしたものもいた。系譜はともかく、同朋衆の職制が確立して以後は、その本義も失われて行ったものであろう。したがって同朋衆を論ずるのに、どの時期でも時衆と結びつけるのは危険だし、無意味でもある。

しかし、同朋衆はもとより、こうした芸能者に阿弥号がつけられたのはなぜだろうか。やはりその背後に鎌倉末期以降、時衆の僧侶で芸能に秀でたものが少なくなかったという、阿弥者の歴史があったことを無視することはできないだろう。室町時代、文化にふかい関わりのある宗派は禅宗と時衆（宗）であったといってよいが、阿弥号をもつ一群の芸能者や同朋衆は、時衆を共通の母胎としつつ、室町文化の形成に少なからぬ役割を果したという意味において、これを阿弥の文芸・芸能といっても間違いではないであろう。

（付記）近時、時衆の文化史的役割や同朋衆の研究がようやくさかんとなって来たが、金井清光著『時衆文芸研究』やそれに収める関係文献解説が参考になろう。

# 武家文化と同朋衆——世阿弥の環境

## 世阿弥の時代

世阿弥元清は、嘉吉三年（一四四三）、八十一年というその長い生涯を終えた。しかしその後半生とくに晩年は、前半生における栄光の日々を追憶するには、余りにも憂愁に満ちたとし月であった。すでに応永十五年（一四〇八）五月の、かれを寵愛した将軍義満の死が、その明暗をわかつ境目であったが、義持・義量のあとをうけて将軍の座についた義教の、世阿弥および子元雅に対する弾圧と疎外は、ついに永享六年（一四三四）五月、世阿弥の佐渡配流へとエスカレートする。時に老齢七十二に及んでいた世阿弥の胸中は、察するに余りある。在島数年、義教が播磨守護赤松満祐に弑せられたこと（嘉吉の変）により、赦されて帰洛した世阿弥は、女婿金春禅竹の許に身をよせている。

世阿弥父子がなぜ疎外され弾圧されねばならなかったのか、不明な点が多い。しかし世阿弥の不遇な晩年も義教の非業な最期も、ともに偶然ではなかったし、たがいに無関係でなかったことは、ぜひ指摘しておかねばならないであろう。なぜならそれらの事件の中にこそ、室町幕府将軍およびその権力の下における芸能者の本質が端的に示されていると思うからである。

世阿弥の境涯に明暗があったというだけではない、この八十一年間は、室町幕府ないし社会にとっても、多事多端な時代であった。すなわち世阿弥が生まれた貞治二年（一三六三）は二代将軍義詮の時にあたり、なお南北朝動乱は終熄していなかったのであって、義満が「神謀」の名管領細川頼之の補佐を得て将軍となったのは、それから五年後の応安元年（一三六八）のことであった。このコンビ、なかんずく頼之の登場がいかなる期待をもって迎えられたかは、この動乱の戦記文学『太平記』が、その四十巻を「細川頼之上洛補二佐足利義満一事」で終え、頼之の才幹を述べたのち、「中夏無為ノ代ニ成テ、目出タカリシ事共ナリ」で擱筆していることの中に、十分に表明されている。かくして、以後四十年間にわたる義満の治世がはじまるのであるが、室町幕府の権力体制が確立を見たのは、他ならぬこの間においてであった。すなわち、南北両朝合体（一三九二年）による、地方武士層の政治的軍事的分裂抗争のよりどころの根絶、明徳の乱（一三九一年）・応永の乱（一三九九年）による山名・大内氏という巨大守護勢力の制圧、逆に半済制の確立（一三六八年）による守護の収益の保証、とくに酒屋・土倉役の制度化（一三九三年）および日明貿易の開始（一四〇一年）による幕府財政の確立、など一連の重要政策がそれであり、これ以後における室町幕府の基本方針のほとんどは、この時代に打ち出されているのである。

つまり室町幕府体制は、いわば花の御所（一三七八年）にはじまり金閣（一三九七年）に至って結実する、義満の権力体制そのものに圧縮凝集されていたと見うるのである。

こうして確立を見た専制体制ではあったが、しかしそれはせいぜい義満時代に限られていたことも事実であった。三宝院准后満済が、死期にのぞんでなお後嗣を定めない義持にその真意をただしたところ、「たとえ仰せ置かるると雖ども、面々用ひ申さざれば正躰あるべからず」（『建内記』）と答えて、遺言しても諸大名の面々が採用しなければ意味のないことだと述べた事実、そこで義持の死後弟達の中で鬮《くじ》に当った青蓮院門跡義円が還俗し将軍義宣（のち義教）となるや、諸大名に強圧を加えて「万人恐怖」（『看聞日記』）せしめるに至った事実などは、すでに将軍の権威をもってしても守護大名を抑え切れなかったことを示し、したがって義教の恐怖政治は、当時頻発しはじめた土一揆の脅威とも重なって、いわばヒステリックな独裁であったと見るべきものである。これが嘉吉の変を招き自身を破滅に導いた原因に他ならなかった。こうしてその後義勝・義政が共に幼少で登場することになるのであるが、幕政の実権は完全に三管四職の手に移っていた。してみると世阿弥は、その八十年の生涯を通じて、まさに室町幕府が確立しそして瓦解しようとする、そのありさまをつぶさに眺め、かつまた自ら体験して来た人物といえるであろう。

すでに周知のごとく世阿弥がその名を知られるようになったのは、応安四、五年頃、醍醐寺清滝権現での七カ日猿楽興行に父観阿弥と出演して評判を得たことにあり、そこで海老名南阿弥の紹介で義満に引き合わされることになる。その最初の舞台が、応安七年今熊野の神事猿楽であり、そこでの好演が義満にその保護と後援を約束させるのである。時に十二歳であった世阿弥（藤若）は、これから三十有余年にわたり義満の庇護を受けつつ活躍するのであるが、従来の寺社にかわる新しいパトロン＝武家の出現が、猿楽能を「乞食の所行」の境涯から引き上げた事実は、その功罪は別としても、世阿弥個人の主体的役割とあいまって、看過できないことと思われる。支配者の気紛れというよりは、それだけ自己を粉飾しうる文化への欲求を抱いていたというべきであろう。当代北山文化の荷担者は依然として公家であり僧侶であって、その限りではなお武家文化としての実体をもたなかったといってよいであろうが（永島福太郎『中世の民衆と文化』）、しかし反面、文化形成に果したかれらの役割を認めないわけにはいかない。パトロンとしての武家による文化の集中であり混淆である。その意味において、将軍・武将に近侍したものたち、なかんずく同朋衆の存在が、おのずからクローズ・アップされて来よう。

室町幕府の支配体制は、幕府官制ならびに地方守護制度において、基本的には鎌倉幕府のそれを襲っているといえるが、足利一門一族中心の体制であった点は北条得宗専制のあとを承けるものであり、それはのちの江戸幕藩体制に至って、徳川氏中心体制として結実するといえよう。将軍を中心とする随近近習輩の同心円的構成もその表われである。すなわち御相伴衆（細川・斯波・畠山の三管領家、山名・一色・赤松氏等）・御供衆（三管領家、山名・一色・大館・上野・武田氏等）を始めとして、在京の国持衆（斯波・細川・山名・土岐・佐々木・武田・富樫氏等）・准国持衆（細川・佐々木氏）・外様衆（畠山・赤松・土岐・佐々木・末野氏等）・御部屋衆（一色・上野氏）・申次衆（大館・伊勢・上野・畠山・一色・安藤氏等、同時に御供衆である場合が多い）の他、番衆・節朔衆・走衆等々がおり、それに同朋衆・御末衆などもいて、日常的に将軍に接触・近侍し、そこに文化的な雰囲気もかもし出されたのである。しかし同朋衆についていえば、

㈠　当代他の公家・僧侶社会に同類は存在しておらず、武家社会独自のものであったといってよいこと、

㈡　前代の鎌倉幕府の職制にはなく、のち江戸幕府には存在するがその役割はもはや重視できないこと、

の二点において、まさしく当代武家社会独自の存在であり、したがってまた武家文化独特のものであったと考えられるのである。同朋衆が注目される所以であり、そこに室町文化の一特質を求めうるであろう。

### 同朋衆の系譜

近時世阿弥について著しい業績をあげられたひとに、香西精氏がある。その諸論文はまとめて『世阿弥新考』として上梓（昭和三十七年）されたが、その名のとおり、従来の通

説を打破する新説に満ち、しかもそれはまことに説得的である。

氏の新説の中心が、世阿弥時衆説および世阿弥の義満同朋衆説の否定におかれていることは、あらためて述べるまでもない。そのために氏は、世阿弥の禅寺との関係（出家と帰依）や禅的教養を指摘し、また世阿弥の同朋衆と異なる業務や立場を強調されるのである。氏が述べられた限りにおいては、もはや言うべき点はないかの如くである。にも拘らず何故あえてその世阿弥に関連して同朋衆を取上げたかといえば、世阿弥についての氏の説を一応認めるとしても、同朋衆の存在意義あるいは同朋衆の出自に関する通説を、わたくしは氏ほど大胆に無視できないからである。両極端は相通ずるの喩もある。それに、当代文化の構造的特質に関心をもつ者としては、前述の理由からも同朋衆の存在が無視できないのである。

さて、香西氏のいう如く、(イ)世阿弥は同朋衆でない、(ロ)世阿弥は時衆でない、となれば、(ハ)同朋衆は時衆でない、という意見が論理的に当然出て来ることが予想されるのであるが、じじつ同朋衆に関するまとまった唯一の論文「同朋衆雑考」（同右書所収）は、そうした方向で論じられている（着想はその逆であるかもしれないが）。たしかに氏が指摘する如く、吉川清氏『時衆阿弥教団の研究』（昭和三十一年）およびそれを承ける人々が、性急に「阿弥」一者＝時衆＝同朋衆と判断したことは、この際改められなければならないが、しかし歴史的名辞はつねにその概念を自ら変えていくことを考慮に入れるならば、同朋衆＝時衆説にとるべきものがないとはいえない。わたくしはやはり、㈠同朋衆がすべて阿弥号をもっていること、㈡阿弥号は時衆の徒において多く見られたこと、という事実の再確認から出発しなければならないし、したがってまた、幕府職制としての同朋衆（公方同朋衆）あるいは武家同朋衆の成立なり系譜を、そのような点から考慮すべきである、と思っている。そのことで注目せられるのが、南北朝・室町初期つまり同朋衆出現期の諸記録に見る、時衆の徒の次の如き行動であろう。

『正慶乱離志』（又の名を『正慶二年楠合戦注文』という）によると、正慶二年（元弘三年・一三三三）一月鎌倉幕府軍斎藤新兵衛入道子息兵衛五郎らが正成を河内千早城に攻めた時、この軍隊に同道する時衆が二百余人に及んだとある。その数字の真偽は問わないとしても、かなり多数の時衆の徒が従っていたことが知られる。しからばかれらは何のために「従軍」したのであろうか。すでに吉川氏も紹介される所ではあるが、関係ある一、二の事実をあげてみよう。

新田義貞は、建武三年（延元元年・一三三六）正成と共に、西上する足利尊氏を兵庫湊川に迎えて敗れたのち越前に走ったが、翌々年（暦応元年・延元三年）同国足羽郡藤島灯《とう》明寺畷《みょうじなわて》での斯波高経との戦いに敗死した。西源院本『太平記』（巻二十、洗見義貞朝臣頸事）は、その時のことを次のように述べている。

サテハ義貞朝臣ナリケリトテ、尸骸ヲバ輿ニ乗セ、時衆八人ニ舁セテ葬礼追善之為ニ往生院（時衆寺院）ヘ送ラル、頭ヲハ朱ノ唐櫃ニ入、氏家八郎重国ニ持セテ潜ニ京ヘソ上ラセラル。

これにもまして興味があるのは、『大塔物語』（又の名を『大塔軍記』という）であろう。この軍記は応永七年（一四〇〇）九月信濃国更科郡布施郷大塔で行なわれた、守護小笠原長秀と村上満信ら国人衆一揆との戦いの一部始終を記したものであるが、さまざまな俗字・宛字や方言が用いられていて中世国語研究の好個の素材であるばかりでなく、軍記物成立の一過程を物語ってくれる点でも、貴重な資料であろう。

さてこの信濃合戦のおこりは、同年七月長秀が信濃守護職に補せられて同国に下向し善光寺に入ったが、満信や佐久三家、大文字一揆等々の国人衆がこれに従わなかったことにある。新しく入部した守護により国人らの所領に守護役が課せられることを忌避しての合戦であったが、戦いは九月二十四日に至って開始され、「師《イクサ》サ呼《ヨハ》ヒ、矢《ヤ》叫《サグ》ヒ、太刀音雷硠《オトハタメイ》テ、不レ異ナラ二百千ノ之雷公《イカツチノ》鳴リ岌峇《ハタメク》ニ一」る激戦のすえ長秀方が敗れ、その一族家臣の多くが討死した。

去間善光寺妻戸時衆、同十念寺之聖、大塔人人、既自害聞召、急至二于彼一合戦庭之為レ

体見廻給、不レ被レ当レ目作法也、昨日今日左右《（マデ）》者、将《サシモ》美々敷見々《（ママ）》人々、皆成レ屍在二郊原《ノベ》一、人馬骨肉散乱、曠野紅葉如レ飄《ヒルガヘル》レ風、蔓草染レ血似二紅錦暴一レ日、……彼時衆達、此彼落散屍共一々取納、或成二栴檀煙一、或築レ塚立二率都婆一、各与二十念一、遍励二弥陀引接之願望一、利二益之一、至二于無レ墓《ハカナキ》形見筆樺《スサビ》一取集、被レ送二妻子方一、

すなわちここでも時衆の徒は合戦後死者に十念を与えて弔っており、のみならずその形見の品を妻子方に送り、遺族の家に赴いて合戦の次第を物語ってやっているのである。この事実は、軍記物の成立を考える場合にも看過できない意味を含んでいる。もっともこの『大塔物語（大塔軍記）』は、それより六十六年後の文正元年（一四六六）、時に七十一歳であった沙門堯深が上諏訪社栗林の五日市庭閑室で書いたものといい、したがって原昌言の附言にいうごとく、堯深が幼時に目撃した所のもの、及び郷俗の所伝に基づいて記したものであろうから、その実録たることを疑うには及ばないと思われる。

時衆の徒が、何故従軍したか、もはや明らかであろう。武将に依頼されて従軍し、また従軍しないまでも、合戦後負傷者の看病、戦死者の供養に当るためであったこと、したがって時衆の徒のこうした行為は、南北朝の半世紀にわたる戦乱の時期、各地で見うけられたに違いない。とくに死体の後始末といった行為は、たとえばのちに三条西実隆が長年使って来た下女が危篤に陥った時、死を忌む気持から、死ぬ以前にこれを鴨川原に遺棄した

事実（『実隆公記』）に徴しても、当時卑賤視されていたものであり、他宗の僧侶においては見られない行為であった。周知のように、普通こうした死体処理、牛馬屠殺や清掃等の賤業は、屠家・屠児と称される河原者の従う所であって、そこに、時衆の徒に賤民的出自をもつものの多い一根拠が見出せると思う。この事実は、初期同朋衆の出自を考える上で無意味なことではない。

　そのように時衆の徒は宗教的目的から従軍して武将と起居を共にし、生死を分ち合う間柄となったが、そうした日常的接触の間にかれらが文芸や芸術に関わるようになったのは自然の成り行きであった。つまり武将の徒然を慰める話し相手になったことである。ここでもう一度、先の『大塔物語』を引き合いに出すなら、信濃に下った小笠原長秀の行粧中に頓阿弥という遁世者が前打として従っていたことを知る。

　此頓阿弥者、面貌醜而其体太賤、雖レ然於二洛中一者名仁也、連歌者学二侍従周阿弥之古様一、早歌者伺二諏訪顕阿、会田弾正両流一、物語者古山之珠阿弥之弟子、弁舌宏才讜《モトク》（勝）二師匠一程上手也、又狂忽而舞者催二当座之興一、歌者解二座中之頤一、件金襴頭巾誂《カケ》二盆窪《リ》一、魚綾朽葉綾純子色々小袖突二耳根一、所レ嬾《コノム》片飼之駒被二胡擯皮張鞍一、無二四度計一打乗、以二蝙蝠扇一打二鳴鞍山形一、一声歌打行、誠究二淵底一風情、言語道断而、不レ及二是非之批判一、今日見物出立者、以二頓阿一為二規模一、

この頓阿は、連歌をよくしたのみならず、早歌・物語・舞・歌などにも長じ、それによって当座の興を催し、座中の頤を解いたというのである。しかも「面貌醜くしてその体はなはだ賤し」などという表現には、たんに外見の説明たるに止まらない、その出自の卑賤さがこめられている。とまれ、ここに至って遁世者時衆の徒は、同朋衆たるの要件を完全に具備したといってよいと思われる。

もっともこの場合、頓阿は「遁世者」とするだけで時衆とは記されていないから、香西氏の批判を蒙らねばならぬかもしれないが、『異本小田原記』（氏綱連歌の事）にも、

> 惣じて時衆の僧、昔から和歌を専とし、金瘡の療治を事とす。依之御陣先へも召連れ、金瘡を療治し、又死骸を治め、或は最後の十念をも受け給ひけるほどに、何れの大将も同道ありて賞翫あるとぞ聞えし。

とあるように、同朋衆の出自なり源流を時衆に求めることが、必ずしも不当であるとはいえない。その意味では、戦乱相つぐ南北朝動乱が同朋衆の温床であり、将軍・武将を通じてこれを有するようになったものであろう。佐々木道誉が京極の館を捨てた際、座敷飾のために残しておいたという二人の「遁世者」は、道誉の同朋衆と考えてまず差支えないも

のである。さすれば幕府将軍の場合も、ほぼその時期には職制として成立していたと思われる。

### 世阿弥同朋衆説をめぐって

同朋衆はすべて阿弥号を有していた。しかしその逆は必ずしも真ではない。そこで幕府同朋の名を当時の記録から拾い出す場合、相応の検討が必要なのであるが、取敢えず『花営三代記』『満済准后日記』『蔭涼軒日録』『鹿苑日録』『斎藤親基日記』等々から知れるものを羅列してみると、以下の如くである。

応永年間　毎阿弥・圭阿弥・久阿弥・知阿弥・三阿弥・艮阿弥・退阿弥・即阿弥・貞阿弥・増阿弥・立阿弥等々。

永享年間　重阿弥・賀阿弥・慶阿弥・玄阿弥・祖阿弥・万阿弥・相阿弥・春阿弥・弘阿弥・木阿弥・用阿弥・久阿弥・快阿弥・千阿弥・佐阿弥等々。

寛正～長享年間　誉阿弥・春阿弥・千阿弥・吉阿弥・太阿弥・快阿弥・暁阿弥・越阿弥・初阿弥・調阿弥・松阿弥・古阿弥・甘阿弥・見阿弥・玉阿弥・西阿弥・睦阿弥・慶阿弥・珍阿弥・立阿弥・閑阿弥・徳阿弥・千阿弥・福阿弥・白阿弥・春阿弥・夏阿弥・能阿弥・多阿弥・愛阿弥・穆阿弥・兆阿弥・道阿弥・菊阿弥・

永阿弥・用阿弥・懐阿弥・如阿弥・祖阿弥・寿阿弥・西阿弥・歳阿弥・頼阿弥・海阿弥・吉阿弥・周阿弥・仙阿弥・直阿弥・杉阿弥・遊阿弥・朝阿弥・栄阿弥・耳阿弥・目阿弥等々。

延徳〜永正年間　立阿弥・万阿弥・歳阿弥・耳阿弥・目阿弥・直阿弥・理阿弥・右阿弥・松阿弥・堅阿弥・藤阿弥・道阿弥・紅阿弥等々。

大永〜天文年間　千阿弥・吉阿弥・珍阿弥・用阿弥・祐阿弥・緑阿弥・春阿弥・万阿弥等々。

永禄年間　春阿弥・孝阿弥・万阿弥・緑阿弥・歳阿弥・百阿弥・福阿弥・台阿弥・輪阿弥・松阿弥・慶阿弥等々。

こうした同朋衆の人名およびその員数がもっともよく知られるのは、将軍の大名邸宅御成等におけるその随行者を書き留めた記録（『御成記』）などであろうが、勿論そのすべてであるとはいえないから、右に無秩序に掲げた所も、その不備はまぬかれがたい。しかし永禄五年（一五六二）五月の『光源院（義輝）御代当参衆幷足軽以下衆覚』によれば、御供衆・申次衆・御小袖御番衆・奉行衆・御末之男・御小者・足軽衆・御部屋衆・詰衆番衆・奈良御供衆・御大名相伴衆・外様大名在国衆等の中に、同朋衆として前掲十一人の名があげられているから、室町幕府最末期の「当参」同朋衆は、ほぼこの程度の数であったと思われる。したがってそれ以前においては、歴代公方同朋衆の数はそれ以上であったこと勿論で、右に掲げた所からも、義政時代に最も多く存在していたことが知られよう。この事実は、いわゆる東山文化の性格を考える場合、無視できないと思われる。

だが、そうした同朋衆の文化的役割を無批判的に高く評価することは、いまや許されなくなった。世阿弥の同朋衆説・時衆説否定に関連して発表された香西氏「同朋衆雑考」によって、同朋の仕事は殿中の整備や使い走りなどの雑役であり、一芸一能にひいでたものが任用されたのではないことを明らかにされたからである。たしかに前掲の同朋衆中大部分は、そうした雑務に従事した連中である。おそらく八、九割というもの、かかる存在だったであろう。しかし他方では、公方に祗候し和歌・連歌・立て花・茶湯等に当った同朋衆のいたことも否定できないはずだ。『満済准后日記』によっても、永享年間、重阿弥・賀阿弥・慶阿弥・玄阿弥・祖阿弥・相阿弥・春阿弥・万阿弥らがしばしば連歌の席に連らなっていることが、顕著な事実として認められる所である。殿中の整備にしても、それを全くの雑役にしてしまったら、『君台観左右帳記』などという、唐物による座敷飾=室礼の故実書がつくり出された社会的背景や文化史的意義はわからなくなろう。義満や義政の時もっとも昂まりを見せる唐物崇拝の傾向の中で、その唐物奉行が重視された理由が失われてしまう。香西氏は当然そこで、これに従った能・芸・相の三阿弥は同朋衆ではなかった、という方向で所論を進められるのである。

同朋衆に関する著名な史料、伊勢貞親（一四一七〜七三）の『条々聞書抄』（第五）には次の如き記載があって、一見氏の説を支持するかのようである。

殿中さま〳〵の事いらぬ事ながら少々しるし候

から物奉行　から物見候事

千阿・相阿

から物は唐土より渡り来りたる物也、絵賛の類・茶入・小壺・香合・印籠・硯・硯屏、其他様様の物也。

此の唐物の善悪、上中下の品を目利する奉行也。是皆御たのむ（憑）の返礼に御使を以、公家大名其他諸家へ被レ遣物也。

取次の御とんせい人

吉阿・調阿・快阿・越阿・歳阿

取次は御たのむ被レ下時、取次て御使江渡し、諸家より進上を取次て納る也。とんせい人は遁世人也。剃髪したる者を云。即ち同朋也。

すなわちこれによるかぎり、「即ち同朋也」は「遁世人」にのみ懸るものといわねばならないからである。したがって「〃取次の〃御とんせい人」は同朋ということになるが、しかし、であるから「から物奉行」は同朋でない、とはいえないと思う。というのは、「から物奉行」は「から物奉行のとんせい人」の省略とみてよく、それは前者でいう方が一般的であったからと考える。それに、このような持って廻った詮議をするまでもない。三阿が公方同朋衆であったことは、『蔭涼軒日録』などに十分の証拠があるのである（野地修左『日本中世住宅史研究』）。右の記事が注目されるのは、同朋衆にも職掌のちがいがあること、とくに同朋衆は遁世者であることが基本的性格であったことが知られる点にある。とまれ、のちに三阿弥が茶道の分野で必要以上に神聖視されるに至るその理由は、かれらが茶道の名手であったからではなく、殿中茶湯に必須不可欠であった、茶湯が行なわれる座敷の室礼＝座敷飾を重要な職掌としていたからである。その点俗論も、これを否定しようとする「新説」も、ともに誤った認識から出発した同断の主張といわねばならない。当時の茶湯を、いわゆる茶道成立後の事実認識から論じても意味はないのである。同朋衆論もこれと同様の過程を辿りつつあるのではないか。

たとえばその一つに、同朋衆時衆説とそれに対する反論がある。吉川氏に代表される前者は、香西氏により、阿弥号をもつ同朋衆で禅宗に帰依するものの多かった事実が指摘されたことによって、大幅に修正されねばならなくなった。世阿弥時衆説否定の論拠がここにあったこと、既述の通りである。しかし源流・出自はともあれ、これが同朋衆という一つの職制として成立を見た場合、世代を新たにして次々と現われる同朋衆が、つねに時衆の徒たることから出発しなければならぬ理由はない。現に熱烈な法華信徒もいたし、子を禅寺に入れた同朋衆もいた。その意味では阿弥号そのものも形骸化したと思われる。世阿弥の阿弥号がその好例であろう。

すなわち香西氏が「世阿弥の出家と帰依」で問題にされたように、世阿弥の出家は応永二十九年、義満よりの阿弥賜号は応永十五年以前、両者の間には少なくとも十五年の差があり、「世阿弥」を出家号とみなし得ないことは明らかである。しかしそれならば、この阿弥号は、「単に、義満のほしいままに付けた私号であったに過ぎないから、宗教的には中立的であるとでもいうか、あるいは非宗教的であるとでもいうべきか、法名としての宗教性は、ほとんど零に近いほど稀薄であった」というだけで、無視してよいものかどうか。事実はその通りだとしても、義満はなぜ阿弥号を与えたのか、ということは依然疑問として残る。それは世阿弥の本当の出家名（至翁・善芳）を指摘されても（そのことの成果には最大限の賛辞を呈するものであるが）、同様である。議論は元へ戻るけれども、やはりその前提に、阿弥号をもつこと、遁世者たることが貴人に奉仕するための要件であったこと、それは従軍時衆の徒の同朋衆への進化という伝統に負うものであったこと、を想定しなければならないのではなかろうか。権力者が阿弥号を俗体者に与えても、それは恣意というべきであろう。

のちのことになるが『鹿苑日録』明応八年（一四九九）十一月二十八日条には、次のような記事がある。

公府《（義高）》見レ招。……亦言曰、遇二左右一者在三其人之所二自為一也、僧者僧、俗者俗、同朋者同朋、猿楽者猿楽、所レ遇在二其人々々一耳、不レ易二其分一則可也、公深領焉、蓋此一段出二三略卑者貴之言一也、公《（義政）》由レ是而問曰、卑者貴レ之、則其人可二必納レ忠也、予故諫曰、上下不二顚倒一則可也、予心謂慈照相公所レ愛同朋猿楽多レ類而不レ越二其分一也、至二常徳《（義尚）》并義材《（義稙）》一其超二其分一者多也、豈不レ濫哉

これは相国寺鹿苑院主景徐周麟が将軍義高（のち義澄に改名）に招かれた際、近時侍臣の所遇が乱れていると進言したものである。これに対して義高は一応肯じつつも、卑者を貴めばその人は忠を尽してくるのではないか、と反問している。「分」を超えるべきでない、「上下」関係を顚倒すべきではない、という周麟の意見には、下剋上の風潮に対する諫言というよりは、本来自らがその立場にあるべき禅僧以上に、同朋衆や猿楽者が寵愛されていることに対する反感と見られて致し方ない要素もありそうだ。それに、義政の時には分を超えることはなかった、というが、たとえば山水河原者善阿弥に対する義政の寵愛が、季瓊真蘂によって、「彼を慈愛すること、尤も定分を過ぐ、甚だ辱たる也」（『蔭凉軒日録』）と非難されていることを、かれは知っていたのであろうか。義満に寵愛された藤

若丸（世阿弥）が「此の如き散楽は乞食の所行也」（『後愚昧記』）と非難されたことを知らなかったのであろうか。出家遁世が貴人に近づく方便とされた所以であるが、世阿弥に阿弥号を与えた義満の心中に、そのような考えがなかったとはいえない。

さてわたくしは、『鹿苑日録』の記事を紹介することによって、猿楽者と同朋衆とは区別されていた、という史料を掲げたことになる。そこには「同朋者同朋、猿楽者猿楽」という表現があったからである。香西氏は、同朋衆の日常業務とその執務状態から、猿楽者したがって世阿弥は同朋衆であり得ないとされるのであるが、芸能集団である猿楽者が、なみの同朋衆とは違った性格をもつことは確かであろう。この点に関しては、わたくしは氏の説にほぼ従いたいと思う。しかし阿弥号を付されたことのなかに、芸能者が同朋衆に準ずる立場で貴人に奉仕した、武家文化の構造的な特色とみることまで否定しようとは思わない。

（付記）本稿は香西精氏の御意見を専ら取上げて私見を述べて来たが、それは氏のすぐれた業績をおいて他に何ものも論じられなかったからである。もし不遜にわたる点があれば、ひとえに御海容をお願いする次第である。

付・世阿弥と能

# 佐渡の世阿弥――『金島書』の一考察

## 世阿弥研究の現状

能楽史の研究は、その大成者世阿弥の五百年忌（一九四二年）や生誕六百年（一九六三年。ただし生歿年ともに異論のあること周知の通り。表章氏「世阿弥生誕は貞治三年か」『文学』三一ノ一〇）などを時々の契機としつつ、ますます隆盛をきたしているように思われる。それは世阿弥個人に関する研究についても同様である。

しかしその結果、植木行宣氏が「世阿弥論をめぐって」（『芸能史研究』二）で指摘されているように、問題意識の欠如ないし希薄さ、とか、研究の個別分散的傾向、がつよくなっていることも事実である。研究の細分化自体なんら非難する理由はないとしても、無駄な重複をくり返す、といったことが多過ぎるのではあるまいか。ここらあたりで研究文献や学説整理が行なわれる必要があるようにおもうのは、わたくし一人ではあるまい。

もっとも、百花斉放であってはじめて研究は進むのであるから、学説整理云々は不精者のいうことかもしれない。それに、多少の無駄や試行錯誤は研究の進展のための必然的な過程であるとみるならば、現状を必ずしも悲観するにはおよばないし、むしろ、最近の研究には見るべきものが少なくないのである。そうした事情については、手近なところで、西一祥氏「世阿弥主要研究文献展望」(『国文学』八ノ一)や池田広司氏「世阿弥を研究する人のために」(同前)によって、世阿弥の伝記・作品(謡曲と伝書)それぞれの分野における研究の状況や問題点を知ることができよう。とくに世阿弥の伝記的研究については、表章氏「世阿弥の生涯をめぐる諸問題」(『文学』三一ノ一)が、生年をめぐって、藤若寵童説について、秦姓について、時衆説と同朋説、能役者としての地位、佐渡配流をめぐって、歿年について、の諸項目にわたって問題点を指摘しており、又作品論については、小西甚一・草深清氏「世阿弥の作品と芸術論」(同前)が、作品考定の問題、世阿弥ふうの能と世阿弥グループ、世阿弥の論書とその研究、今後の研究方向(実技の知識に裏打ちされた作品論、音楽性からの分析、先行芸能の関係研究、比較文学的研究)にふれていて、参考になるであろう。世阿弥論は、当然のことながら、この両面つまり伝記考証と作品(謡曲と伝書)論が統一的に行なわれなければならない。

そうした観点からすれば、香西精・表章氏による、補巌寺納帳の発掘をはじめとする世阿弥の禅的教養の指摘、それに基づく思想・芸風の時期的な変化の跡づけ、あるいは世阿弥の芸能者としての立場の再検討、などは、近時における最大の業績であり、世阿弥研究を飛躍的におし進めたものといって過言ではないが、これらの点については、すでに多くの人々の取上げるところであるし、わたくしもまた言及するところがあったので(「武家文化と同朋衆」『文学』三一ノ一、「義満と観阿弥」『金剛』六〇)、ここではこれ以上ふれない。最近わたくしの関心をひいているのは、黒田正男氏の一連の業績、とくに本稿にも関係がある、(a)「『巳心集』能楽論の検討と本書の成立・価値」(『東北大学教養部文科紀要』一三)、(b)「『金島書《きんとうしょ》』に見られる世阿弥の心境とその佐渡よりの帰還の年時」(『文芸研究』四四)の二論文である。『巳心集』や『金島書』に関する新見解を提出し、従来不明な点の多かった晩年における世阿弥の生活や芸風、禅竹との関係、などに照明をあてているからである。

世阿弥の晩年が重要な意味をもつのは、とくに佐渡配流事件を中心にして、将軍義教・音阿弥・禅竹らとの関係とか、世阿弥の到達した芸風、あるいはそれの継承のされ方、などが密接に関係しているからである。しかるにこの時期の世阿弥については、前掲諸氏の指摘をまつまでもなく、残念ながらほとんど判明していない。それを永享六年(一四三四)六月の佐渡配流に限定した場合、

(イ) 佐渡配流の原因
(ロ) 佐渡での生活状態
(ハ) 佐渡からの帰還事情と年時(帰還したことはたしかだとおもわれる)

㈡　帰還以後の生活状態

㈭　禅竹との関係（㈠〜㈡を通じて）

などが問題になるとおもうが、それらのどれ一つをとってみても、はっきりしていないというのが現状である。

ただしまったく不明というわけではない。㈠については、決定的な史料は欠くとしても、将軍の寵愛する音阿弥をしりぞけ女婿禅竹を愛したためであることは、ほぼ間違いないところで、最近では西一祥氏によって、世阿弥＝禅竹と義教＝音阿弥との芸風の差も関係のあったろうことが指摘されている（「世阿弥悲運の一要因」『語文』一二、「世阿弥と音阿弥」『国文学』八ノ一）。配流の遠因あるいは底流をなすものではあったろう。次に㈡については、『金島書』と禅竹あて六月八日付世阿弥書状によって、その一端が窺われる。とくに後者は、これによって配流中世阿弥と禅竹とのあいだに芸道上のやりとりがあったこと、禅竹が世阿弥・寿椿夫妻をそれぞれ扶持していたこと、などが知られ、㈡㈭の問題とも関連して貴重な史料となっているが、尚々書きに、「ルスト中、旅ト中、カタガタ御フチ申バカリナリ」と書きしるしている場合の、留守が寿椿、旅が世阿弥をさすことは明らかで、自己の配流を「旅」といっているところに、「又フシギニマカリノボリ申シ候ワバ、御目ニカカリクワシク申候ベク候」、という言葉とともに、帰還へ一縷ののぞみをかけていた世阿弥の心中が察せられるようである。

それなら、世阿弥はいつ召還されたのか。この(ハ)の問題について新しい観点を提出されたのが、前掲黒田氏の論稿(b)である。その要旨については後述にゆだねるが、その素材とされている『金島書』の理解の仕方いかんでは、多少異見が出てくるかもしれない。つまり『金島書』については、なお検討すべき点がいろいろ残されているのである。たとえば、本書は世阿弥在島中の作であるとしても、こんにち知られるものが最初からの形であったのかどうか、あるいは、黒田氏の指摘にあるごとく、部分的に作成時期を異にしていたのかどうか、など、考えてみれば疑問となってくる事柄は少なくない。誤字のためと考えられる意味不明な個所も多く、それらを可能な限り訂正（復原）して行くことの必要も痛感される。最近世阿弥の配所について疑問が出されているのも、それであろう。本稿が、些細とも思えるこの配所の位置論を取り上げたのは、それを一つの手掛りとして『金島書』の本文批判をおこない、あわせて晩年における世阿弥の生活の一端を明らかにしたかったからに他ならない。

## 世阿弥の配所

永享六年（一四三四）五月四日京都をたった一行は、次の日若狭の小浜につき、ここで順風をまって解纜《しんほ》、能登の沖を迂回して、五月下旬佐渡の太田（多田）浦についた。ここで一泊。翌日山路をわけのぼり、笠借峠をこえて長谷寺に立寄り観音を礼拝、その夜「さうたのこほり、しんほ」につき、ここで「国のかみのだいくわん」に身柄を引渡され、「まんぷく寺」に宿さしめられた。

これが『金島書』にしるす世阿弥の流謫行である。世阿弥は、この「しんほ」の「まんぷく（万福）寺」に、「いつみ（泉）」に移るまでの数カ月間、住むことになるのである。万福寺の本尊は「薬師の霊仏」であった。

周知のようにこの「しんほ」は、吉田東伍氏が雑太郡新保（のち金沢村新保。現佐渡市金井新保）に比定して以来（『能楽古典 世阿弥十六部集』）、ほとんど疑われることはなかったのであるが、在島の人椎野広吉氏がその著『佐渡と能謡』（昭和二十五年）において、この金沢村新保説を否定し、あらたに新穂村を主張されるにおよんで、配所の位置の問題があらためて注目されるようになった。というのは、新穂説はすでに昭和九年野々村戒三氏によってその説のあることが紹介されていたのであるが、この地に万福寺の所在を求められない以上、その当否は遽かに決定することは出来ないとされていたからである（「佐渡と能楽」『観世』五ノ一二、のち『能苑日渉』に収録）。ただし新保村にも、万福寺またはその寺跡の所在が確かめられていたわけではなかった。ところが椎野氏は、新穂村北方の北方《きたがた》（北潟）にあった河原氏居住地跡が、古くから「まんぷく寺」と呼ばれてきたこと、その地から木彫座像の薬師如来が発見され、それは会津八一氏の鑑定により鎌倉〜室町初期、上方仏師の作とされたことから、これこそまさに『金島書』にいう薬師の霊仏であり万福寺であろう、として、あらためて新穂説を提唱されたのである。椎野説の根拠となっている伝承や遺物を信ずるならば、新穂説は、仮説の段階をこえたことになる。西一祥氏も昭和三十三年八月実地踏査を試みられ、その結果、この地には堀がめぐらされていて代官館跡にふさわしいこと、村人が「まんぷく寺」の湧水と呼ぶ水も数年前迄わき出ていて、これも『金島書』に、「陰はすずしき、やり水の、こけをつたいて云々」とある記事に照合すること、などから、新穂説の方を有力とみておられる（「佐渡の世阿弥」『金剛』五九）。

しかし、西氏は断定されているわけではないが、「金沢村新保説の方に、何の根拠も提供されていない現在としては、……新穂村説の方を有力と見るべきであろう」、と一概に言えるかどうか。なぜなら、新穂説が成立する上に、少なくとも次の二点において障害が存しているからである。㈠新穂はこんにち「にいぼ」と呼ばれていて、「しんほ（ぽ・ぼ）」ではないこと、㈡「しんほ」は「さうたのこうり（雑太郡）」であるが、新穂村は加茂郡に属していること、である。

まず㈠の、呼称のちがいは大きい。吉田東伍氏『大日本地名辞書』は、新穂の項で、「この新穂は新居保の義なるべし」といい、『管窺武鑑』に「新保《ニヒホ》とあるは新穂に同じ、云々」とあるのを紹介している（吉田氏は、現新保については項を立てて説明されていない）。新穂と新保が、文字の上では混用されていたことがあったかもしれない。とすれば、そこに呼称上の混乱もあり得たろうが、世阿弥が、字づらからではなく、耳で聞いた呼称であったとすれば、「にいぼ」→「しんほ（ぽ・ぼ）」の転換は説明できそうにない。それとも、万福寺が「にいぼ（新穂）」と「しんぽ（新保）」の中間地点にあったとして、世阿弥は村のなかではなく他ならぬこの寺に住したのであるから、寺の所在を、かりに「しんほ（新保）」といったのかもしれない、などと考えられなくもないが、地図を見れば明らかなように、いわゆる万福寺跡は新穂に近接し新保とはかけはなれていて、これは仮説にもならない。呼称に関する限り新穂説の不利は否めないようである。

しかしそれならば新保説の方が有利か、といえば、必ずしもそうではない。「しんほ」を「新保」のこととすれば、正しくは「しんほう」でなければならないからである。それに、郡名の雑太を「さうた」と記しているのも看過できない。この場合「さうた」は「ざうた」のことと考えてよいであろうが、『倭名類聚抄』（国郡部）によれば、雑太はもともと「佐波太（さわた）」であり、それゆえ、沢田とも書かれるようになるのである。とすれば、世阿弥は郡名を音よみしているとも考えられるから（ただし正確には「ざふ（呉音）・た」でなければならないが）、それと同様に新穂を「しんほ」と音訓したと言えなくもないのである。例の、補巌寺納帳で知られる現奈良県磯城郡田原本町味間《あじま》が、昔はウマシマといったという説（藪田嘉一郎氏「新楽寺鐘銘と大和猿楽補遺と訂誤」『観世』三一ノ五）のごとく、地名の呼称の変化はあり得ることであるから、新穂も音よみしていた時代があったとすれば、それで問題はほとんど解決するのであるが。けっきょく地名の呼称については、双方とも疑問がある、とせざるを得ない。

次に㈡の所属郡名の違いであるが、この点については、郡界にかなりの変化があったらしいから、解決できないこともない。佐渡国ははじめ雑太一郡であったが、養老五年（七二一）四月、賀（加）茂・羽茂（持）二郡を分置し（『続日本紀』）、以後三郡となり、のち加茂郡・羽持郡を主体としてそれぞれ北佐渡・南佐渡の大区分がなされたため、その間の雑太郡域が相当侵されたものらしく、江戸時代の明暦元年（一六五五）に至って三郡の郡界を更定し、雑太郡が〝復興〟したものという（『大日本地名辞書』）。しかも新穂村のあたりはちょうど加茂郡と雑太郡の郡界にあたっており、現佐渡市新穂武井（竹井保）は、旧高家郷の地で雑太郡に属し、その東で、同じく新穂村の大字大野（現佐渡市新穂大野）は、旧大野郷の地で加茂郡に属しているのである。また新穂川（下流国府川）と大野川の間にある新穂村本村（現佐渡市）には、その上流と下流に上新穂と下新穂とがあるが、右の郡界に従えば、上新穂（と新穂本村）は加茂郡に、下新穂は雑太郡に、それぞれ分属することになる。万福寺跡のある北方《きたがた》（現佐渡市新穂北方）はその下流であるから、まさに微妙な位置にあり、雑太郡に属していた可能性は非常に大である。なお『管窺武鑑』によれば、先にふれた北佐渡と南佐渡とは、中央平野部を流れる鴻の川（国府川＝新穂川）を境としたという。つまり郡界とは別に、この川を南北両佐渡の境界としたものであるが、新穂村の集落がその新穂川の南側（つまり雑太郡寄り）に位置しているとすれば、そこにも所属郡名の混乱がおこり得る可能性があったと思われる。

㈠㈡の問題は、しかし何れにしても確実な根拠・史料があるわけではないから、これ以上議論をすすめるのは困難であろうが、ここに一つの鍵が残されている。それは『金島書』（はい処）の中で、世阿弥の身柄を「しんほ」において「国のかみのだいくわん、うけと」ったという記述である。この場合「国のかみ（守）」は佐渡国の守護の意であるから、その守護の代官（守護代）が「しんほ」にいたのである。世阿弥がこの地の万福寺にその後数カ月住んだことを考えれば、代官がたまたまこの地で世阿弥の身柄を受取った、というのではなく、「しんほ」が代官の居住地であったがゆえに、そこへ世阿弥を迎えたのであろう。

佐渡の守護は本間氏であった。本間氏が当国の守護職に任命されたのは、文治二年（一一八六）の能（義）忠とも、承久の頃その子能久ともいっているが、明らかではない。しかし鎌倉のはじめ補任され、その一族が佐渡一円とくに国中《くになか》の平野部を中心に勢力をはったようである。とくに能久の孫頼綱が石田、宗忠が沢田（雑太）、重連が新穂に居住し、これが佐渡本間一族の中核をなしたが、その後羽茂・沢根・吉岡・和泉・渋手・久知・潟上・赤泊・石花・北方・浮亀・栗野・谷塚等々にもその支流が蟠踞して中世末に及んだようである。このうち嫡家は国府雑太城（檀風城）にあって山城兵衛尉を称し、佐渡の地の半ばを領したので「半国殿」と呼ばれたという（『佐渡志』）が、中世末期には南佐渡を領した沢田氏に対して、北佐渡の石田城（獅子ヶ城）に居した河原田家が惣領家として本間一党を統率して行なったものらしい（『管窺武鑑』）。もっとも、本間氏系図は何本かあるが、いずれも明らかな誤謬や錯乱があって、はなはだ信憑性が低く、本間氏の系譜を辿ることは困難をきわめるのであるが、少なくとも世阿弥の頃までは、檀風城に拠る本間氏が嫡家の立場にあったらしい。

さてそうしてみると、新穂村には、本間氏の一庶流がいたのである。文安五年（一四四八）七月二十九日の新穂村武井保田地去状には、有時が署名しているから（『佐渡志』）、十四年前の永享六年（一四三四）頃も新穂本間氏（新穂氏）の当主は有時であったかもしれない。これに対して、新保村には、そうした事実をほとんど知ることが出来ない。『金島書』にいう「国守の代官」を、新穂村の本間氏に比定するのは、けっして唐突とはいえないであろう。

ここでわたくしは、かつて新穂本間氏が流罪人日蓮の身柄を引受けた事実を想起する。文永八年（一二七一）九月十二日竜ノ口に殺されるところを危うく逃れた日蓮は、翌日相模国愛甲郡依智郷の本間六郎左衛門尉重連の第に入り、ここにしばらく滞在したのち、重連に護送されて越後国寺泊津から佐渡松ヶ崎にわたり、同年十一月一日、「六郎左衛門が家のうしろみの家より、塚原と申山野の中に」（『種種御振舞御書』）幽居せしめられたが、そこは「当国新穂郷、さはふかく、草しけき野の中、死人をすつる所」（『日蓮聖人註画讃』三）であったという。この配所（新穂村大字大野）の近く、すなわち新穂村には六郎左衛門尉重連やその一族郎等の家があり、重連はここに所領をもっていて、「下人共に農せさせて」「田つくり」していた（『種種御振舞御書』）、典型的な地頭的領主であった。日蓮はその後、文永十年夏、国府の本間氏（沢田氏）のはからいにより（『佐渡志』）、石田郷一《いち》谷《のさわ》（市野沢）に移され、翌年二月に出された執権時宗の赦免状によって三月十三日佐渡国をはなれている。

世阿弥の配所を論ずるにあたって、それより百六十年前の日蓮の故事を引き合いに出すのは無意味かもしれない。しかし世阿弥は、日蓮とほとんど同じ場所（太田と松ヶ崎は至近の距離にある）に上陸し、同じ山道を越えて国中《くになか》に出たことは間違いなく、そこから程遠くない場所に、守護の代官新穂本間氏（有時）の本拠地があったとするならば、日蓮と同じ道を、畑野－栗野江－武井－新穂村へと護送されたと見ても、必ずしも無謀な推論ではないと思う。ちなみに、観阿弥・世阿弥父子を将軍義満に推挽した南阿弥の海老名氏が、関東にも蟠踞していた本間氏の一族であるとするならば（海老名氏系図）、世阿弥はその本間氏に老残の身を引取られて行ったということになろう。

世阿弥最初の配所は、新保ではなく、本間一族のいた新穂村（の万福寺）であったと、わたくしも推断する。

いづみ

『金島書』(十社)によれば、「かくて、国にいくさをこりて、こくちうおだやかならず、はい処も、かせんのちまたになりしかば、在所をかへて」、「いつみ」という所に移ったとある。ここに移った頃は秋であったのか、続けて「さるほどに、秋さりふゆくれて、永享七年の春にもなりぬ」とあるから、世阿弥が「しんほ」にいた期間は、五月下旬以後、三、四カ月のことであった。半年余り(西氏「佐渡の世阿弥」)はいなかったはずである。

世阿弥の第二の配所「いつみ」「泉」は、金井村大字泉(現佐渡市泉)に比定されてきた。この地にある曹洞宗瑞泉山正法寺の境内には、世阿弥の遺蹟として「月ささずの池」とか「腰掛石」とかがあり、世阿弥は、この池の端の小堂に住んでいたと伝えられている(西氏前掲論文)。この寺の近くには、順徳院の黒木御所もある。『金島書』(泉)にも、「これは、いにしへ、じゅんとく院の御はい所也」とあり、間違いはなさそうである。だが、はたしてそうであろうか。

前項で述べた「しんほ」の場合とは異なり、第二の配所については誰一人疑うことはなかったと思うが、その通説にあえて疑問をさし挟む所以は、その泉にあったという順徳院の配所について問題があり、その所在がじつははっきりしていないからである。

こんにち順徳院の遺蹟(火葬塚や堂所皇居址など)は真野町(現佐渡市真野新町)に集中

しており、黒木御所だけが国中平野の北に、泉にはなれて存在しているのは、少しく奇異に感ぜられる。とくに火葬塚が字真野にあること（山本修之助氏は『佐渡の島』において、「崩御の前には真野の御所へ御移りになっていたものと思われる」、というふうに理解しておられるが）、院に供奉した遠藤左衛門尉為盛のはじめた妙宣寺（阿仏房）や世尊寺（国府道場）が同じく真野町内にあること、などを考えると、このあたりが順徳院にもっともゆかりのある地であったことは、間違いあるまい。伝えによれば、院は真野湾恋カ浦（国府の浦の転化）に上陸して国分寺（真野新町）に入り、しばらくここを行在所としたのち、恋カ浦の水上堂カ平に黒木の御所をつくって移ったといい、また八幡里に皇居跡ありとも伝えており、定かではない。いまの泉の黒木御所にしても確証があるわけではなく、一説に古代の塚墓にあらずや、とされている程度なのである（『大日本地名辞書』〈国分寺・八幡・和泉の項〉）。黒木御所を現在地に比定した時期と経緯を知らないが、案外世阿弥の『金島書』あたりが根拠となっているのではないか。もしそうならば、『金島書』にいう「いつみ（泉）」が現在の泉でなかったら、右の比定はまったく誤りということになるし、おそらくその黒木御所があるから、という理由できめた世阿弥第二の配所（泉）も、間違いということになろう。

世阿弥の泉がいまの泉であったのだろうか、という疑問は、そればかりではない。『金島書』（泉）によれば、「又、西の山もとをみれば、じんかいらかをならべ、みやこと見ゑたり」とあって、ここが「みやこ」であったとしている事実である。この場合「みやこ」が国府（守護所）の意であることは、いうまでもない。佐渡の国府はくわしくはわかっていないが、国府川の南、真野村大字竹田（現佐渡市竹田）にあったと推定される。当時は、そのあとにつくられた檀風城を本拠とする守護の本間氏（沢田氏）がいた（『佐渡志』）。近くの妙宣寺の地が、正中の頃の守護所である、とする本間周敬氏の説もあるらしい（山本修之助氏『佐渡の島』）が、何れにしても真野町（現真野新町）内である。とすれば、この「みやこ」＝「泉」は、黒木御所のある金井村の泉とは、距離的にいって全く無関係ということにならざるをえない。

世阿弥の泉は、やはり金井村の泉ではなかったと思う。先に、順徳院の黒木御所が恋カ浦の水上堂カ平につくられた、という伝えについて述べたが、恋カ浦（国府の浦）は真野川の河口あたりのことで、真野川一帯を泉村といっていたのである。『大日本地名辞書』（真野の項）は、『佐渡志』に「真野川は昔泉沢村といい、文和四年（一三五五）、遊行渡海上人の渡海記に見ゆる泉は此なり」とあるのを引用し、真野村は古名泉村なるべし、としている。いまのところこれ以外には論拠を見出していないが、たぶん世阿弥の泉は、これに相違あるまい。そしてここをその泉とすれば、順徳院の配所や火葬塚とも程近くなり、『金島書』の本文も難なく理解できるばかりでなく、国中《くになか》での合戦――この戦いについては不詳――をさけて移った理由も、本間庶流の新穂氏の許から、当時嫡流であった国府本間氏（沢田氏）の許に移されたものと考えられ、これまたスムーズに了解されるのである。これに反して、「しんほ」を新保、泉を金井村泉とする通説に従うならば、その間の距離はわずか一里にも足りないから、避難したことの意味が出てこないのではあるまいか。新穂説をとっても、同様であろう。

泉が真野町の泉（ただし世阿弥の住居が現在のどの場所にあったかについては、くわしくはわからないが）であったとすると、それはさらに次の点でも有利である。すなわち『金島書』（十社）によれば、「爰は、たうごく、十社の神まします、けいしんのために、一曲をほうらくす」とある十社の理解である。一曲法楽しているのであるから、この十社は十社という名の一つのやしろであったと思われる。この段の最後に「げに九（重脱ヵ）の春ひさに、十のやしろは曇りなや、〳〵」とあって、建物が十カ所あったかの如くにも受けとれるが、これは九重の春に対応する修辞的表現であろう。したがって佐渡国の各所にある十の神社、といった意味ではなく、所在地はあく迄も泉なのである。つまりこの十社は、いわゆる総社であったと思う。

総社とは、国司がその管内の諸社を一々巡拝する煩をはぶくために、国衙の近くに代表的神社をつくり、国内の諸神を併祀したもので、平安後期に出現した。国衙の遺構の知られる常陸国や下野国には、国庁の近くに総社があり、またそれが地名化しているが（『図説日本文化史大系』4）、それは他の国々でも同様であったに違いなく、佐渡国でも、やは

新保
市野沢
金井村
中興
新保川
黒木御所跡
泉
石田
河原田町
新
下新穂
北方
穂
川
N
新穂村
上新穂
大野
大野川
根本寺
塚原
武井
国
国
府川
八幡村
川
小倉川
栗野江
畑野村
石田川
中
宮浦
檀風城跡
(雑太城)
真野湾
四日市
竹田
妙宣寺
阿仏坊
長谷寺
雑太
吉岡
国分寺
総社
真野町
恋ヶ浦
新町
至多田・松ヶ崎
真野川
真野宮
真野
順徳院火葬塚
4000m
1里
堂所皇居跡

世阿弥配所関係図

り国府の南、真野町大字吉岡字宮林（現佐渡市吉岡）、つまり右の泉村のちかくに総社が現存しているのである。おそらくこの総社が、かつて十社と呼ばれていたものの後身（または別称）で、十社とは、島内各所にある神社十の神を合祀したところから付けられた名称であったに違いない。元亨三年（一三二三）十月二十一日御教書に、本間九郎入道（資貞）・兵衛太郎（泰宣）をして佐渡国十社の神事を沙汰せしめている事実があるから（「木村文書」）、鎌倉末期にはそうした呼称がすでにあったことが知られる。その主体が式内社であったことは当然考えられるところであるが、当国式内社は九社しか数えられないから、野々村氏のごとく、十社とは式内九社と総社をあわせたもの（『芸苑日渉』）、と考えられなくもないが、他の一社（不明）をあわせた十社の別称として、総社の名がのちに用いられるようになったものと考えたい。何れにしても十社つまり総社が配所の近くにあったとするなら、『金島書』の本文の理解はますます容易となり、逆に、金井村泉説はいよいよ成立困難となる。かくしてわたくしは、(イ)順徳院の配所との関係、(ロ)配所が「みやこ」（国府→守護所）であった事実、(ハ)配所に十社（総社）があった事実、の三点から、金井村泉説を否定し、真野町泉説を新たに提出したいと思うものである。

## 佐渡からの帰還

### 六月八日付世阿弥書状

佐渡に着いたのが永享六年（一四三四）五月下旬、それから数カ月新穂村北方の万福寺にいた世阿弥は、やがて起った戦乱をさけて真野村泉へ移される。それが同年秋のことで、この泉の地で永享七年の春を迎えた。この間世阿弥は、八幡の八幡宮に参詣して、冷泉為兼をしのび、泉に来ては、順徳院の侘び住まいを思い、十社に詣でて法楽の謡を手向け、村の古老にあって佐渡国の神秘を尋ねて曲舞をつくるなど、必ずしも配所に幽居していたわけではないらしい。とらわれの身である以上、その意味での生活は保障されていたのであろう。しかし例の、六月八日付禅竹あての世阿弥消息には、「兼又、此間寿椿ヲ御フチ候ツル事ヲコソ申テ候へバ、コレマデノ御心ザシ、当国ノ人目シチセヒナク候、御料足十貫文ウケトリ申候」とあって、残して来た寿椿と同様、禅竹に扶持を求めているから、みずから生活費を心配しなければならなかったのかもしれない。「当国の人目しち《（しりカ）》せひ（是非）なく候」の解読が困難であるが、当国の人が、禅竹の寿椿に対する扶持の事実を知り、同様のことを世阿弥に対してもさせた、というような意味であろうか。「ぜひなく候」の語が、弁解をふくんだ世阿弥の気持ちを示しているように思われる。そこで尚々書きでも、重ねて、寿椿及び自分に対する扶持をたのんでいるのであろう。

世阿弥が禅竹より相当な額の料足を送ってもらった理由の一つには、「フシギノ為中ニテ候間、レウシナンドダニモ候ワデ」という、入手困難な料紙を求めるためもあったようで、その料紙は、後述するように、禅竹に書き送る謡本等の書写に必要であったものと思う。かつて文永八年（一二七一）日蓮がこの島へ流されたときにも、同九年三月二十日付書状（弟子檀那等あて）に「佐渡国は紙候はぬ上、面面に申せば煩あり、一人ももるれば恨ありぬべし、此文を心ざしあらん人々は、寄合て御覧じ料簡候て、心なぐさませ給へ云々」（『佐渡御書』）とあり、同じ不自由を味わっていたようである。

さて、六月八日付世阿弥（至翁）書状は、「御ふミクワシク拝見申候」ではじまっているように、禅竹から受取った手紙に対する返事なのであるが、内容は、(イ)禅竹の扶持（「コレマデノ御心ザシ」）を感謝している部分、(ロ)禅竹が鬼の能について質問したことに対する答えの部分、に大別され、さらに後者に関連して、(ハ)「マタコノホド申候ツル事共タイガイシルシテマイラセ候、ヨクヨク御ラン候ベク候」とあって、そうした芸道に関する考えを別に禅竹に書き送ること、その紙は麤悪であるが、道の妙を記した金紙と思って、よくよく法を守られたい、としている部分、から成立っている。この手紙については、これを紹介された川瀬一馬氏が、「本書の文面は、配処に着して後、余り長く滞留しないうちに認めたものらしく見られ、次年の永享七年の六月八日、即ち佐渡生活一年有余の後に発信した文面ではあるまいと思はれる」（『世阿弥真蹟集』解説）、とされているのであるが、わたくしにはむしろ配流後かなりの時間をへた後の手紙であると思われる。これまでの御志を当国の人々が知っている(?)、とか、とくに、田舎なので紙の入手が困難である、と述べている点など、しばらくこの地に生活した上でなければ言えない言葉ではなかろうか。五月下旬佐渡についた世阿弥が半月もたたない六月八日に書いたものではないと思う。しかるに、最近黒田正男氏は、『已心集』の成立事情を検討され、この書の巻頭に「耳聞次第」とあるのは、永享六年五月四日世阿弥が離京する直前に禅竹に教訓したことを耳底に留めて書いたもので、六月八日世阿弥書状の、前述(八)の部分に、「コノホド中候ツル事共」とあるのが、まさしくそれである、とされた。つまりこの書状は、永享六年のものということになる。従って氏によれば、世阿弥離京の前、当流の鬼はあくまで砕動風鬼であるべきを言っておいたのに、禅竹は、力動風鬼までを演ずる音阿弥の芸がいよいよ褒美されているのを見て動揺し、自分もそれを演ずべきではないかと、書状で世阿弥に尋ねたものという。禅竹は、世阿弥と別れて一カ月の間に早くも動揺を来していたというのである。まことに説得的な所論であるが、しかし直ちに次の疑問が出て来よう。すなわち世阿弥離京(五月四日)——世阿弥書状(六月八日)の間を、氏は一カ月とみるのであるが、世阿弥の書状は禅竹から来た書状に対する返事なのであるから、実際には禅竹書状が世阿弥の許につく日数(世阿弥の佐渡行きからして約二十日か)を差引かなければなるまい(それも直ちに返事を書いたとして)。そうすると、禅竹の動揺は世阿弥と離別してわずか一週間か十日間のこととなり、氏の立場に立っても不自然と思わざるを得ない。又それが事実だとすれば、禅竹は、世阿弥離京後、それを追うかの如く十貫文の料足を送ったことになるが、これとて常識的に考えられないであろう。世阿弥が佐渡のどこに落ちつくか、まだ分ってはいなかったはずである。料足は、世阿弥からの便りがあった上で送ったものと考えるべきであろう。したがって世阿弥書状の(八)の部分は、その前に鬼の能について意見をのべた後、「また近々、いま言ったようなことの大概を、この手紙とは別に記して送るから、よくよく見てほしい」というほどの意ではあるまいか。川瀬・黒田両氏の永享六年説は、成立しがたいと考える。

世阿弥が禅竹への返事に、申したことの大概を別に書き送る、と記しているのが留意される。それは、この書状と共に金春家に伝来された「世阿弥自筆能本七番」(うち一番は模写本)が、同じく世阿弥が佐渡嶋から禅竹へ送ったもの、との伝えがあるからである。そして、そのことを記した金春八左衛門安喜の添書によれば、これらの謡本は世阿弥より送られた三十六番の一部というのであるが、筆勢の関係から、この能本と同じ時期のものと推定される「能本三十五番目録」というのが、同じく金春家に伝えられていたのである。おそらく川瀬氏が推測された如く、世阿弥は、かつて自ら書写した能本を佐渡へ携えて行き、それを禅竹に相伝するために移写し、ある時期に禅竹へ送ったものであろう。安喜の添書に書かれている伝承は、ほぼそのまま認め得るのではなかろうか。六月八日付書状に記す「マタコノホド申候ツル事共タイガイシルシテマイラセ」た内容は、この場合鬼の能に関する返事のような、単なる書状であった感じがつよいが、あるいは、こうした能本とか伝書を含むものであったと考えられなくもない。川瀬氏は、目録および能本と書状とは、筆勢の工合から多くの時差は認めがたい、とされ、（書状を永享六年とする氏は）この目録・能本は、共に永享六年内ぐらいの書写相伝ではあるまいかと思う、とされるのであるが、前述の理由で書状をこの年のものと認めないわたくしは、川瀬氏の鑑定に従って、目録・能本もまた、永享七年以後のものと考えたい。これだけのものを書写するには、「怱卒の間」とはいえ相当の日数を要したであろうし、それに、なによりも多くの料紙を必要としたにちがいない。そこで世阿弥は禅竹にたのんで料足を送ってもらい、それで手に入れた紙に前述のものを別に書いてやったのである。田舎で料紙が求めがたく、得た紙も粗末で、いかにも「レウジ（聊爾）ナルヤウニカヲボシメサレ」るであろうが、「サリナガラ、……道ノ妙文ワ金紙トヲボシメサレ候ベク候、ナヲナヲホウ（法）ヲヨクヨク守セ給ベク候」というのが、唯一の後継者とたのむ禅竹への願いなのであった。

『金島書』の成立事情

世阿弥自筆書状・目録・能本が永享七年以後のものとすれば、その下限は何時であろうか。この問題の解決が、そのまま世阿弥の佐渡よりの帰還年時の決定につらなることは、言うまでもない。

この点については、いままでに次の諸説があり、おそらくその中の何れかである。

(1) 嘉吉元年(一四四一)六月以後——嘉吉の変で義教が殺されたのち(野上豊一郎氏『世阿弥元清』)。

(2) 永享九年(一四三七)八月以後——この日付のある『花鏡《かきょう》』は佐渡から禅竹へ送ったもの(川瀬一馬氏『世阿弥自筆伝書集』)。

(3) 永享九年八月以前——右の『花鏡』は帰還後禅竹に相伝したもの(能勢朝次氏「金春禅竹に関する一考察」『能楽研究』)。

(4) 永享八年二月以後、同九年八月以前——前者の日付をもつ『金島書』は在島中のもの、『花鏡』相伝は帰還後(田中允氏『世阿弥』)。

(5) 永享八年二月直後——『金島書』巻末の歌と日付は、帰還決定時のもの(黒田正男氏「『金島書』に見られる世阿弥の心境とその佐渡よりの帰還の年時」『文芸研究』四四)。

このうち(3)(4)をさらに限定した(5)の黒田説が、管見ではもっとも新しい見解であり、注目される。

黒田説の要点は、次の二つに分けられよう。

(一) 『花鏡』の奥書は、通説の如く「此一巻、世子、孫之家ニ伝、雖レ不レ可レ出レ他、云々」ではなく、「世、子孫之家ニ伝、云々」と読むべきであって、「世」は世阿弥のこと、署名の「貫氏」は禅竹ではなく世阿弥の改名、本書を相伝した相手は禅竹、そのとき世阿弥と禅竹の所在は離れていない、つまり、永享九年八月には、世阿弥は佐渡より帰還して、禅竹のもとに老身をよせていた、というのである。「世子」の解釈に手こずっていた通説を、奥書の正確な判読によって瓦解せしめた論証過程はあざやか。ただし能勢氏も前掲論文で、「世子孫の家に伝」と読み、永享九年の頃には帰洛し禅竹の許に頼っていた、としているから、結論的には新説というわけではないが、貫氏世阿弥説の論証は有益である。『花鏡』奥書に関する氏の説に異論がないとすれば、前掲諸説のうち(1)(2)は消え去るであろう。

(二) 『金島書』を再検討し、(イ)本書に見られる世阿弥の心境は、いわれるごとく淡々とはしておらず、「道の正伝」「家の存続」のための「老心の妄執」にみち、そのため帰還への願望をつよく示している。とくに最後の一篇——興福寺薪猿楽をたたえたといわれる——の中の、「さぞ御なうじはあるらん」の一句に眼目があり、帰還祈念の願文的意味をもったものである。(ロ)『金島書』の八篇は、永享六年五月京都出発から、翌七年二月佐渡で南都の薪猿楽の行なわれる日時を迎えた時までのもので、巻末の歌と日付は、赦免のしらせを受けたときに書きつけたもので、その間、一年の空白期間がある。(ハ)赦免の事情は、(a)『金島書』七篇が永享七年夏秋の間に都に伝わり、特に「泉」が後花園天皇の目にふれて心を動かし将軍に召還方を命じたもの、(b)将軍にも、永享七年六月十三日の満済准后の入滅、永享八年正月二日の義政の誕生、など赦免する契機があった。

ただちに疑問点をあげよう。

まず(イ)および(ロ)について。最後の詞章は、やはり興福寺薪猿楽の由来をのべて春日の神徳をたたえたものと思う。氏が、「御なう(納)じはあるらん」に願文的要素を認めるのであれば、それ以上に、「このゆふかく(遊楽)をなす事の、たうたいのいまにいたるまで、もくぜん、あらた(か)なる、しんたうのすゐぞ久しき」という結びの言葉の中に、「現に、こうして私は赦免されたのだ!」という、霊験あらたかな春日神徳への感謝の念がこめられているとはいえないであろうか。したがって、この一篇は永享七年二月のものとし、そのあとの歌と日付との間に一年の空白期間を認める(ロ)にも賛成できない。同じ時のものと考えたい。

(ハ)(a)について。「四座役者目録」にいう七番の謡とは『金島書』七番のことであろうとするのは、氏にはじまるわけではないが、天皇の御感にあずかったという『定家かづら』の曲とは『金島書』の「泉」(順徳院のことにふれている)のあやまりであろう、とする見方はおもしろい。既述したように、世阿弥と禅竹との間には、かなり密接な連絡があったようであるから、世阿弥が『金島書』を書写して送ったことがあったかもしれない。それが禅竹の親しい一休の手を通じて天皇の目にとまる、ということも考えられないことはない。しかし時に十六歳の後花園天皇に(世阿弥に目をかけた後小松院はすでにない)、「急ギ呼返サレヨ」と公方に命じ得る程の力があったか、また、一休あたりが間に入ったとしても、それに従うような義教であったか。永享元年五月、世阿弥父子が後小松院に召されたとき、義教の阻止で果さなかった事実（『満済准后日記』）に徴しても、疑問に思われる。或いは少年であったからこそ、純粋な気持ちが働いたものと見るべきであろうか。また、世阿弥が『金島書』七篇（黒田説に従えば、帰還への祈願的意味をもつ最後の一篇が含まれていないのが不思議だが）を送ったとしても、それはこんにち知られる形、つまり謡曲仕立てであったのか、疑問に思う。というのは、歌う（若州）、只うた・下・上・下くり・こせさ《ママ》は・上（海路）、只こと葉・下歌（はい処）、只ことは・上歌う（時鳥）、只言葉・下歌う・上・上（泉）、只こと葉・さしこと（十社）、只こと・上う・さし事・曲舞・下（北山）、上（〃薪能〃）、などの指示が最初からのものならば、世阿弥は自己の流謫生活をすでに客観化し、それを素材にして謡曲をつくったことになると思うからである。それは能作者の執念のなせるわざと見るべきか、あるいはまた配流という打撃を超越して、すでに平静であったせいであろうか。正直のところわたくしは、この点について、『金島書』の成立事情にわり切れないものを感ずるのである。原案は在島中につくったとしても、それを謡曲に仕立てたのは帰還後である、と思いたいのだが。

　ともあれ、世阿弥が赦免されたのは、義教自身に関する事件によるものであって、謡曲の件は、あったとしても促進的役割しか果していないと思う。その点で(ハ)(b)は、たしかに赦免の要因をなしたと想像される。とくに満済入滅の二日後、その最後の所望に従って、いやいや乍らも義教が真俗を少々免除したという『看聞日記』永享七年六月十五日条の記事は、満済が先述の世阿弥父子参内禁止を不便がっていたこともあるだけに、もっとも注目されるところである。しかし、このとき世阿弥が赦免されたものであれば、『金島書』の翌年二月の日付の解釈が苦しくなってくる。それについての仮説として、最後の一篇はすでに帰還していた世阿弥が、年あらたまって二月となり薪神事を思うて（或いは、実際に興福寺に赴いて）書きつけたものであり、「これをみん、のこすこがねのしまちどり、跡もくちせぬ、世々（の）しるしに」の歌も、在島中の作でなければならない、という絶対的理由はないから、これも帰還後のものであろう、というふうに考えられなくもない。この仮説が成立するならば、既述した諸説に、(6)永享七年六月以後（同八年二月には帰っていた）、という一説を加えることができよう。しかし、「永享八年二月　日」という最後の日付は、もっと直接的な事柄に関係ある日と考えるべきで、「天地をうごかし、鬼人をかんぜし」めるような、赦免の報を得た月と思いたい。とすれば、黒田説のごとく、この年正月二日の義政誕生を機に、赦免使が発遣されたとみるべきであろう。さすれば、前項で考察した六月八日付書状は、おのずから永享七年のものということになる。まだその時には、「又フシギニマカリノボリ申シ候ワバ、御目ニカカリ」たい、と思っていたのであって、赦免の吉報は受けとっていなかったのである。しかしその「フシギ」は遠からず実現した。

## むすび

嘉吉二年(一四四二)八月――それは将軍義教が暗殺された翌年のことであるが――僧日朝は、佐渡にいたり、世阿弥第一の配所新穂村に近い祖師日蓮配流の遺跡を訪れている(『元祖化導記』下)。世阿弥が永享八年に帰還したとすれば、その六年後のことでしかなかったが、世阿弥については関心がなかったのか、何も記すところがない。それから一世紀の後、大永三年(一五二三)八月、連歌師宗長の門弟宗札が佐渡にあそび、雑太郡の宮浦城・吉岡城、真野の松山大願寺・同順徳院御陵・同恋カ浦等をたずねたことがある(『佐渡風土記』六)。しかし世阿弥についての伝えを聞くことはなかったのであろうか、第二の配所の地に歩をはこびながら、何もうたうところがない。世阿弥の佐渡配流は、その佐渡の人々にとっても、すでに忘却のかなたにあったのである。

# 能と狂言

## 猿楽能の確立

### 今熊野社での演能

応永三十一年（一四二四）四月二十日、この日醍醐寺の隆元《りゅうげん》僧正は、観世元雅が当寺清滝宮の楽頭職（猿楽や田楽などを上演する権利を与えられ、その任務を負わされる立場）に任ぜられてその楽頭始めの猿楽が行なわれたことを伝え聞き、かつて元雅の祖父観阿弥が所も同じ清滝宮で七カ日の猿楽を興行した時のことを思い出し、その日記に次のように書き記した（『隆元僧正日記』）。

伝え聞く、今日楽頭始めの猿楽これあるべしと云々。観世入道（元雅の父、世阿弥）の親の観世（観阿弥）、光済《こうさい》僧正の時、当寺に於て、七ケ日の猿楽、それ以後名誉にして京辺に常翫せられおわんぬ。いまの観世入道（世阿弥）、其の時小児にて異能を尽しおわんぬ。これまた親に劣らざる上手、名誉の者なり。

文中、光済僧正の時というのは、僧正が醍醐寺の二度目の座主となった康安元年（一三六一）から応安七年（一三七四）四月までの間と推定される（『醍醐寺寺主次第』）。義満が将軍に就いたのが応安元年十二月であるから、ちょうどその前後のことで、元雅の時よりさかのぼればほぼ半世紀むかしであった。清滝宮は上・下両醍醐にあり、清滝権現を祀る当寺一山の鎮守社で、猿楽はその神事として奉納されてきたのである。南北朝のはじめころから摂津猿楽の榎並《えなみ》座が楽頭職を有し、事故のあったときには摂津の鳥飼猿楽や大和猿楽者が代勤していた。貞治三年（一三六四）には大和猿楽が勧進能を上演している。応安初年と推定される観阿弥父子の当宮での上演も、そうした関係によるものであった。

このことがあって数年の後、観阿弥父子が今熊野社の社頭において演じた将軍御前能は、ひとり観世座においてのみならず、ひろく猿楽能の世界に重大な意義をもつこととなった。むろん清滝宮での演技が京辺で評判をえた結果である。この御前能については、のちに世阿弥が『申楽談儀』のなかで、

観阿今熊野の能の時、さるがくと云ふ事をば、将軍家ろくおんゐん（鹿苑院・義満）御覧はじめらるゝなり。世子（世阿弥）十二の年なり。

と回想しているのが、唯一のてがかりである。この演能の年は世阿弥の生没年がはっきりしていないために確定できないが、『夢跡一紙』や『輪林葫蘆集《かんりんころしゅう》』の記事から、応安七年(一三七四)のことと推定されている。応安八年説もあるが、ここではしばらく通説をとる。その場合は、世阿弥の生年は貞治二年(一三六三)、没年は嘉吉三年(一四四三)となる。なお至徳元年(一三八四)五月十九日、駿河の浅間《せんげん》神社において五十二歳で没した観阿弥は、この年四十二歳で、芸風の爛熟期にあった。

さてこの二カ所での演能は、伊賀から大和へ進出し結崎《ゆうさき》を拠点に大和猿楽四座の一つとしておもに春日神社の神事に奉仕していた観世座(結崎座)が、これによってまず京辺で評判をえ、さらにそれがきっかけで将軍＝武家の保護と寵愛を受けるようになったこと、この新しいパトロンを得て大和猿楽がほかの芸能集団より優位に立ち、猿楽能を確立したことなどの点において画期的な意義をもっていた。それまで観世座は数ある芸能座の一つにすぎなかったのである。

すなわち、当時猿楽には別表のように多数の芸能集団(座)が群立していて、おのおのが特定もしくは不特定の寺社の祭事に奉仕していた。また田楽においても本座・新座があり、例の二条河原の落書に、「犬、田楽ハ関東ノ、ホロブルモノト云ナガラ、田楽ハナヲハヤルナリ」と口遊《くちずさ》まれたように、鎌倉末いらい武家に愛好されていた。足利尊氏時代、

| 国名 | 座名 | | 主たる奉仕先 |
| --- | --- | --- | --- |
| 大和 | 円満寺（金春）<br>外山（宝生）<br>結崎（観世）<br>坂戸（金剛） | 大和四座 | 春日神社 |
| | 出合・山田 | | |
| 近江 | 山階（科）<br>下坂<br>比叡（日吉） | 上三座 | 日吉神社 |
| | 未（敏）満寺<br>大森<br>酒人 | 下三座 | 敏満寺・多賀神社 |
| 丹波 | 矢（八）田 | | 法勝寺・賀茂神社・住吉神社・醍醐清滝宮・御香宮 |
| 摂津 | 榎並（恵波）<br>宿（法成寺） | | |
| | 鳥飼 | | 醍醐清滝宮・東寺鎮守八幡宮 |
| 伊勢 | 和屋（咒師）・勝田（莿田）・青苧（今咒師） | | 伊勢神宮 |
| 紀伊 | 石王（木猿楽）<br>湯川 | | 宇治離宮明神<br>日前・国懸社 |
| 山城 | 若石（宇治猿楽） | | 宇治離宮明神 |
| 若狭 | 気山・倉・尾胡・吉祥—以上「若狭四座」 | | 若狭一円の寺社 |
| そのほか，丹波（八子大夫）・越前（福来・大若・女猿楽など）・加賀・美濃などにも座名不詳の猿楽座があった。 | | | |

猿楽の諸座

桟敷が崩れて大騒動となった貞和五年（一三四九）六月の四条河原勧進田楽などはとくに

有名な事件であった。このときには本座・新座の田楽者が総動員され、その中には一忠《いっちゅう》・花夜叉《はなやしゃ》といった名人もいた。それに鎌倉時代いらい、猿楽も田楽も滑稽中心の本芸より歌舞中心の能芸を主とするようになっていたから、その芸態は大同小異であったらしい。『祇園社家記録』によれば、康永二年（一三四三）十一月二十三日、社頭において本座田楽が猿楽二、三番を行なったとあり、さきの貞和五年六月の四条河原勧進田楽でも、「日吉山王ノ示現利生ノアラタナル猿楽」（『太平記』）や「恋の立合」（『申楽談儀』）という能があったといい、猿楽の方でも、同じ年の『春日若宮臨時祭記』に二番の能があったことが見えている。したがって、その限りでは猿楽・田楽を通じて諸座いずれも観世座と同じ条件にあったといえるのであるが、しかしその中から観阿弥父子がとくに将軍に認められていったのは、やはりそれだけの理由があったのである。

すなわち観阿弥は、田楽の一忠を「わが風体の師」といい、その弟子であった喜（亀）阿弥を「音曲の先祖」といったように、田楽の芸風を積極的にとり入れたり、また「幽玄無上のシテ」といわれた近江日吉猿楽の犬王（道阿弥）の芸風や女曲舞《くせまい》の乙鶴《おとづる》から曲舞の音曲を学ぶなど、大和猿楽のもつ「物まね」を基本としつつも、他の芸風を摂取同化して独自のものを打ち出したことである。とくに小歌がかりを主とした猿楽の音曲（旋律＝メロディ）に曲舞の長所（節奏＝リズム）をとり入れたことは観阿弥の功績とされるところであるが、その採用は応安初年と推定されているから、義満と対面したころが観阿弥の芸がまさに確立する時期にあたっていたのである。しかも観阿弥は「衆人愛敬《しゆうじんあいぎよう》を以て一座建立の寿福」とし、「如何なる田舎、山里の片辺《かたほとり》にても、その心をうけて、所の風儀を一大事にかけ」(『風姿花伝』)たから、その芸風は多くの階層に愛好されたのであった。

ちなみに近江猿楽の犬王は、毎年五月十九日の観阿弥の忌日には、「出世の恩」があるとして僧二人をして供養せしめたという(『申楽談儀』)。犬王道阿弥が世阿弥と並んで義満の愛顧をうけたことはのちにふれるが、観阿弥からうけた出世の恩は猿楽界全体のものであったといえよう。

遁世者の芸能

観阿弥父子が義満に認められ、その保護と寵愛を約束された今熊野の演能には、将軍の側近にいた同朋衆、海老名南阿弥《えびなのなんあみ》の奔走するところがあったといわれている。このとき観阿弥は「翁」を舞ったのであるが(その他の曲目は不明)、従来「翁」は一座の「宿老次第」により最年長者が務めてきたものを、将軍家の初めての御成であるから、一番に出る者の名を尋ねられたとき、大夫でなくては都合がわるいだろう、という南阿弥の意見にもとづいて、観世大夫の観阿弥がこれを務めたという(『申楽談儀』)。この興行を観阿弥紹介の催しとして企画した南阿弥の意図がうかがわれる。

南阿弥と観阿弥の出合いがいつのことであったかはわからないが、観阿弥がとり入れた曲舞を南阿弥も好み、「ふし（節）のじやうず（上手）也」と称せられた人物であったから、すでに清滝宮での上演前後には接触があったのかもしれない。

この南阿弥は、『猿源氏草紙』によれば、もと関東の武士であったが、妻に先立たれて上洛し、剃髪して南阿弥陀仏と称したが、和歌・連歌それに音曲などに通じ、その多芸をもって大名高家に出入した都に隠れなき遁世者であったらしい。お伽草子のいうところであるからどの程度信を置けるか問題であるが、その芸能的才能が将軍近侍の条件になっていたことは事実である。『常楽記』に「永徳元年辛酉三月海老名南阿弥陀仏他界」とあるのがここでいう南阿弥だとすれば、永徳元年（一三八一）三月、つまり義満に観阿弥父子を推挽した七年後に死んだことになる。

この南阿弥と観阿弥・世阿弥にかかわりのあった人物に、「たまりん」がいる。どういう理由でかわからないが義満の怒りを買うことがあって追放され、東国を流浪していたときその気持を『東国下り』という一篇の詞章につくり、それを傍輩の南阿弥に送った。そこで南阿弥はこれに節をつけ世阿弥に謡わせたところ義満はいたく感心し、ふたたび「たまりん」を召し返したという（『申楽談儀』）。この「たまりん」（玉林）は、同じく世阿弥の『五音』に出てくる琳《りん》阿弥のことで、ほかにりん阿弥を名乗る傍輩でもいたために、それとの区別上、琳の字を王（玉）と林に分解して、愛称的にこう呼んでいたものであろう。してみるとこの琳阿弥も連歌などをよくして義満に近侍していた遁世者であったことが知られる。なお琳阿弥がその後つくった『西国下り』には観阿弥が節づけしている（『申楽談儀』）。既述したように観阿弥は至徳元年（一三八四）に没したからこの話はそれ以前のこととなる。

同じような人物に藤寿というのがいて白拍子をうたった話がある（『申楽談儀』）。この藤寿はおそらく伏見宮貞成《さだふさ》親王の『看聞日記』永享八年（一四三六）正月二十八日条ほかにみえる藤寿であろう。それによれば、この日、手鞠つきの名人石阿と室町殿に召された「遊物《あそびもの》（者）」で、この時七十余歳の老人であったという。故摂政鹿苑院（義満）の代に賞翫された連歌師で、義教にはこの時はじめて呼ばれて芸を施したのであった。

すなわち藤寿は烏帽子・水干・大口袴《おおくちばかま》を着て八撥《やつばち》（羯鼓）を腰につけるといういでたちで、まず尺八を吹き一声《いっせい》（囃子）をはやし次に八撥を打ったが、そのとき観世の者二、三人が加わって笛鼓ではやした。そこで小切子《こきりこ》（竹筒に小豆を入れて打ち鳴らす楽器）をならして小歌を詠じ、白拍子を舞い、ついで平家を語り早歌《そうか》（宴曲）を歌った。その芸はすべて神妙で感嘆きわまりなかった、という。連歌師とはいえ、その他の雑芸にも長じた多芸多才な人物であったことが知られる。連歌師といわれた琳阿弥や南阿弥も、ほぼこうした「遊者」であったのだろう。『太平記』に「道々ノ物ノ上手共」（巻三十九）と出てくるのも、こういう遊者であったにちがいない。それが「トモニツレタル遁世者」（巻三十三）などといわれたのは、法体姿をして将軍や大名に近侍したからである。

してみると、「遊者」という点では、猿楽者や田楽者も、右に見てきたような雑芸をよくする連歌師と少しも変わらなかったことがわかる。事実、押小路公忠の『後愚昧記』永和四年（一三七八）六月七日条には、少年時代の世阿弥についての次のような記事がある。

大和猿楽の児童観世の猿楽法師と称する也、召し加えられ、大樹（義満）の桟敷《さじき》に於て見物也。大和猿楽の児童、去る比より大樹これを寵愛し、席を同じうして器を伝う。かくの如き散楽（猿楽）は乞食の所行なり。而るに賞翫近仕の条、世もって傾奇するの由。財産を出し賜わり、物を此の児に与うるの人は、大樹の所存に叶う。仍て大名等競いて之を賞賜す。費巨万に及ぶと云々。比興のことなり。

猿楽を「乞食の所行」と賤視する観念のあったことが知られるが、同じころ世阿弥の文才・芸才、およびその容貌にほれこんだ公家もいる。しかしその場合でも「賞翫」の対象であったことには変わりなかった。つまり猿楽者の立場が、将軍に「近仕（侍）」し「賞翫」される「遊者」という点にあったことはたしかなのである。

したがってそうした遊者を囲繞させたところに武家文化の特質が認められるのであるが、そのさい身分の格差を解消する役割を果したのが、「遁世者」すなわち法体となることであり、阿弥号を称することであった。さきほどの藤寿も、琳阿弥の例からいって、たぶん「寿阿弥」とでもいったのではあるまいか。

**観世町**

観世清次・元清父子が観阿（弥）・世阿（弥）を号するようになった時期は明らかではない。世阿弥の場合は『風姿花伝』のうち、応永七年（一四〇〇）四月に成った「問答条々」の奥書に左衛門大夫秦元清と署名されているが、応永九年三月に成った「奥儀」の奥書には「世阿」（世阿弥陀仏・世阿弥の省略形）と書いているから、応永八年前後のことであろう。またそれが義満の命名であったことは、『申楽談儀』のなかで、

道阿の道は、鹿苑院の道義の道をくださる、世阿は、鹿苑院観世の時は、世濁りたる声あり、爰を規模とて、世阿と召さる（中略）。亀阿は亀夜叉と云しによりて、喜阿と也。観阿は、還俗のうち早世あり。

とあって、ほぼまちがいない。また同じく『申楽談儀』に、「一忠、清次法名観阿、犬王法名道阿、亀阿、是、たう（当）道の先祖というべし」とあり、『荒暦』応永三年八月条にも、「去夜猿楽犬王出家号道阿弥、岩童同出家号童阿弥、云々」とあるから、このような阿弥号は出家してからつけられる法号であったことが知られるが、かならずしも常にそうであったわ

けではないようで、げんに世阿弥の出家は義満の死後のこと（応永二十九年か）と推定される。したがって、彼や道阿弥の阿弥号はがんらいの宗教的行儀にもとづく名称というより、義満からのたんなる賜号ともみられるのであるが、それでなおかつ、阿弥号が与えられたのは、かつて時衆の徒が「トモニツレタル遁世者」という形で武将に従い芸能を施した伝統・系譜に負うものである。その点は同朋衆の場合と基本的に変わりはないのであって、制度として確立したのちには、能阿弥の子が禅院の相国寺に入って周建喝食《かつしき》になったり、熱烈な日蓮宗信者であった椿《ちん》阿弥のごとき同朋衆がいても、一向にふしぎではない。世阿弥じしんも晩年には曹洞禅にふかく傾倒し、その禅的教養が彼の芸風の「幽玄」化に大きな影響を与えることになる。

いま上京区大宮通今出川上ルに観世町という町名があり、町内の西陣中央小学校内に「観世水」と称する井戸や「観世稲荷」があって、観世家がかつて室町幕府より拝領した屋敷地と伝えている。今熊野社での演能をきっかけとして義満の寵愛を受けるようになった観阿弥父子が、その一座の者とこの観世町一帯に居住し、適宜召しに応じたものと推察される。あるいはそれよりも下って、音阿弥のときに、義教もしくは義政から与えられた可能性も少なくない。事実、『蔭涼軒日録』寛正六年（一四六五）五月二十四日条には音阿弥元重の「観世宿所」についての記事が見える。

## 北山山荘の演能

世阿弥が義満の桟敷で祇園会をともに見物したのは永和四年（一三七八）六月のことである。当時大名たちは将軍の寵愛するこの児童に争って財物を与え、それによって将軍の意を迎えようとしたという。その前年の八月十一日、義満は猿楽を三条坊門邸に張行しているが、その禄物賜《たば》りにもそうした情景がくりひろげられたにちがいない。もともと、芸能者に観客がその着ている衣装をぬぎ与えたり禄物を舞台に積むならわしがあった。それに永和四年といえば義満が室町に「花の御所」を営んだ年であり、義満の権勢がいよいよ強まった時期であるから、大名たちがその寵愛を得ている世阿弥を通じて将軍に追従したのも無理はない。とくに、そのころ藤若といっていた世阿弥に対する義満の寵愛が、多分に稚児趣味によるものであったことは、先に掲げた『後愚昧記』の記事からもうかがえるところであるが、それだけに世阿弥に対する人びとの関心は強かったのである。当時和歌・連歌の作者として知られ、のちに摂政太政大臣となる二条良基が、尊勝院すなわち東大寺別当尊信法親王にあてた卯（四）月十七日付の書状（『山のかすみ』所収）にも、世阿弥が猿楽はもとより蹴鞠・連歌にも才能をもつ「ただ物にあら」ざる「名童」であり、義満に「賞翫」されていたことが述べられている。

さて、その世阿弥が父を失ったのは、既述したように至徳元年（一三八四）五月のことで、ときに世阿弥は二十二歳であった。また彼らの恩人でありかつ猿楽能の形成にも大きな影響を与えた南阿弥もその三年前（一三八一年三月）に没しているから、世阿弥は二十歳前後に相ついで後楯を失ったことになる。ちょうど「一期《いちご》の芸能のさだまる初」（『風姿花伝』）で、それゆえに他人の評判などには気をゆるさず稽古を積むのが必要とされた時期にあたる。

おそらく史料の残り方に関係するものと思われるが、観世座の大夫として一座をついだ世阿弥二十代の活動はほとんどわからない。先に述べた玉林の『東国下り』を義満の前でうたったのは観阿弥在世中のことであり、くだって応永元年（一三九四）三月義満が常楽会見物のため南都に下向した際、宿所の一乗院で官符衆徒の沙汰として猿楽が行なわれ、観世三郎こと世阿弥が演じたが（『春日御詣記』）、そのとき世阿弥は三十二歳であった。父のあとをついでから十年間の空白がある。なおこの年末、義満は将軍職を子の義持にゆずったが、むろん実権は応永十五年五月に没するまでその手中にあった。そして世阿弥の活動もこれ以後において比較的多く認められるものの、それとてもとくに多いというわけではない。

たとえば応永六年四月に醍醐寺の三宝院で猿楽十番を行ない、義満や青蓮《しょうれん》院門跡などが出席している（『迎陽記』）。しかしこの会は、応永二年四月十七、八両日、当寺の下清滝宮で摂津鳥飼猿楽が奉仕していた恒例の神事猿楽とはちがって（『下清滝宮類聚』）、臨時の演能であったのである。当社の神事猿楽はのちに述べるように、応永三十一年元雅に楽頭職が与えられるまでは、観世座はむしろ代演者の立場にあった。

さて三宝院での演能に次いで知られるのは、その翌月一条竹鼻（山科区）で行なわれた勧進猿楽である。将軍義持の主催になる勧進興行で、青蓮院尊道法親王・聖護《しょうご》院道基僧正などが参会して二十日・二十五日・二十八日の三日間開催されたが、毎日の桟敷の用意は、総州赤松義則・管領畠山基国および右京大夫細川満元が沙汰をしている（『迎陽記』）。このように将軍が関係する猿楽能（田楽の場合も同様）は、勧進興行の場合に限らず、武家要人の沙汰によって行なわれるのが普通である。応永九年七月義満は平等寺（因幡薬師）において猿楽をみたが、その桟敷も管領畠山基国が構えている（『吉田家日次記』）。

しかし、将軍主催の能ということでは、なんといっても応永十五年三月、義満が後小松天皇の行幸を仰いで行なった北山山荘の宴が留意される。『北山行幸記』によれば、「御遊びどもありて、申楽をもわざとせられて御覧なれば、道の者ども、ここはと、おのが能のある限りをつくした」からである。

八日の行幸から二十八日の還幸までの二十日間、北山山荘では連日のごとく文芸・芸能の会が持たれたもので、そのうち猿楽が行なわれたのは十日・十五日と二十二日の三回である。十日には奥会所で道阿弥が舞いおどり歌い、太刀を与えられており（『教言卿記《のりとききょうき》』）、十五日には山荘内の天皇の祖母である崇賢門院の御所で内々の猿楽が行なわれ（『北山殿行幸記』）、二十二日も同所で犬王道阿弥の猿楽七番が行なわれている（『教言卿記』）。

この北山殿での演能に世阿弥が出演したのかどうか論議の分れるところであるが、関係記事は右のごとくで、世阿弥の名を見出すことができない。『申楽談儀』にみえる正長元年（一四二八）八月四日付の十二権守康次《じゅうにごんのかみやすつぐ》の世阿弥への書状に、「先年身の能の事、御指南を頼み入り候ひしに、承り候ひし、北山の時分、御懇に承り候ひし事、今に忘れず候て、云々」とあるところから、この「北山の時分」を応永十五年の天覧能の時とみなし、世阿弥も出席していたとする説もあるが、少しく無理な解釈であろう。この場合、北山の時分とは北山殿義満の時代というほどの意味である。

『教言卿記』によれば、二年前の四月二十七日にも北山第で猿楽が行なわれたことが知られるが、演者は書かれていない。応永十五年の場合、世阿弥より長老の道阿弥を代表的に記したものと考えられなくはないが、かつての義満との親密な関係からするに不可解といわねばならない。世阿弥はやはり出仕していなかったものと思われる。

この北山殿行幸は、かつて永徳元年（一三八一）三月十日、二条良基のはからいで実現した後円融天皇の室町殿（花の御所）行幸を先例として行なわれたものである。この時も十七日夜明けの還幸にいたるまで、舞・三席会・蹴鞠・和歌などの会が催されたが、猿楽能は上演されなかった。観阿弥父子の上昇期であり、かつ世阿弥をひいきにした良基が関係しながら、この父子に出演する機会がなかったのがふしぎであるが、演能のなかったことも疑問である。

このことに関連して、応永十年（一四〇三）前後に完成したと考えられる『風姿花伝』の中に、「たとひ天下に許されを得たる程の為手《して》も、力なき因果にて、万一少し廃る、時分ありとも、田舎・遠国の褒美の花を失せずば、ふつと道の絶ふることはあるべからず。時道絶へずば、又天下の時に逢ふ事あるべし」とある一文が留意される。この「為手」を世阿弥自身のこととした場合、このころから義満の関心は世阿弥をはなれつつあったのではないかと想像されるからである。真相は不明であるが、義満が大和猿楽世阿弥の物まねよりは近江猿楽犬王道阿弥の幽玄に惹かれていったということもありうることである。犬王が道阿弥と称するようになったのは、この時期義満の道号である「道義」の一字をもらったからであるが、そうした賜号にも犬王の立場が示されている。

## 清滝宮の楽頭職

義満が没し義持時代になってから世阿弥の立場が大きくかわったわけではない。しかしそのころから観世座以外の猿楽者、岩童・十二五郎・梅若などが公武にわたって進出したことが注目される。たとえば応永十九年（一四一二）六月三日、武家の畠山大夫清慶は自邸において近江猿楽の岩童（童阿弥）に演じさせている。この岩童は、応永三年八月犬王道阿弥とともに出家したという記事が初見と思われるが（『荒暦』）、応永二十年五月に没する老齢の道阿弥にかわって、ここ数年前から活躍が目立っている。これも、北山山荘での演能に道阿弥が名声を得たことにあやかるものであろう。岩童はそのほかあちこちの求めに応じて演能している（『山科家礼記』『看聞日記』）。とくに仙洞御所（後小松院）に召されることが多かったようである。

そうした猿楽界の乱立状態は、義持が猿楽より田楽を愛好したことと密接な関係があるらしい。すなわち、義持と田楽との関係は応永十八年ころより強くなったようである。同年十二月二日、祇園御旅所大政所で勧進田楽を見たあたりが手はじめで（『花営三代記』）、翌十九年には、八月二十一日、九月三日、九月二十八日、と数を増やしている。このころ、田楽（新座）には、「冷エニ冷エタ」と世阿弥が絶賛した名手増阿弥がいて（『申楽談儀』）、これを義持が愛顧したもので、その傾向は将軍職を退く前年の応永二十九年まで、ちょうど十年間続いている。この間北野天満宮の参籠にも必ずといってよいほど田楽を催している。

この義持は義満以上に鋭い鑑識眼を有したという。応永二十七年六月　日の奥書を有する『至花道』からも知られるところで、とくに「花をみつめる幽曲」がその好みであった。そういえば、義持の寵愛した増阿弥は、世阿弥にいわせると道阿弥以上に冷えびえした芸風の持ち主であった。こうして世阿弥は一座を維持していくためにも、その芸風を父観阿弥の特徴であった物まね・写実主義から、急速に幽玄・象徴主義に転換せざるをえなくなった。その芸が観阿弥の「田舎、遠国」から「貴人、上方」中心になったのも、同様の理由による。またこの芸風の変化は、ちょうど同じ時期、世阿弥が曹洞禅に帰依しはじめていたことともふかい関係があった。

そうした努力がみのったからであろうか、『満済准后日記』によれば、義持も応永二十九年ころになると猿楽に対する関心をたかめてきた様子が知られる。三月十日、前年に管領となった畠山満家の邸宅で、四月一日には東洞院仙洞御所で、同十八日北野天満宮でそれぞれ猿楽をみ、十月二十一日には、義持夫妻は子の義量とともに、大炊《おおい》御門《みかど》河原での勧進猿楽にのぞんでいる。ちなみに義持夫人は日野栄子というが、応永二十六年二月三十日に猿楽を張行しており、義持の猿楽への傾斜はこの夫人の影響に負うところがあったのかもしれない。

したがって世阿弥の子元雅が、応永三十一年四月、醍醐寺清滝宮の楽頭職に任ぜられたのは、観世座にとっては復活の機会を与えられたことを意味している。この補任は、直接にはそれまで奉仕していた摂津榎並大夫兄弟が死去した代わりであるが、観世座も年来楽頭との談合により勤仕していたので、その労功によって申し付けられたものであったという。

元雅たちは同月十八、九および二十日にわたって演能したが、十八日には禄物として寺家からの馬十疋分とともに公方（将軍）から十疋分を与えられている。この事実は、のちの音阿弥の例に照しても、楽頭職補任が義持承認のもとに実現された事実を暗示している。

また地下郷民からも例禄を出させたが、以前は不定であったこれら禄物の額を、楽頭を観世にしたのを機会に定め置いたというから、元雅の起用にはかなり特別の意味もあったらしく受取られる。二十日に菩提寺風呂に招じ入れられているが、これも以前の奉仕者にはなされなかった待遇であった。

## 笠懸の馬場猿楽

しかし世阿弥父子にとって不幸だったのは、それから数年後の応永三十五年(一四二八)正月、義持が没し、将軍が義教(義円)に代わったことである。

この義教は、青蓮院の義円時代から和歌・連歌とともに猿楽にもつよい関心をもち、とくに摂津の榎並大夫をひいきにしていたが、彼が死去したのちは、芸風がよく似ていた関係もあってか、世阿弥の甥の音阿弥(三郎元重)を寵愛するようになった。したがって時期からいえば、元雅が清滝宮の楽頭職に補任されたのと、音阿弥が義教に起用されるようになったのは、ほぼあい前後していたわけである。応永三十四年四月十七、八日、元雅は清滝宮で恒例の神事猿楽を合わせて十二番奉仕したが、この年ばかりは二十一日になって清滝宮宝前で「別願」の猿楽を勤仕しているのが注目される。特別の願いとは何であったか、もしそれが、ちょうど同じとき、音阿弥が義円の「結構」によって勧進猿楽を稲荷辺で沙汰していた事実(『満済准后日記』)を意識してのものであったなら、元雅は自己の運命を予測していたことになる。音阿弥の勧進猿楽が一言で願いが叶うという京一言観音堂（いま醍醐寺の南にある）造営のためであったのも、皮肉な感じである。

はたせるかな翌正長元年（一四二八）七月十七日、新将軍義教は室町殿で音阿弥と十二権守康次に演能させたが、これに世阿弥も元雅も召されなかったのがその前ぶれで、弾圧は翌永享元年になって形となって現われてきた。

この年の五月三日、室町御所笠懸馬場（村雲にあった）で盛大な出合い（立合い）猿楽が行なわれた（『満済准后日記』）。音阿弥と元雅が合同して一手となり、また宝生大夫と十二権守康次が一手となり、その両派の立合いによって競演したものであるが、この時の能は、実際に馬や甲冑を用いて行なう多武峯風の写実的な劇能であった。『建内記』によれば、元雅と音阿弥は『一谷先陣』を演じたが、元雅が義経に音阿弥が梶原に扮したというのも、二人の立場が暗示されているかのようである。それにしてもこうした劇的な能は、それまで世阿弥・元雅父子がつくり出してきた幽玄・象徴を特質とする芸風と真向から対立するものといわねばならず、世阿弥父子は自己の芸風を否定する形で演能させられたわけである。悪意に解釈すれば、義教はそのことを承知の上で世阿弥父子に従事させたのである。上演に当って世阿弥父子と音阿弥ひいては義教との間に感情の齟齬があったことは十分に推察されよう。

この演能からわずか十日目に世阿弥父子が義教から仙洞御所の出入を禁止されたのも

(『満済准后日記』)、この多武峯様猿楽興行に原因が胚胎していることを推測させる。したがってまた翌永享二年(一四三〇)四月に元雅が清滝宮の楽頭職を罷免されたのも当然予測されたことで、音阿弥の勤仕は義教の内々の推挙によるものであった。失意の元雅は京都をはなれ、その弟元能《もとよし》もこの年十一月に出家する。元雅が伊勢国安濃津《あのつ》(現津市)に客死したのはその二年後のことであり、これを聞いた世阿弥は「一座すでに破滅しぬ」(『却来華』)と嘆くばかりであった。

その世阿弥が永享六年五月になって佐渡に配流された理由は明らかでない。その前年の四月以前に観世大夫となった音阿弥に、伝書類を与えるよう義教から要求された世阿弥が、その命に従わなかったための処罰とするのが通説である。この前後、義教は「和歌数奇《すき》」によって人々が秘蔵する和歌抄物など「何にても累代の御本を所望」(『看聞日記』永享二年十一月三日、同三年六月八日条他)していたから、能の秘伝書についても同様のことが十分考えられよう。

## 狂言の世界

### 公家人疲労の事

洛南伏見の御香宮《ごこうのみや》は、その名を、かつてそのあたりから香わしい水が生じたのにちなむものとも、筑前の香椎明神を勧請したものともいい、その起源は明らかではないが、付近にある山田・法安寺の両権現とともに、いわゆる伏見九郷の鎮守社として崇敬せられ、春は三月十、十一日、秋は九月十、十一日の式日（ただし年によりかなり移動がある）には、かならず猿楽をはじめ種々の芸能がもたれて、郷民たちの楽しみの場となっていた。また付近には伏見宮貞成《さだふさ》親王の御所もあり、そこでもあらゆる芸能がもたれていた。親王の日記『看聞日記』は応永二十三年（一四一六）より文安五年（一四四八）にいたる間の日記（欠けた年もある）であるが、その中に出てくる芸能の名を列挙してみると、猿楽・田楽・狂言・曲舞・松拍子《まつばやし》・獅子舞・放下《ほうか》・品玉《しなだま》・傀儡《くぐつ》・輪鼓《りゆうご》・三《さ》毬杖《ぎちよう》（左義長）・千寿万歳《せんずまんざい》・早歌《そうか》・今様・念仏踊・平曲・絵解《えとき》・雅楽・雲脚茶事《うんきやくちやじ》・七夕花合等々にのぼる。このなかには古代からの系譜をひくものも少なくないが、ほぼ中世・室町時代を通じてみられた芸能のあらかたが網羅されている。そのうちのいくつかについては後節でふれるが、猿楽についていえば、当所の御香宮および法安寺・山田の両権現には丹波の矢田猿楽が楽頭職をもっていた。応永二十七年牢籠により摂津榎並猿楽に楽頭職を売り、二年後に買い戻したということもある。また時により、梅若とか敏満《みま》寺、宇治猿楽、摂津の榎並座あるいは伊勢猿楽などが雇われて上演していた。

この猿楽が地下郷民の生活にとって切りはなせない存在であったことは、次のような事実からも知られよう。それは応永二十八年三月のことであったが、飢饉のため禄物が用意できないという地下の申し入れによって、御香宮の神事に奉納すべき猿楽を秋祭まで延期した。ところが慶俊という宮聖《みやひじり》が疫病にかかって狂気となり、猿楽を延引すべからずとの神託を口走って死去するという事件がおこった。そこで三月二十七日、地下一庄の人々が会合、社頭において猿楽を行なうべきやいなやを評定し、その結果来月十、十一日の式日に行ない神事を遂ぐべきことを決定した。四月十日はあいにく豪雨だったので順延され、十一、二の両日、合わせて十番の猿楽が梅若によって奉納されている。

猿楽は神事という形で郷民にとっては不可欠のものであった。

そういうわけで応永三十一年（一四二四）三月十一日にも、御香宮の社頭では例年のごとく、にぎやかに神事猿楽が行なわれていた。出演者は当社の楽頭職をもつ矢田愛王大夫の一座である。この日は武家の畠山金吾の息少弼《しょうひつ》も見物にきたが、それは矢田座にいる猿楽稚児を少弼が「最愛」していたからで、猿楽が終わったのち同道して帰り、松原で酒宴している。

武家の畠山少弼が来ていた関係もあるのか、この日矢田座の者たちは「公家人疲労の事」をいろいろと「狂言」して観客を笑わせたものである。ところがさっそく「突鼻（譴責）」されてしまった。当所に伏見宮の御所があり公家が多数居住している在所であるにもかかわらず、その公家たちが疲労＝困窮している有様を種々狂言するとは、故実を存ぜぬふとどきな行為であるというわけで、貞成親王は政所禅啓をして矢田の楽頭職を召し放たせたのである。

このことを記した『看聞日記』によれば、山門では猿のことを猿楽者が狂言して山法師に刃傷され、仁和寺では聖道法師の比興のことを狂言して御室より罪科を蒙った例がある。在所それぞれに斟酌すべき故実があるのに、それを知らないとは奇怪であると立腹したもので、これに対し楽頭の矢田は陳謝している。

当時公家が経済的に困窮していた状態は『看聞日記』のなかにも関係記事が多数あり、当所には伏見宮に扶持されることを求めてきた公家衆も少なくなかった。その困窮の有様を面白おかしく「狂言」したものらしい。

ところでこの狂言という用語については、物語僧が種々狂言した、といった場合は(『看聞日記』応永二十三年七月七日条)、いわゆる「座敷秀句《すく》」(しゃれの句)の類であろうし、『蔭涼軒日録』文正元年(一四六六)閏二月八日条に、江見河原入道なる男がその「癖」で、好んで人の「風度」や「言語」を学んだが、これが世にいうところの狂言というものかと、か、同月十八日条に成知客《せいしか》が禅僧の集まりで田楽徳阿が刀玉を行なったのに追随して起ち上り、音阿弥のまねをして舞い、人びとを笑わせたとある場合などは、対象をまねることによって、その対象の人物や事物を皮肉ったり諷刺したりしたことをいうものであろう。

猿楽の能が歌舞音曲の要素を取り入れて洗練されていったのに対して、猿楽や田楽のもつ物まねと秀句を継承し、独白および対話と所作によるせりふ劇として完成したのが狂言であり、したがって喜劇性と諷刺性は狂言の特質ともいうべきものであった。その限りでは、かの二条河原の落書や『太平記』などにみられる京童の口遊や落首が劇化されたものが狂言であり、それを古く遡れば『新猿楽記』に出てくる「京童の虚左礼《そらざれ》」につらなるものであろう。

この狂言については、世阿弥に次のような意見があって、当時における考え方がわかる。先の御香宮の狂言があって数年後の永享二年（一四三〇）三月、世阿弥が一座の人々のために書いた『習道書』のなかに出てくるものである。すなわちそのなかに「狂言役人の事」という項があり、狂言は「をかしの手だて」であり、座敷秀句や昔物語などの一興あることを演ずるのが根本であること、しかしそのおかしも笑いどよめく俗なる風躰ではいけないのであって、笑いのうちに楽しみを含む上品なものでなければならない。それが貴所上方の心に叶う「幽玄上階のをかし」である、としている。世阿弥が晩年になるほどその芸風を貴所上方を対象に幽玄化したことは既述したが、その考え方が狂言に対しても要求されていたことが知られる。そこには狂言のもつ諷刺や皮肉の限界が認められるのであるが、それは狂言の「役人」たちの置かれた立場とも無関係ではなかったのである。

## 能と狂言

矢田猿楽は御香宮で狂言を演じて譴責されたが、あの場合、猿楽能役者が「狂言」をしたというより、矢田座に属する「狂言役人」（狂言師）が演じたものとすべきであろう。

能・狂言はともに同じ源から分れた芸能であるが、その分化がこのころ進行し、それにともない両者が交替して上演されるようになっていた。しかし実際には狂言は能より一段下のものと考えられたため、その演者たる狂言師も従属的な立場に置かれていたのである。さきの『習道書』の「申楽の番数の事」には、「昔は四、五番には過ぎず。今も神事、勧進等には、信（真）の能の申楽三番、狂言二番、已上五番なり」とあるから、すでに世阿弥のころには能・狂言・能・狂言・能というふうに交互に上演されていたことがわかる。またそれを具体的な史実の上でたしかめられるのは、義政が寛正五年（一四六四）四月に行なった糺河原《ただすがわら》の勧進猿楽興行においてである。

たとえばその第一日目には、桐生（能）・三ノ丸長者（狂言）・八島（能）・猿引（狂言）・三井寺（能）・かくれみの（狂言）・邯鄲《かんたん》（能）・はちたたき（狂言）・源氏供養（能）・懐中（狂言）・丹後物狂（能）・八幡前（狂言）・鵜飼（能）というように、交互に上演されている。

ただし能とともに狂言が行なわれたというだけならば、これ以前にもその事例がある。その一つは、永享三年（一四三一）二月二十一日、将軍義教が妙法院へ渡御し庭の花下にしつらえられた舞台で演じられる猿楽を見たが、脇能の時分より雨がふり、狂言をする間に雨が止んだので、舞台をふいて、一番したらまた雨がふり、三番度よりは座敷の畳をとって舞台にし、南の広縁を楽屋にして七番（合計九番）をつかまつった（『満済准后日記』）

というものであり、いま一つは、永享五年四月十八日、醍醐寺清滝宮で恒例の神事猿楽が五番行なわれたが、狂言は弥六・弥七および牛太郎の三人がつとめ、各人に五百疋与えられたというものである。これについて『満済准后日記』が「当年始也」としているのは、この場合狂言者の清滝宮での出演が今年はじめてというのか、禄物を賜わったのがはじめてなのかがあいまいであるが、どちらにせよ狂言が能とともに演じられたこと、および狂言役人の立場が次第に認められてきた傾向を示すものにはちがいない。

それにしても、当時の狂言および狂言役人の実態はほとんど明らかではない。狂言役人については、右にみた弥六・弥七および牛太郎のほか、先の『習道書』の「狂言役人の事」に、むかし槌《つち》大夫という狂言の者がいたといい、『申楽談儀』には大槌と新座の菊が「上花」の名人であったとある。新座とあるから菊は田楽者であったのだろう。下って義政のころには日吉座の狂言に蝦蟹《えびがに》大夫《だゆう》なるものがいた（『蔭涼軒日録』寛正五年正月十八日条）。のちの大蔵流はこの日吉座の流れで、大蔵・和泉・鷺の三流が江戸時代に成立をみることになる。

なお『言継《ときつぐ》卿記』によれば、天文二十二年（一五五三）四月、尾張の者が禁裏の車寄せで獅子舞や狂言をしたというが、曲目はわからない。このように地方から上洛してきた集団のなかには狂言を演ずるものも少なからずいたようである。

また曲目ということでは、先の寛正五年糺河原勧進猿楽で上演された二十二番が、文献の上で知られるはじめである。このなかには『鉢叩』『八幡前』など現行曲と一致する曲名もいくつか見出せるが、しかしそれが現行曲と同じ内容のものであったかは、はなはだ疑問である。

それは、狂言の詞章が記録されるのが、天正六年(一五七八)の奥書をもつ、いわゆる『天正狂言本』百四番をもってはじめとすること、しかもこの天正本では、たとえば『水掛聟』が、

水引む子(聟)

一、せうと(舅)出て水引。又む子(聟)出て水引。ろん(論)する。又むすめ(娘)も来る。いさかい(争)にして水かけ合。後くみ合。其時むすめおっと(夫)のかた(味方)をして、おやをゆり(揺)に上て、なげ(投)て帰る

といった、きわめて簡単な筋書き、演技上の注意などが書かれているにすぎないからである。中世を通じて狂言は自由に即興的に演じられていたことが容易に想像される。近世初期、寛永十九年(一六四二)に書写されている『大蔵虎明《おおくらとらあきら》本』にいたって、それまで流動してきたものがようやく集大成=固定化されたといってよいであろう。

したがって現行の狂言をそのまま室町期のものとすることはできないが、その時代の雰

囲気はゆたかに伝えているのであって、とくに京都の町衆がしばしば登場し、その経済生活や信仰・趣味生活など、町衆生活のさまざまな側面を知ることができる。「大名物」や「百姓物」に対して「町衆物」といってよいであろう。『くじ罪人』では祇園会が町衆の寄合によって運営されていたことや、『連歌十徳』『連歌盗人』『しばひ』『こぬすびと』などによって下京の有徳人を中心に町衆の間に文芸・芸能が受容されていったことが知られる点は貴重である。

## 能の発展と普及

### 式楽化への道

猿楽能の歴史の上で重要な役割を果たした将軍は、義満と義政である。義満は観阿弥・世阿弥父子を起用して猿楽能を確立せしめ、義政は音阿弥を重用してその普及に力をかした。しかしその間の義教が果たした役割も無視しがたい。

すなわち、音阿弥をはじめ寵愛したのは義教である。この義教が文芸数奇で、襲職して二、三年の間、永享初年に、和歌や連歌など文芸関係の年中行事化を推進したことについては前章で述べたが、それは猿楽についてもいえることであった。義教が元雅にかえて音阿弥を観世座の大夫につかせたのは永享五年（一四三三）四月以前のことであるが、この月十七日醍醐寺清滝宮の神事猿楽を勤仕させたのち、二十一日、二十三日および二十七日の三日にわたって糺河原において盛大な勧進猿楽を興行している。祇園塔（多宝塔）修造が表向きの目的であったが、その真意は音阿弥が観世大夫に就いたことの披露にあった。将軍義教はもとより、関白以下の公家衆や門跡衆、しかるべき大名らが参加したことはいうまでもない（『看聞日記』『満済准后日記』『大乗院寺社雑事記』）。

これ以後音阿弥は、室町殿における恒例・臨時の演能はもとより、義持時代にはほぼ制度化していた大名邸宅・門跡寺院などへの将軍御成にさいし、しばしば演能している。なおこうした演能のときの桟敷その他の経営は、将軍家が主催する場合でも、実際には管領以下幕府要人がそのつど奉行に当っている。先の糺河原の勧進猿楽も、管領細川持之の奉行によって六十三間の大桟敷がつくられ、酒宴関係は斯波武衛が沙汰している。だから時にはこういうこともおこる。時代は少し下るが、文正元年（一四六六）六月、将軍義政が祇園会見物のために京極邸に渡御し、音阿弥に演じさせた。ところが、当時京極氏は貧乏しており御成をあらかじめ辞退したのであるが、これをいさめた所司代の多賀豊後守兄弟が助成して経営したものであった（『蔭涼軒日録』）。こうなると御成およびそれにともなう演能、つまり御成猿楽の上演は、諸大名に対して一種の強制力を持っていたことが知られ、その事例も枚挙にいとまがない。

ところがこうした義教と音阿弥の結びつきは、嘉吉元年（一四四一）六月四日、義教が赤松満祐宅で殺されたこと（嘉吉の乱）によって解体する。この暗殺が、音阿弥が『鵜羽』

を演能している最中であったことは、御成猿楽が義教時代に制度化したことを思うと、まことに皮肉な事態であった。

こうして熱烈な保護者を失った音阿弥は、それからの十数年間沈淪の境涯を過ごすことになる。地方に出かけて勧進興行もしたし、また自衛上、手猿楽者の興行を停止するよう幕府に訴えたこともある。文安元年（一四四四）四月二十一日、三条河原で興行した勧進能は、桟敷料が安いので評判になったが（『康富記』）、それも音阿弥の立場の低下を物語るものにほかならない。

しかし早死した義勝のあとをうけて将軍となった義政が、成長してくるにつれて猿楽に興味をもちはじめ、音阿弥はふたたび栄光の座に復帰する。寛正三年（一四六二）正月禅僧の季瓊真蘂《きけいしんずい》と雑談した義政は、音阿弥を当道の名人であると語っているが（『蔭涼軒日録』）、猿楽能が名実ともに幕府の式楽となったのは、この義政－音阿弥の時代であったといえよう。

## 勧進猿楽の盛行

義政と親交した相国寺の蔭涼軒主、季瓊真蘂にいわせると、「天下太平の時、必ず勧進あり。この故に上下和睦して相楽しむ。もっとも公方（将軍）の御威勢、これに過ぐべからず」（『蔭涼軒日録』寛正五年四月八日条）であったが、事実義政のころほど、芸能とくに猿楽（したがって狂言も）の勧進興行が盛んであった時代はないといってよい。まさに勧進の世というにふさわしく、その最大規模の催しが、寛正五年（一四六四）四月の糺河原での興行であった。

この興行は同年の正月に音阿弥に申し渡され、その準備も二月下旬には開始されている。音阿弥はその練習もかねて幕府殿中あるいは大名邸宅でしばしば演能しているが、かつて義教の糺河原勧進興行のときにも見受けられたことであり（『満済准后日記』永享五年四月十八日条）、この興行にかけた音阿弥の気概を示している。このときの会場の結構は、上図のように、円形に組上げられた桟敷の正面に神の座敷がつくられ、その周囲には将軍以下公家・武家・門跡衆の座が設けられていた。そして六十三間に及ぶ桟敷の経営は管領細川勝元がこれに当ったという。上演は四月五日、七日および十日の三日間にわたり、終わった翌十一日には早くも桟敷をとりこわしているが、この間快晴で、すべてが終わった十二日になって雨が降ったことに対して季瓊真蘂は、「公方の御威勢に人また服し、天また感ぜるか」と記し、世人もひとしく奇特なことと感服したとある。

この勧進興行は鞍馬寺の修造費捻出のためであったが、このように寺社がその修理や再建などの資金調達のために、もっぱら猿楽者をやとって勧進するようになったのが当代の顕著な傾向である。荘園などが侵略されていったために、新しい財源を、観覧者から徴収した桟敷料と芝居料（大衆席）とに求めるようになったものであるが、それを可能とした

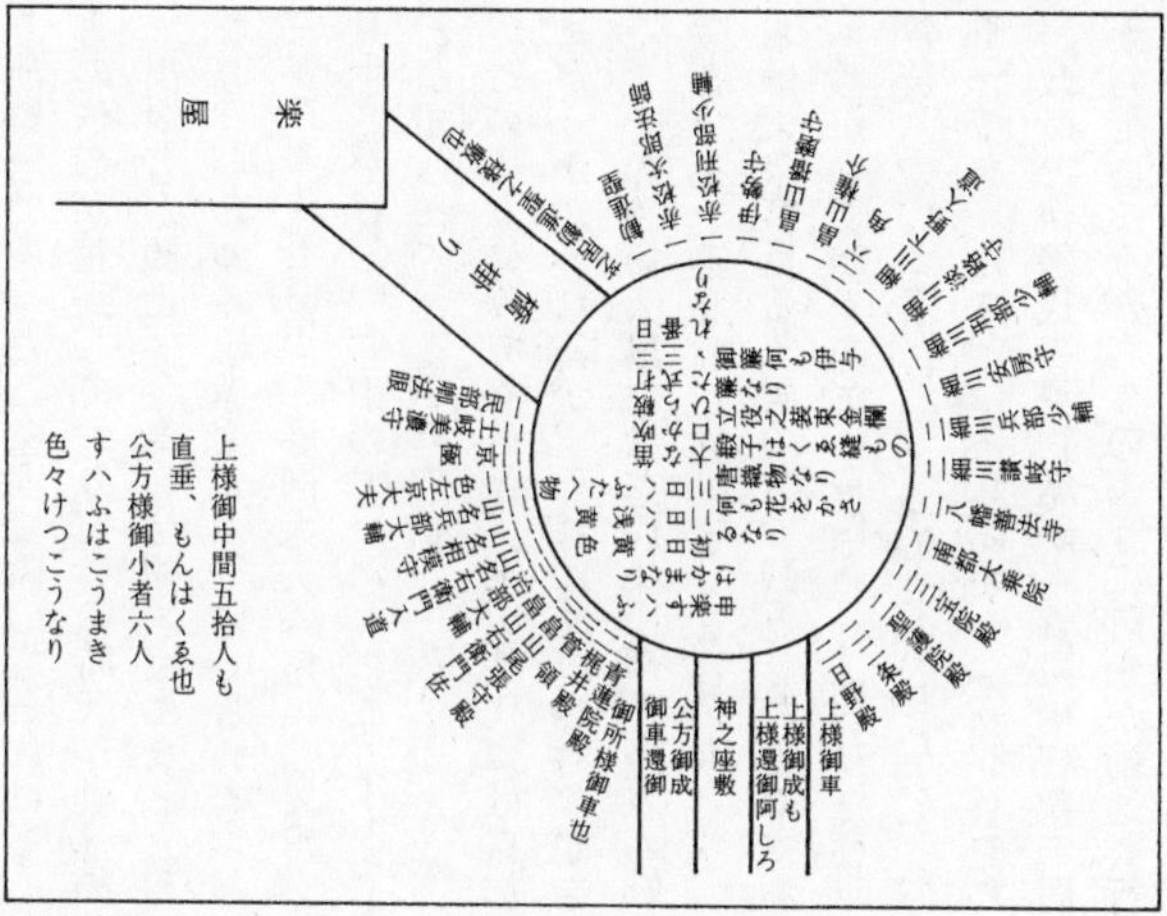


勧進猿楽の舞台・桟敷　寛正５年（1464）４月、糺河原で催された猿楽のしつらえ。（『異本糺河原勧進申楽記』所収図による）

のは、猿楽に対する人々の関心のたかまりであったことはいうまでもない。地方の猿楽や曲舞などの芸能集団が上洛して勧進興行をおこなっているのも、同様の理由による。そして、かつては勧進聖が各地をまわって「一紙半銭」の寄付を募ったのとは逆に、ここでは特定の場所に人々を集める必要があったから、興行はおのずから人々の群集する場所、たとえば北野天満宮境内・賀茂河原・祇園辺・四条油小路・四条櫛笥《くしげ》・五条洞院・下辺八条・今熊野辺といったところがえらばれている。またその上演に先立ち勧進聖によって勧進帳が読み上げられたことから、『実隆公記』によると、当時の学者であり能筆家であった三条西実隆のもとには多くの勧進聖や方々の寺社から勧進帳の起草や清書の依頼が殺到しており、この時代が勧進の時代であったことをよく語っている。

出演者が観世・金春・金剛・宝生など大和四座をはじめとして、時代が下るほど雑多となり、いわゆる手猿楽がふえてくるのも一つの傾向である。吹田大夫（『後法興院記』明応三年三月十六日条）、春同大夫《ママ》（同上、明応三年十月十一日条）、内藤七郎（同上、明応四年四月十六日条等）、守山の者（同上、文明十七年七月二十九日条）などが勧進興行に出演したことが知られている。

このようにみてくると、東山時代には京都市中各所で猿楽の勧進興行の催されたありさまがうかがわれるが、それは助縁の対象がもっぱら町衆であった以上、当然のことであった。そのさい入場料は芝居（土間）席で人別一疋（十文）（『康富記』応永三十年十月条）、桟敷席で三十疋ないし五十疋（三百～五百文）といったところであったから、多くの町衆たちは大衆席たる芝居の方で観覧したものである。

しかし文明十四年（一四八二）四月に観世大夫がおこなった勧進猿楽では『かつらきの賀茂』『ゑひらの梅』などを上演したが、その勧進元「親町」が、幕府所在地に近い「室町」であったことは興味ぶかい（『親元日記』）。政所の伊勢氏の見物席が「貴殿御桟敷二間」としてつくられたりしているのもその配慮からであろうが、このように町衆が勧進興行の主体となっている事実は、彼らのなかから手猿楽が輩出する基盤が生まれたことにも通ずるものであり、この時代、町衆に猿楽能がひろく享受されたことを示す何よりの証拠である。

### 現在能の出現

かつて「衆人愛敬」を基調にしていた観阿弥の芸風は、大和猿楽の特徴である物まねの要素が濃厚で、それだけに簡明であった。それが世阿弥によってしだいに幽玄・象徴的なものに変質されていったことについては、世阿弥の置かれた立場の変化に関連して既述した。ついで榎並猿楽や音阿弥は、保護者義教の好みを反映して、観阿弥的な芸風の持ち主であり、永享元年（一四二九）五月に室町御所笠懸馬場で行なわれた多武峯様猿楽――実物の馬や甲冑を用いての劇能――のごときは、その傾向がもっとも極度にあらわれた例である。したがってそうした好みなり傾向は、音阿弥をひいきにした義政にもほぼそのまま継承されていたといってよい。たとえば寛正五年（一四六四）四月の糺河原勧進猿楽で音阿弥の演じた曲目は、いずれも物まね的・現実的・劇的な傾向をもっていた。

つまりこうした芸風は、直接的には保護者たる特定個人＝将軍の好みが反映されたものとみられるが、それとともに、これまで述べてきたように勧進興行の普及が芸能のあり方に与えた影響も無視できない。勧進興行の流行は換言すれば観客層の拡大にほかならないが、そのことは、世阿弥のような幽玄的能よりも、だれにでもわかる物まね的・劇的な曲目が要求されてくるであろうことを予測させるからである。

事実、応仁の乱前後に活躍した宮増大夫や観世小次郎信光らの作能が、ちょうどそういう傾向なり要求なりに沿うもので、その作品の多くは四、五番目物に属する現在物＝劇能である。すなわち宮増は曽我物と呼ばれる一連の作品をつくったが、その特色は親子の情愛を主に扱い劇的効果をあげていること、シテに対するワキの立場をつよめ、登場人物が多いことなどにあって、劇能の要素がつよく、また音阿弥の子信光の作品も、歌舞伎十八番の『勧進帳』のもととなった『安宅』、あるいは『船弁慶』などのように、劇的要素のきわめて濃厚なものが多かったのが特徴である。勧進の時代に勧進を主題とする能が好まれた事実は興味ぶかい。そしてこうした傾向は、一歩誤れば堕落への危険をはらんでいた反面、能を普及させる上に大きな役割を果したことも見落とせない。

# 第Ⅱ部　座敷飾の世界

東求堂同仁斎（京都市・慈照寺）

## 芸能空間としての書院

### 寄合の文芸

中世に発達した諸芸能がそれぞれの特性をもちつつ受容されたなかでも、時代的な特質を有していたという点では、茶寄合と連歌会にまさるものはないと思われる。この二つが「バサラ」の振舞いとされ、それゆえ足利幕府の政治の基本方針を述べた『建武式目』の第二条で、「群飲佚遊ヲ制セラルベキ事」のなかにとりあげられたことは知られるとおりであるが、この二つを中世的文学・芸能の典型とみるゆえんは、それが本格的に成立した時期はもとより、両者に共通するその寄合性においてである。

しかし文学・芸能の「寄合性」ということを考える場合すくなくとも二つの意味があることに留意しておく必要がある。

すなわちその一つは、文字どおり複数の人間が集まっておこなうものであるという、いわば「集団性」である。和歌についていえば、ひとりで詠むことがいくらもできるものを歌合せという形にすることによって、一対の二人以上、多数の参加が可能となる。したがってそのかぎりでは、歌合せは寄合の文学であるといえる。和歌の原義が、倭（日本）歌というより他の人の歌に和し応える歌というのであれば、（和）歌は当初から複数の人間による寄合の文学であったというべきかもしれない。

しかし、たんなる集団性は、文学、あるいは芸能の「寄合性」を示すものではあっても、それをもって、「寄合の」文学・芸能ということにはならないと思う。寄合の文芸とは、参加する人数が複数というだけでなく、寄合った人びとがなんらかの形でその「過程」にかかわることにより、はじめて全体が完結するという、そういう文学・芸能のことをいう。俳諧についての八亀師勝氏の定義づけを借用すれば、「作者であると同時に鑑賞者でもある複数の連衆が、時間と空間とを共有しつつつくり出すもの」（『蕉風俳諧における座の意識』）である。茶の湯であれば、亭主の点前を見る客人も、次の段階ではその所作に組み込まれ、こんどは亭主が見る側にまわる。連歌でいえば発句から揚句まで、一定のルールにしたがって連衆が部分にかかわっていく。そこでは「個」は全体のなかの個であって、全体から切りはなされた形での個は存在しない。会衆全員が過程を共有しあう関係がある。会衆がプロセスにかかわっている。その点をやはり八亀氏の指摘にしたがって「当座性」といいあらわすことができよう。当座とは文字どおりまさに座にあって、ことにかかわっている、との意味である。芭蕉が俳諧について、文台を引き下せば（懐紙は）反故である、といったのも、同じ趣旨であろう。

## 座敷の出現

このように、集団性と当座性とをあわせもつとき、それは真の意味での寄合の文学・芸能といえると考えるが、それについてわたくしが興味深く思うのは、スペイン人のオクタヴィオ・パスが連歌の実験的試みにおいて羞恥心を抱いたという話である。パスがエドアルド・サングネティ（イタリア人）、チャールズ・トムリンソン（イギリス人）およびジャック・ルーボー（フランス人）のあわせて四人で五日間パリのホテルに閉じこもり、連歌という詩形を試みたが、そのさい、つぎのような実感を抱いたというのである。

——羞恥心。私は他の人たちの前で書き、彼らは私の前で書く。何かしら、カフェで素裸になるとか、外国人の前で排泄したり、泣いたりするような感じ。日本人は、公衆の前で裸になって入浴するのと同じ理由、同じ流儀で《連歌》を考えだしたのである。われわれにとっては、浴室ものを書く部屋も厳密にプライベートな場所であり、そこへは一人で入って、あまり自慢出来ないこと、あるいは輝かしいことをかわるがわる行う。……（橋本綱訳。大岡信『本が書架を歩みでるとき』所引による）

ここには寄合の文学にたいする欧米人のとまどいが、じつによくいいあらわされている。

制作のプロセスを他人に見られることへの心理的抵抗があり、それがつよい羞恥心ともなったのであろう。そしてこの話から、日本人の書斎は中世書院造の部屋もしくは建物としてはじまったが、そこは個人的思索の場というよりもむしろ接客の場、会所であったことが想起されよう。連歌は、書斎に沈潜して創作する「個の文学」というより、座敷に寄合い、遊興のなかで作る「座の文学」であった。

いまわたくしは、座敷に寄合う、といったが、中世における寄合の文芸を考えるうえで、この座敷、すなわち寄合の「場」のことが留意される必要があろうと思う。なぜなら中世芸能はほかならぬこの座敷の芸能―座敷芸として展開したところに、その特質が存していたからである。茶・花・香はもとより、和歌・連歌の会にしても多くの場合、室内の文芸だった。そればかりではない。猿楽にしても当初その舞台は演能のつど仮設され、観客は会所の縁先から見るのがふつうであったが、雨天の場合など、座敷の畳をとりはらって舞台に用いることもすくなくなかったのである。いわゆる座敷能である。

ところで座敷ということで想起するのは、猿楽の見物者のそれである。京都府井手町大字多賀天王山一に現存する高(多賀)神社では、文永九年(一二七二)四月、本殿造営を祝い宝堅《ほうがため》の神事として散(猿)楽が奉納された。演者は紀州石王権守と宇治若石権守の両人であったが、拝殿の北脇二間が「殿原ザシキ」、西南一間が「女房ザシキ」とされ、「地下座シキ」は別の場所に設けられていたという。この場合の座敷は観客のための施設で、身分や立場に応じて区分された野外の座、場所（敷とは倉敷が倉の設けられた地所の意であるように、一定のひろがりをもつ空間の意）であろうが、しかしこの種の座敷ならば古くからあり、なにも中世独自のものというわけではない。一方、座敷は単なる室内ではない。それならば人間の住居がつくられはじめて以来存在していたことになるが、座敷とはいわない。

座敷は、中世、南北朝〜室町時代の初期、武家社会を母胎として出現した。すなわち、いうところの座敷とは、書院・違棚・押板床があり、畳が敷きつめられた室内空間のことであって、これは従来の、板の間で部屋仕切りがない寝殿造様式にくらべて、まったく新しい生活空間の実現といってもよかったのである。

## 会所の発展

ところでこの意味での座敷の出現は「会所」の系譜のなかで理解される必要がある。

もっとも会所とは文字どおり人びとが会合する場所（建物・部屋）のことであるから、なんらかの目的で寄合がなされれば、その場所がすなわち会所であった。しかし南北朝〜室町初期になると、既存の部屋や建物を流用するのではなく、会所という名の会合専用の部屋もしくは建物が登場する。その早い例が、『太平記』巻三十七に所見する佐々木道誉の京中（三条京極）屋形のそれであろう。康安元年（一三六一）十二月、南軍の楠木正儀らが入洛したさい、道誉は屋形の六間（十二畳）の「会所」に大紋の畳を敷き並べ、本尊・脇絵・花瓶・香炉・鑵子・盆などを置き調え、座敷飾を施し、眠蔵《めんぞう》（寝所）には宿直物《とのい》を用意し、十二間（二十四畳）の遠侍（詰所）には酒肴類を調え、遁世者二人をとどめおいて都落ちしたとある。道誉といえばバサラ大名として知られるところで、かれをはじめとする「在京ノ大名、衆ヲ結デ茶ノ会ヲ始メ、日々寄合、活計ヲ尽」したのも、こうした会所においてであったにちがいない。

会所の文献史料としては、成立年代が明確ではないが、ほぼ同時期、武家の間でおこなわれた茶会をしのばせる『喫茶往来』の記事で、そのなかに「会所」と喫茶亭がみえる。茶会に集まった会衆が会所で茶酒や点心をとったのち、いったん庭へ出て逍遥し（いまの茶事における中立ちにあたる）、準備ができたところで二階建ての「喫茶亭」へのぼって茶会をおこなう（同じく後入り）、というもので、その部屋は、正面に本尊・脇絵以下が掛けられ、花瓶・香炉などがおかれ、所々の障子には唐絵がかけられていたとある。ここでは会所が喫茶亭とは別のものとして出てくるが、一般的には両者を重ね合わせて考えてさしつかえない。

会所は武家社会に出現し、室町幕府で本格的に発展したが、建物としての会所は三代義満の室町殿（一三七八年）に初見する。寝殿造を踏襲する幕府正殿（晴れの建物）にたいして、観音殿・小御所・泉殿・禅室などの「庭間（奥向き）の建物群」があり、そのなかに一宇の会所があった。ついで義持の三条坊門殿（一四〇九年）では二宇（ただし一宇は義教の建造）、さらにこれが義教の室町殿になると、南向会所（一四三二年）・会所泉殿（一四三三年）・新会所（一四三四年）と連年にわたって造られており、将軍家における会所への関心の高まりをみることができる。

このように会所がつぎつぎとふえた理由の一半は、幕府における各種行事の増加にあったといえる。文芸関係でいえば、猿楽・田楽・松拍子あるいは和歌・連歌・茶の湯などが恒例・臨時の殿中行事とされた。なかでも猿楽は観阿弥・世阿弥父子が義満の寵を得たことがきっかけで、やがて式楽化したことは知られるとおりであろう。また室町時代の代表的な文芸とみなされる連歌の場合、将軍の北野社参と関連して法楽連歌がしきりにおこなわれている。とくに有名なのは義満が明徳二年（一三九一）二月十一日に催した一日万句の法楽連歌で、このとき北野社の境内には二十カ所にわたって会席が設けられ、大名・僧侶・公家たちが地下連歌師とともに参加している。当社に連歌会所がおかれ、斯界の第一人者がその宗匠に任じられるようになったのも、北野社と連歌のこうした結びつきによるものであった。

この義満を先例としながら、各種文芸を幕府の月次《つきなみ》の会にしたのが義教で、永享初年、和歌会についで連歌会が恒例行事化されている。また義教の猿楽愛好は義満に劣るものではなく、世阿弥父子を退けて音阿弥を重用したことはよく知られている。

もっとも年中行事化されたのはこうした文芸・芸能にかぎるものではない。晴《ハレ》の行事である評定始・的始・垸(椀)飯始などが生まれており、むしろ、これに対応して文学・芸能の行事化もあったとみるべきであろう。換言すればこのような諸行事の年中行事化は、義満・義教を通じて幕府官僚体制が整備、確立したことの反映であった。しかし文学・芸能は政治上の行事とはちがって「晴《ハレ》」のものではない。そこに奥向きの庭間建物の一つとして会所が設けられ、しかも時代が下るほどふえてきた理由があった。

### 書院の美意識

会所への関心がこのように高まった理由として、会所の内部構造の変化があげられる。それがさきにふれた書院造としての発展である。室町幕府の建物は義満のころでも晴《ハレ》の正殿はいぜん公家の伝統的寝殿造の格式を踏襲していたが、それにたいする奥向きの庭間建物群のなかに現われた会所は、はやく書院造として発展し(その傾向はやがて幕府正殿をも書院造に変えてしまうのだが)、新しい生活空間として生まれたことである。この書院造の発展の結果、第一に、いわゆる床の間が出現して座敷飾の場が生まれ、第二に、そこでは畳が敷きつめられた。

畳が敷かれた部屋－すなわち座敷が、板敷で円座にすわる寝殿造の部屋にくらべて、格段に自由な生活の場となったことはいうまでもなく、それが「座敷芸」を生みだした根本理由である。

たとえば茶の湯の世界では当初、母胎である禅院でのそれと同様曲彔を用いる、いわば立礼であった。『喫茶往来』に、会所に主客の曲彔（椅子）が設けられたとあるのがそれを示しており（したがって現在の建仁寺茶礼は大方丈に回り敷きされた畳に座っておこなわれるが、その点だけは本来の姿ではないと思われる）、また『満済准后日記』永享六年（一四三四）六月五日条によると、この日将軍義教は来朝した唐船の使を幕府に引見したが、それについて満済は、母屋の室礼は、東に曲彔一脚を立てて主人（義教）の座となし、西に曲彔二脚を立てて唐使内官の席とし、庇に同じく三脚を立てて外官の席となした。そして国書の披見があったのち曲彔に就いて茶礼がおこなわれた。この儀は鹿苑院殿（義満）の応永九年におこなわれた先例に従ったものだが、そのおりの茶礼のようすは、（満済は）はっきり覚えていない。唐使の内官が建盞をとり違えて進めたそうである。〝唐礼〟なのだろうか、などとある。これによっても曲彔を用いる立礼の茶が唐礼、したがって禅院茶礼であったことが知られる。

ところがわが書院茶の湯は、あきらかに畳に座っての座礼になっている。あとに述べるように、書院茶の湯の雰囲気はまさしく唐物荘厳の世界であったが、そのじつ日本化が進みはじめたのも、書院座敷の出現を契機としていたのである。

つぎに、さきに指摘した第一の点、すなわち書院造の発展による床の間の出現は、そこを場とする室内装飾＝座敷飾への関心を高めた。

もっともこのことをいうためには、鎌倉時代以来禅僧を媒体とする唐物（唐絵・墨跡・法具類）の将来とそれの鑑賞的受容化の進行、つまりは民間（主として武家社会）における唐物趣味の高揚といった時代の好尚を理解しておく必要があるが、それが床の間の出現と結びつき、唐物荘厳の世界を現出することになった。たとえば義持の会所を一見した貞成《さだふさ》親王は、「凡そ会所以下の荘厳、置物宝物等目を驚かす。山水（庭園）殊勝、言語の及ぶところにあらず。極楽世界もかくの如きか。養眼の外他なし」とその日記（『看聞日記』）に記している。

室町殿中におけるこうした座敷飾にあたったのが、唐物奉行といわれ会所奉行ともなった、能阿弥・芸阿弥・相阿弥あるいは千阿弥といった同朋衆たちである。そしてかれらの経験をとおしてつくりだされた座敷飾の規式書が『君台観左右帳記』と称せられるもので、全体は三部で構成され、はじめに宋・元を中心とする百五十名ほどの画人録、つぎは書院飾・（違）棚飾・（押板）床飾について、最後が茶道具などの器物具足の説明となっている。絵も器物も座敷飾の道具であったから、本書は全体として座敷飾の書といえるわけである。

このような室町殿中をはじめ武家社会を母胎とした座敷飾（遡ればそれは禅院での道場荘厳に源流する）の洗練・完成は、かぎられた社会とはいえ、生活文化の成立の一指標とみなすことができよう。

生活文化―室内芸能の展開にはたした『君台観左右帳記』の意味は、意外と大きい。茶の湯の世界では唐物荘厳による書院の茶が真の茶とされて茶の湯の原点となったし、ことに花の世界では、床飾のなかにあった瓶花―「立て花」が、その後床の間の主役となって「立華《りつか》」へと成長する過程で、十五世紀末から十六世紀の半ばにかけて、ことに天文年間、多数の秘伝書―「花伝書」を生みだすが、そのなかにはかならず『君台観左右帳記』が影を落としていた。その意味で『君台観左右帳記』は、中世芸能とその美意識の共通の母胎であったといえると思う。

芸能空間としての書院座敷の意味を理解するには、そこでの寄合をとおして形成された「一座建立」の論理ともいうべき「一期一会」の観念とか、村田珠光が一の弟子古市澄胤に与えた「心の文」のなかにみられるような、「和漢のさかいをまぎらかすこと肝要〳〵」といった、唐物から倭物への美意識の動きについても考えてみる必要があるが、それは書院から草庵への移行期の問題として、あらためて論じられてよいことだと思う。

## 座敷飾の成立

居住空間を美的に飾るのは、人間の本性といってよいであろうが、生活のなかに育つ身近な美意識であるだけに、時代や地域、あるいは身分階層による差異が著しい。しかもその前提として、飾られる場所である「トコロ」(住居)の発展、飾る「モノ」に対する好みの変化があり、座敷飾は、それぞれの時代における文化の集約的表現といっても過言ではない。ここでは、そうした日本人のもつ生活の美意識を、平安朝の寝殿造の段階から辿るなかで、室町期に出現する書院座敷飾の特質を考えてみたいと思う。

寝殿の「しつらひ」

『竹取物語』のなかで、かぐや姫に求婚した五人の貴公子の一人、大伴大納言御行は、姫からだされた課題の、竜の頸の玉を取ることは家来にまかせ、自分はその間、かぐや姫を妻に迎えるために豪勢な邸宅を建て、「内々のしつらひには、いふべくもあらぬ綾織物に絵をかきて、間《ま》(柱と柱の間)毎に張」ったとある。本書の成立は十世紀初頭のことであるから、寝殿造はもう登場していたであろうが、その母屋や廂に置かれた調度品の名がここには出てこない。むろんなかったのではなく、ここでの「しつらひ」の主たる対象ではなかったからであろう。

王朝貴族の「しつらひ」といえば、寛仁二年（一〇一八）六月に再建された藤原道長（九六六〜一〇二七）の土御門殿（京極殿）の場合が想起される。再建の工事を寝殿の一間ごとに受領《ずりよう》に割り当てたことで知られるが、それ以上に話題を呼んだのが、伊予守源頼光が、家中の雑具を悉く献進したことであった。『小右記』には、「厨子・屏風・唐櫛笥具・韓（唐）櫃・銀器・舗設・管絃具・釼、其外物不レ可二記尽一」といい、頼光の献じた雑物色目を人びとが書き写すさまは、さながら除書（除目の結果を書き上げたもの）の如くであったという（寛仁二年六月二十日条）。なお『栄花物語』によれば、道長だけでなく、妻の倫子や娘の威子、さては女房、侍に至るまで、物の具を用意している。献進を受けた道長は、「御帳、御屏風のしざま、唐櫃のしざま、蒔絵、置口まで珍かに仕うまつ」って自讃し、殿原も感歎したという（『栄花物語』浅緑）。ここでは「しざま」というのが「しつらへ」のことで、それを「珍（ら）かに」したというのである。これらの調度品は当時の最高級品であったとみられるから、それらは工芸的な美しさを放っていたにちがいない。「しつらひ」とは部屋を飾りつけることをいう。単に調度品を備えつけるというだけでなく、その美を生かすために美的に置き合わせる、といった気分がこめられている。「珍らかに」しつらえたというところにも、その一端がうかがえよう。ことにハレの時には、「塗籠の前の二間なる所を、ことにしつらひたれば、例ざまならぬもをかし」(『枕草子』)というように、「例ざま」でない、特別の「しつらひ」がなされたのである。それを当時は「装束」ともいったが、中世にこの「しつらひ」を「室礼」の字で表わすのは、「礼」に一定の秩序とか方式といった意味がふくまれていることを考えると、巧妙な当て字といってよい。

しかしこの時期の「しつらひ」は、後世の座敷飾とは、異質といわないまでも、同列に扱えないものがある。寝殿の調度品は、右の土御門殿でも見られるように、(イ)内部仕切りが少ないので、障屏具として几帳・屏風・衝立などが用いられたこと、(ロ)同じく押入れの類がないので、モノを置く厨子や棚、モノを入れる唐櫃・筥の類が用いられたこと、が特徴的である。つまりこれらは第一義的には生活用具であり、日々の生活に必要な調度として置き合わされているものであって、本来の機能を離れ、それ自体が美的観賞の対象とまではなり切っていないというのが実状であろう。

いわゆる座敷飾は、生活のなかに美を求めることではあるが、そこにはある種の生活ばなれ、日常性からの遊離が必要であったように思われる。

## 三具足の機能

寝殿造住宅に見られた、こうしたあり方は、中世に下り、障子による部屋仕切りが進み、畳の敷かれる割合がふえるにつれて、おのずから変化した。几帳や屏風の果たす機能がすたれ、「例ざま」の「しつらひ」から後退、かわって障子絵のもつ装飾的な役割が大きくなる。いいかえれば「部屋」の登場である。もっともこの時期は、王朝貴族の政治的経済的な地盤低下が進んだというだけでなく、「しつらひ」の画証となる絵巻物が、高僧伝や寺社縁起を主としたことから、事例が寺院僧房に偏るのであるが、そこで留意されるのが三具足《みつぐそく》の飾りである。三具足は仏前荘厳の定型となるものであるが、いまいうところは、仏堂に安置された仏像とその荘厳《かざり》といったものではなく、僧侶の住房におけるものをいう。壁面を利用して、高僧祖師像とか阿弥陀像や名号などを掛け、その前に卓や机を置き、これに香炉・香合や瓶花、燭台を飾った。仏堂での荘厳が、僧房という、より日常的な場に取り込まれた形といってよいが、信仰の普及にともない、こうした姿は民間へも浸透して行くことになる。

三具足とは、直接は、香炉(香合)と、それを中にして置かれた燭台と瓶花の三つの荘厳具のことを指す。実際には香炉と一対の瓶花のこともあれば、花にしても、「挿し」た花に「盛っ」た花と、定まった形式があったわけではないが、右の三つを標準としたことからこの名がある。花についていえば、三具足の花は、のちに「神仏の花」とか「荘厳の花」といわれ、座敷飾の立て花のうち、もっとも格式のあるものとされた。そんなわけで構成上の規矩が定められ、やがて立華へと発展することになる。

三具足の飾りに注目するのは、そうしたことをふくめて、これが書院飾を誘発する要因になったことにある。つまり三具足とは、一つの壁面を利用して書画軸を掛け、その前に荘厳具を置くことにほかならないが、その書画軸が世俗的な、美的観賞の対象物に代わる時、のちにいう座敷飾との距離は、もうわずかなものとなるからである。その意味において三具足は、いわば「母屋しつらひ」(寝殿造)から「座敷飾」(書院造)への過渡期における「部屋荘厳」の形式であったといえると思う。

寺院僧房における仏前荘厳の形式が民間住宅に取り込まれた背景には、いくつかの理由があったろうが、一つには、先にもふれたように、浄土教をはじめとする諸宗の民間への普及浸透であり、これはのちの仏間以前の形式といってもよい。二つは、和歌や連歌が鎌倉時代を通じて民間地下《じげ》に普及発展するなかで、その会所に柿本人麻呂像や天神名号を本尊としてかかげたことがあげられる。人麻呂や道真の本尊扱いは、道真の天神はもとより、人麻呂を歌聖とみる観念が、仏前荘厳の慣習と重ねられたものであるが、こうしたあり方が文芸の場としての会所の発展にともない、一般の座敷飾に影響を及ぼしたとみるわけである。

さきに座敷飾は、飾られる調度がその美的価値を認められ、美的観賞の対象として扱われるようになった時に成立するといったが、そのことに大きな影響を及ぼしたのが、鎌倉期に顕著となった唐物の請来と、それによる唐物数奇の展開である。飾られるモノの問題といってよい。

## 『喫茶往来』の世界

近時の研究によれば、水墨画の請来はすでに平安後期には見られ、寺院僧房や公家邸宅の障子絵に取り入れられていたといい、水墨画を禅宗に限る従来の説に批判が加えられているが、鎌倉後期になると、書画軸の形で禅宗社会に受容されたことはたしかである。これには北条氏の禅宗帰依が与って力があるが、それにしてもこの時期における彼我禅僧の往来はたいへんな頻度にのぼり、しかもその都度大量の法具類が伝えられた。その一端は、鎌倉円覚寺仏日庵の什物目録(『仏日庵公物目録』)にうかがえるが、この目録で興味を惹かれるのは、絵画・墨蹟・仏具など多種多様な唐物が書き上げられていることだけでなく、それらのいくつかが、足利尊氏・義詮や同基氏、尾張守護土岐頼康・直氏、越前守護斯波高経、千葉介氏胤、上杉左馬助といった武家に、引出物として贈られていることにある。とくに寺領のある国の守護や有力武家に、年貢の確保を図るための「秘計」として進呈されているのは、唐物数奇のひろがりを考える上で無視できない。これを、相前後した時期、金沢貞顕(一二七八~一三三三)がその書状のなかで、「又から物、茶のはやり候事、なをいよいよまさり候。さやうのぐそくも御ようひ候べく候」（『金沢文庫古文書』）と述べたこと重ね合わせるなら、唐物数奇は茶との関わりで展開したこともうかがえよう。

こうした唐物数奇の世界を物語るのが、『喫茶往来』にみる喫茶の室礼である。

正面には、本尊として張思恭《ちようしきよう》（宋の画家）の彩色の釈迦説法図を左に、牧谿法常《もつけいほうじよう》（宋の画家）の墨絵の観音を右に掛け、普賢・文殊を脇絵に、寒山拾得の絵を面《おもて》飾りとして掛けられている。その前に置かれた卓《しよく》には金襴がかけられて胡銅の花瓶が置かれ、錦繡で飾った机には鍮石《ちゆうじやく》（真鍮）の香匙《こうじ》・火箸《こじ》が立てられている。瓶花が美しく咲き、炉中の香がほのかに匂ってくる。来客用の胡床には豹の皮を敷き、主人の竹倚《ちくき》（椅子）には金紗がかけてある。所々の障子には、「皆、日域の後素《こうそ》（絵画）に非ず、悉く以て漢朝の丹青《たんせい》」すなわち唐絵がかけられ、香台には堆朱・堆紅の香合を並べ、茶壺にはそれぞれ栂尾《とがのお》・高雄の茶袋をつめてある。西廂の前には一対の飾り棚を置いて種々の珍菓を積み、北壁の下には一双の屛風を立てて色々の懸物をかまえ、そのなかに鑵子《かんす》（釜）を立てて湯をわかし、まわりに飲み物を並べて巾《ふきん》で覆っておく。

基本的にはまえに述べた本尊－三具足形式による壁面利用の部屋飾りであるが、それ以外の所々の障子にも唐絵を掛けており、唐物（唐絵）趣味の横溢と、それのあらわな表現はあるものの、飾る方式は未熟といわざるを得ない。

## 花座敷の遊興

この『喫茶往来』の世界を彷彿させてくれるのが、『看聞日記』にみる茶会や花会の室《しつ》礼《らい》であろう。順事茶会において、会所に当てられた常御所の部屋に屛風が立て回され、それに本尊観音、脇絵の三幅対の絵を掛けている。ここでは屛風が書画軸を掛けるための小道具に成り下っているといわねばならないが、同様のことは七夕法楽においてさらに顕著に見られる。どの年の七月七日（もしくは前日）条でもよいのであるが、同日記を繙くと、会所の室礼のことが記されており、屛風を二双、三双と立て回し、それに唐絵を七幅とか十九幅、もっとも多い場合で二十五幅を掛けている。そして屛風の前に並べられた厨子・棚・卓には花瓶・盆その他の置物が置かれ、琵琶・箏・笛・笙・太鼓などの楽器も立てかけられる。楽器類を置くのは伝統的な公家の趣味のあらわれであろうが、屛風に夥しい数の唐絵を掛けるという趣味は、唐絵の観賞というにはほど遠いものであろう。これが、唐絵の「似せ絵」でも愛好した時代の唐物数奇の一面であったことに、留意しておく必要がある。

さて七夕法楽の当日は、このような室礼が施されたなかで、毛氈に各自出した瓶花が陳列されたが、人びとはまず風呂に入り、節供を行なったあと、三献。ついで和歌の会がもたれ、これを披露、終ってまた一献あり、舞楽・朗詠が行なわれるなど、遊興の一日を過ごしている。そこで「花飾」のある部屋を「花座席（敷）」といい、一両日そのままにし、その間「花賞翫のため」あらためて連歌の会や酒宴をもつこともあり、すべてが終って花瓶や盆を出品者に返している。この時期、将軍家ではほぼ座敷飾の規式が定まっていたが、それに比すれば公家社会では、影響は受けても、はるかに自由な形で座敷飾を享受していたといえそうである。

### 会所の文芸

このように見てくると、座敷飾は寺院僧房や公家・武家の邸宅を通じて展開したことが知られるが、それを本格的に促したのが文芸の発達にあったことも明らかである。会所はその文芸・芸能の場であり、したがって座敷飾は会所の室礼という形で展開したのが特徴である。

この会所は、管見によれば、十世紀末、浄土教の展開期、道俗による念仏と仏典研究の会ともいうべき勧学会を結成した慶滋保胤《よししげのやすたね》が、その会所の工面に苦慮し、受領の援助を仰いだというのが初見であろう（『本朝文粋』）。その後はおもに和歌会の会所（『無名抄』）があらわれ、中世ではもっぱら遊興的な機能をもつ部屋もしくは建物として登場する。会所の建築的考察は本稿の埒外ではあるが、まえにもふれたように、会所が本格的に発展するのは室町幕府の殿舎においてであった。京都に開幕した足利幕府が、伝統的な公家文化の影響を受けつつ、武家文化をつくり出す過程において、その象徴ともいうべき存在となったのが、幕府殿中に多数設けられた会所であり、これはやがて地方大名や寺院、公家へも受容されて行く。

幕府における会所の増加は、直接には幕府の年中行事、ことに文芸・芸能行事が整備されていったことと裏腹の関係にあるが、その頂点に位置するのが義持・義教、ことに後者の義教である。その点でも、序論でふれた北山文化と東山文化の間の重視をここでも繰り返しておきたいと思う。この会所が構造的に書院座敷となる時、いわゆる座敷飾の方式が成立するわけであるが、それが義教のころであるというのも故なしとしない。

## 会所同朋と座敷飾

座敷飾は日常生活の場を美的に表現することであるから、特定の人物というよりは、多くの人びとの経験の積み重ねのなかで考案されたとみるべきものであるが、会所座敷が将軍家において典型的に発展したことから、将軍家に奉仕した人間－同朋衆たちの関わりが大きかったことも、たしかである。かれらは「会所同朋」とも呼ばれている。

『太平記』によれば、佐々木道誉（一三〇六〜七三）は康安元年（一三六一）十二月、南朝方の細川清氏・楠木正儀《まさのり》の攻撃を受けて近江へ逃れた時、宿所の会所以下をととのえて落ちているが、留意されるのは、その折、二人の「遁世者」を残していることである。この宿所は三条京極にあったものと思われるが、道誉は四条京極の土地を時宗の四条道場へ寄進しているように、時宗とも深い関係にあった。この二人の遁世者は時衆と考えてまず間違いない。「トモニツレタル遁世者」として近侍し、文芸、芸能をふくめた雑役に奉仕したものと思われる。

将軍家の場合、こうした遁世者たちが幕府の職制の一つに組み込まれ、同朋衆の名で呼ばれ、殿中諸役に奉仕したのである。いずれも阿弥号で呼ばれたのが特徴で、これはかつて時衆が武将に従って軍陣に赴いた名残といってよい。

そうした同朋衆のなかでも、座敷飾に関係したのが、能阿弥・芸阿弥・相阿弥の三代三阿弥や千阿弥らで、かれらはいずれも「唐物奉行」と呼ばれ、将軍家に蒐集された唐物唐絵の目利《めきき》・表装・出納・保管などに当る一方、それらを用いての座敷飾に当った。永享二年（一四三〇）三月には、足利義教が花見に先立って醍醐寺の金剛輪院へ送った進物をもって、同朋衆の立阿弥が飾りつけをしている。この立阿弥は立て花で知られた同朋衆であるが、立て花も座敷飾の一要素であったから、立阿弥自身も「御会所の同朋（衆）」と呼ばれている。

この立阿弥に遅れて義教に仕えたのが能阿弥で、永享八年（一四三六）十一月、父の喪に服しており、当時四十六歳であったことが知られる。義教が嘉吉元年（一四四一）六月、赤松満祐のために殺された（嘉吉の変）のちは、義政に仕えたが、寛正五年（一四六四）八月、唐物奉行としての職掌上、遣明船の派遣に当り、千阿弥とともに、かの地で求むべき唐物の「模様図」を、渡唐する禅僧に渡している。文明三年（一四七一）八月、大和長谷寺に客死、時に七十四歳であった。この父のあとをついだのが芸阿弥で、義政に仕え文明十七年に歿している。

芸阿弥の子で、父祖以上の才能を有したのが相阿弥である。ほぼ四十年間、唐物奉行として活躍し、大永五年（一五二五）十月に歿している。七十歳前後というだけで享年は明らかでない。なお調阿弥の名が能阿弥の晩年から芸阿弥の時代を経て相阿弥の初期まで、二十年間所見するが、かれも公方御倉の器物の出し入れに当っており、唐物奉行と思われる。また千阿弥は、永享年間（一四二九～四一）のそれと、長禄・寛正（一四五七～六六）から応仁・文明を経て明応（一四九二～一五〇一）に至る間活躍した千阿弥とは、別人と見られるが、ともに香合扱いに当り、また茶事にも長じていたことがうかがわれる。

以上が代表的な同朋衆であるが、将軍家の殿中座敷の室礼は、こうした唐物奉行・会所同朋らによってある種の規式として編み出されて行ったわけである。それの集大成が『君台観左右帳記』に他ならない。

## 『君台観左右帳記』と『御飾書』

『君台観左右帳記』とは、将軍楼台の左右の飾りについて記したもの、というほどの意である。徳川美術館本『小河御所并東山殿御餝図相阿記』のうち「絵之筆者上中下」の項に、「君台観左右帳記《キソウクワウテイノミタカラノコテン》《クンタイクワンサウチヤウキ》」と記されているのは、将軍家の殿中を、古来の絵画を多数蒐集した徽宗皇帝（北宋八代）の宮殿にあやかって呼んだものと思われて興味深い。わが将軍家の場合でも、歴代将軍家の蒐集唐物は東山御物《ごもつ》と呼ばれて珍重されたのである。

本書には、大別して、撰述者を能阿弥とする系統（能阿弥本）と、同じく、その孫相阿弥とする系統（相阿弥本）の二つがあるが、ともに原本はなく、写本もしくは刊本として伝えられてきた。前者では文明八年（一四七六）三月、能阿弥が大内左京大夫（政弘）に書き与えたとするもの（群書類従本）が古く、後者では、永正八年（一五一一）十月、真相こと相阿弥が源次吉継に書き与えたものを、大永六年（一五二六）十二月に円深が書写し、それをさらに永禄二年（一五五九）正月、某（不詳）が書写したというもの（東北大学本）が古い。能阿弥本の方が内容的に素朴であるのに比し、相阿弥本の方は説明も整理されていて、時代的な差異を示している。ちなみに群書類従本は、その年次が撰者能阿弥の歿後であるところから、疑問視するむきもあるが、内容的には否定する材料はない。

『君台観左右帳記』の内容は、部分的な抜粋は別として、いずれの系統も三部から成り立つ。すなわち、(1)画人録、(2)座敷飾、(3)器物の説明である。(1)は宋・元時代を中心とする画家百数十名（群書類従本百六十名、東北大学本百七十名）を上中下の品等に分け、それぞれ得意とする画題を書き上げたものであるが、当時の唐絵数奇の風潮の下で、この画人録の部分だけが抽出され、流布したものもある。つぎに(3)は彫物（漆工品）・胡銅物・茶垸《ちやわん》物・土之物（天目茶碗）、葉茶壺・抹茶壺《すりちや》および文房具などについての説明であるが、(1)の絵も(3)の器物も、あわせて(2)の座敷飾、すなわち(イ)（押板）床飾、(ロ)書院飾、(ハ)違棚飾、の構成要素であるから、全体として座敷飾の書ということができる。事実、右の(1)(3)(2)の順序で書かれている一本もある。

『君台観左右帳記』の座敷飾の項は、たとえばその冒頭に、

一 おしいたに三幅一対・五幅一ついかゝる時は、かならす三具足をくへし、

とあるように、すべてが「…は…すべし」「…すべからず」といった指定・命令調で書かれているのが特徴である。これは室礼に一定の原則なり規範が立てられていたことを示しており、本書が座敷飾の規式書と称されるゆえんがそこにある。つまり座敷飾とは、単なる飾りつけというのではなく、一定の法則性をもった飾り方、室礼のことなのである。このあたりのことをもう少し考えてみる。

これまで伝えられている座敷飾の記録を整理すると、二種に分けられる。その一は、いわばハレの座敷飾で、天皇の行幸や将軍の御成の際これを迎える殿舎の飾りつけを書き上

げたもの。天皇の場合は応永十五年（一四〇八）三月の『北山殿（後小松天皇）行幸記』、永享九年（一四三七）十月の『室町殿（後花園天皇）行幸御餝記能阿記』があり、将軍家御成の場合は、永享二年三月の『醍醐寺金剛輪院御会所御飾注文立阿記』、永正九年（一五一二）四月の『細川殿御餝記』などがあげられる。このうち「室町殿行幸御餝記」は、能阿弥が当った、二十六室に及ぶ部屋の座敷飾を書き上げたものであるが、このなかに「雑花室」の名がみえるところから、従来義政の鑑蔵印かとされていた「雑華室印」が、義教のものであることが判明した。

これらハレの座敷飾に対して、大永三年（一五二三）十一月、相阿弥が何某に与えた『御飾書』や同年十二月、松雪斎鑑岳真相こと相阿弥が過刻斎に書き与えた『小河御所并東山殿御餝図相阿記』は、いずれも義政の御所であった小河殿と東山殿（山荘）の二殿舎の座敷飾を詳しく書き上げたものであるが、特別の行事に関係があったものとは思えない。ケの座敷飾といってよいであろう。将軍家の場合、普段でもハレに準じた室礼がなされていたのである。

しかもこれらのうち、後者の座敷飾の記録には、(1)小河殿・東山殿の各殿舎についての具体的な飾りの記述——したがってその文体は「…は…である」という平叙文である。(2)床飾・書院飾・違棚飾についての一般的・規範的な叙述——したがってその文体は「…は…すべし」という指示命令文である——の二種類があるのが留意される。この場合、時期を考えると、前者(1)は、後者(2)が適用された具体例ともみなされるが、前者(1)のような具体的な事例の集積のなかから、後者(2)のような一般化・抽象化、つまり座敷飾の規式が編み出されたと考えることも可能であろう。座敷飾は、能阿弥・立阿弥・相阿弥といった同朋衆が、職掌を通して体験的につくり出した部屋飾の規矩のことであるといえると思う。

## 生活のなかの規矩

これまでの考察を要約すれば、広義の座敷飾は、日用調度を置き合わせた寝殿母屋の室礼から、住宅構造の変化－書院座敷の出現に対応して、数奇の対象とされた唐物類による室礼へと進展した軌跡といってよいであろう。多少の美意識を包含しながらも、生活そのものであった段階から、生活のなかでの美的享受が優越するようになったことでもある。座敷飾とは、文化の和漢混融を通じてつくり出された、生活美学の中世的表現に他ならない。いま中世的表現といったのはほかでもない、直接の場となった書院座敷の成立がこの時代であったというだけでなく、本尊＝三具足の観念が投影された書画軸の掛け方をはじめ、器物の置き方、花の立て方などにおいて「口伝」がなお有効であったこと、また『君台観左右帳記』には書かれることはないが、相前後した時期の花伝書から判断するに、とくに立て花において、さまざまなタブーが要求されたこと、などによる。しかし全体としでは、器物の飾り方を器物の構造や大小、あるいは相互間のバランス、座敷の様態との関わりにおいて考えるなど、けっこう合理的であり、規矩＝型の追求になっているといえる。

かつて岡倉天心は、『茶の本』のなかで、「茶道とは、日常生活の俗事のなかに見出されたる美しきものを崇敬することに基づく一種の儀式」のことだと説明している。私がこれを、茶の湯を理解する上で、いまでも通用するすぐれた定義と考えるのは、茶の湯の特質である「日常性」と「儀式（礼）性」とを指摘している点にある。同様のことは花にもいえる。手折って花瓶にいけるだけですでに美しい花を、一定の規矩をつくり、それに基づいて美的に表現し、享受する。素材や対象を日常身辺に求めながら、それを非日常化することによって仕立てられた生活文化の形式が、茶であり花であったといえるであろう。

座敷飾は、このような茶や花にみられる特質を共有しており、生活の場を対象とする生活のなかの美の規矩であり、生活の美学であった。そのことが、座敷飾が第一義的には中世に成立した生活文化でありながら、その後今日に至るまで、日本人の生活にさまざまな形で影響を及ぼして来た理由でもあったと思う。

# 『君台観左右帳記』と『御飾書』

## 一　『君台観左右帳記』の世界

### はじめに

『君台観左右帳記』は座敷飾の規式書であるが、本書のもつ内容上の特徴や文化史的な意味を理解するために、ここでは座敷飾を成り立たせている三つの要件に即して考えてみたい。

その三要件とは、

㈠飾るもの――唐物唐絵に対する関心、いわゆる唐物数奇の昂揚があった。
㈡飾る場所――寄合の場である会所の発展、書院座敷の出現が深い関わりをもった。
㈢飾る人間――座敷飾の規式がつくり出されるまでには特定の人間、ことに同朋衆の役割があった。

つまり座敷飾は、「モノ」「トコロ」「ヒト」の三者が揃ってはじめて成り立つものであり、それを通して生まれた、日本人の生活の美意識の母体であった。

## モノ――唐物数奇の昂揚

南北朝初期の成立になる吉田兼好の『徒然草』（一二〇段）に、次のような一文が見える。

唐の物は、薬の外は、なくとも事欠くまじ。書《ふみ》どもは、この国に多くひろまりぬれば、書きも写してむ。唐土舟《もろこしぶね》のたやすからぬ道に、無用の物どものみ取り積みて、所狭《せ》く渡しもてくる、いと愚かなり。
「遠き物を宝とせず」とも、又、「得がたき貨《たから》を貴《たふと》まず」とも、文にも侍《はべ》るとかや。

当時における唐物に対する欲求の昂まりが知られるが、しかしこうした傾向はこの時期になって始まったものではない。大陸との関係が早くからあったわが国にしてみれば、将来された文物はすべてこれ唐物といってよいが、それを遣唐使廃止（八九四年）後に限っても、来航する宋商船によってもたらされた唐物が王朝貴族の間に珍重された有様は、藤原道長の日記『御堂関白記』（九九八～一〇二一年?）などにも窺うことができよう。下って院政期には、商船の帰航に便乗して入宋《にっそう》（一〇七二年）した成尋阿闍梨《じょうじんあじゃり》は、神宗皇帝に謁見したとき、「日本で必要とする漢地の物貨は何か」と尋ねられ、「香・薬・茶《ちゃ》垸《わん》・錦・蘇芳《すおう》」などであると答えている（『参天台五台山記』）。成尋自身は十年後、かの地に客死するが、入宋の翌年に別れた弟子たちは、経典類の他に数多くの唐物を持ち帰ったことであろう。平氏時代、平清盛による積極的な日宋貿易の展開も、こうした傾向を承けたものであったわけである。しかも近時の研究によれば、鎌倉時代、禅宗に伴って将来されたと考えられていた水墨画（法）も、すでに平安後期には伝えられていたことが明らかにされている。唐物数奇の伝統は早くから形成されていたのである。

しかし唐物数奇が中世に入って本格的に昂揚したのは、やはり彼我禅僧の往来と深い関わりがある。近時、韓国の新安沖海底に沈没していた中国船から、青白磁以下夥しい数の古陶磁が引き上げられて話題をよんだが、京都・東福寺関係の船ではないかと推測されている。同様にして、高僧の頂相《ちんぞう》や墨蹟はもとより、水墨画・香炉・燭台・花瓶あるいは天目茶碗などの仏具がそれぞれ宗教上の意味合いから禅僧によって将来されたのである。

鎌倉・円覚寺の塔頭仏日庵の什物目録（『仏日庵公物目録』）なども、そうした禅院における唐物所有の実態を示すものとして著名である。

すなわちこの目録は、奥書によると、元応二年（一三二〇）六月に作成されたが、その後什物に移動があったので、貞治二年（一三六三）四月に改訂したものといい、自賛・他賛のある諸祖頂相三十九鋪をはじめ、絵画・墨蹟・法衣・仏前具足など膨大な数のものが書き上げられており、しかもすべて唐物であった。
画家としては『君台観左右帳記』にも所見する徽宗《きそう》皇帝・牧谿《もっけい》・李迪《りてき》はもとより趙幹・李孤峯・崔白など、墨蹟も虚堂智愚《きどうちぐ》・無準師範《ぶじゅんしはん》など十数人のもの、具足としては、花瓶・天目・茶桶・香炉・香合・薬器・印籠・円盆・方盆・燭台・筆・硯・筆架・水入等々があげられる。

留意されるのは、目録の中程に「方々へ進めらるる仏日庵絵以下の事」という一項があり、また別の個所にも同類の事実を示す書き込みが見られることである。たとえば観応二年（一三五一）四月足利尊氏が当庵へ入御したとき、「引出物の不足により」「四聖絵四鋪、寒山拾得一対虚堂賛、松猿絵一対牧谿、犀皮円盆一対、堆朱一対」の五色（種類）を進めたといい、以下同様に足利義詮《よしあきら》・基氏、尾張守護土岐頼康・直氏、越前守護斯波高経、千葉介氏胤、上杉左馬助といった武家にも各種唐物が贈られている。年貢の確保を図るための「秘計」として、寺領のある国の守護や有力武士に贈ったもので、唐物数奇のひろがるルートがこうしたところにもあったわけである。

前執権金沢貞顕が、六波羅探題の任期を終えて鎌倉へ戻る息子の貞将《さだゆき》に宛てた、元徳二年（一三三〇）六月の書状（『金沢文庫古文書』）にもこういう一節があった。

又から（唐）物、茶のはやり候事、なをいよいよまさり候。さやうのぐそく（具足）も御ようひ（用意）候べく候。

唐物の愛好や茶の湯が流行しているから、唐物具足を買い求めてくるようにとの注文であるが、唐物数奇が京・鎌倉を通じて広がっていたこと、それが茶の湯と深い関係をもっていたことなどが知られよう。茶の湯は禅院での喫茶儀礼（茶礼）を母体とし、唐物数奇に支えられ、鎌倉末・南北朝期に成立したからである。事実この傾向の赴くところ、茶数奇の語が生まれ、さらには数奇というだけで茶の湯のことを示す茶の代名詞とさえなった。座敷飾はこうした唐物数奇を生活空間に生かした美的表現のことである。

## トコロ——書院座敷の出現

『徒然草』と相前後した時期の成立とみられる『喫茶往来』を見ると、南北朝〜室町初期における喫茶の亭の室礼《しつらい》が知られる。

正面には、本尊として張思恭の彩色の釈迦説法図を左に、牧谿法常の墨絵の観音を右に掛け、普賢・文殊を脇絵に、寒山拾得の絵が面飾《おもて》としてかけられている。その前に置かれた卓《しょく》には金襴がかけられて胡銅の花瓶が置かれ、錦繡で飾った机には鍮石《ちゅうじゃく》（真鍮）の香匙《こうじ》・火箸《こじ》が立てられている。瓶花が美しく咲き、炉中の香がほのかに匂ってくる。来客用の胡床《こしょう》には豹の皮を敷き、主人の竹倚《ちくき》（椅子）には金紗がかけてある。所々の障子には、「皆、日域の後素《こうそ》（絵画）に非ず、悉く以て漢朝の丹青」すなわち唐絵がかけられ、香台には堆朱・堆紅の香合を並べ……。

いわゆる床の間がない時期の室礼であるが、それにしてもこれは唐物荘厳《しょうごん》（飾）の世界というほかはない。この場合、喫茶の亭は二階建てであったというが、当時こうした寄合の建物は会所と称されていた。茶会はもとより花会や和歌・連歌の会などが催される会場とされた建物（部屋）のことで、将軍家の場合、義満よりも義持、義持よりも義教《よしのり》と、あとになるほど多くの会所が営まれている。

これは幕府での文芸が盛んになったのに対応するものと考えられるが、唐物で飾る座敷飾も、こうした会所が室町時代に出現・発展したことと表裏の関係にあったわけである。むろん会所は文字どおりの接客、遊興の場の意であり、特定の構造を有していたわけではない。しかし、この会所が武家社会、ことに将軍家を中心に発展するなかで、新しい建築様式である書院造が適用され、したがって座敷飾は書院座敷の室礼として関心を向けられたのだった。書院造とは寝殿造とちがって部屋仕切りが進む一方、書見用の出文机《いだしふづくえ》や厨子棚などの棚、あるいは三具足を飾る置押板（または卓）が部屋の一角に、単独もしくは結合した形で造りつけとなり、あわせて畳も敷きつめられるようになったものをいう。柱も丸柱から角柱へとかわった。いわゆる「座敷」の出現である。

座敷は、こんにちではごく普通の名辞でしかないが、当時の人間にとっては新しく生まれた生活空間のことであり、新鮮な言葉として受けとめられている。おのずから、その様式に即した室礼が考案されたにちがいない。

というより、美術史や建築史の教えるところでは、鎌倉後期以来、唐絵唐物に対する愛好の昂まりのなかで、それらを鑑賞する場が求められ、いわゆる書院造が案出されたと考えられている。書院座敷の出現と座敷飾の規式とは、そもそも不可分の関係にあったわけである。そして、書院座敷となる以前と以後とでは、おのずから室礼も変化した。

たとえば、南北朝期の成立になる『慕《ぼ》帰《き》絵詞《えことば》』は、当時の生活習俗を知るうえでの好個の画証であるが、その五巻三段、和歌会の催されているシーンでは、部屋の奥に柿本人麻呂像など三幅対がかけられ、その前に香炉と両脇花、さらにその前に懐紙をのせた卓が置かれていることで、そこが正面と知られるわけである。先に引用した『喫茶往来』の部屋飾でもここに見る人麻呂像の場所に釈迦像や観音像がかけられ、その前にすえられた卓上に三具足が置かれて部屋の正面とされ、あわせて諸他の飾りつけも施されたのであった。

したがって、この段階での部屋飾の特徴として、第一に、正面にすえる三具足の飾り、すなわち置押板もしくは卓の上に、香炉・香合を中に、その左右に燭台や花瓶を配するという仏前荘厳の系譜を引く飾り方が中心であったこと、第二に、絵や器物を飾る場所が特定されていないから、室内に適宜屛風や棚を持ち込み、それに唐絵をかけたり器物を置いたりする、雑然とした室礼であったこと、などが指摘できよう。

ところが、書院座敷の出現により、室礼の対象は押板床・書院・違棚の三カ所に特定され、それぞれの個所の飾り方に関心が集中するようになる。『君台観左右帳記』に見る床飾・書院飾および棚飾がそれにほかならない。座敷飾は『喫茶往来』(に見る室礼)から『君台観左右帳記』のそれへと発展したといえよう。

### ヒト——同朋衆の役割

永享二年(一四三〇)三月十七日、将軍義教は、前月に完成した金剛輪院の会所開きをかねた花見のため醍醐寺を訪れているが、この会所には上段の間と下段の間とがあり、前者には西に押板、北に付《つけ》書院、両者の交わるところに棚があったといい、後者には北に押板だけがあったというから、上段の間は、最古の書院造の遺構とされる吉野・吉水《よしみず》神社の、いわゆる「義経潜居の間」に似たものであったろうか。

それはさて、義教は、御成《おなり》の前日、会所に飾るべき置物として、御絵七幅(上段の間の床に三幅一対、下段の間には四幅一対でかけた)、小盆三枚、古(胡)銅の三具足、同香合、花瓶一対、卓二、草花瓶一、小壺一、食籠一、硯一、水入・筆架・小刀・筆墨各一、軸物一、鉢二、石二、水瓶一などを、予め立阿弥に運ばせているが、それらを当寺の満済《まんさい》は立阿弥に飾らせている。立阿弥は義教に仕えた同朋衆である。ちなみに、この会所で二十日には、義教以下摂政や大名たちが集まり当寺の月次《つきなみ》連歌を催しているが、重阿・玄阿・祖阿という遁党《とんとう》三人、すなわち法体《ほったい》の同朋衆も加わっていた。

室町将軍には、このように将軍に近侍し、幕府内外の雑事に奉仕する一群の同朋衆がいた。すべて阿弥号をもち、法体姿をしていたのは、かつて鎌倉最末期から南北朝の動乱期、時宗の徒（これを時衆といった）が武将に従って合戦の場に赴き、檀那の一大事には十念を授けたという因縁に基づく。それが、室町幕府の体制がととのうにつれて、職制に組込まれ、同朋衆と称されるようになった。同朋を童坊に出る呼称とする理解もあるが、同朋同行という、かれらの果たした宗教的行為による呼称と考えるべきであろう。

ただし、誤解のないよう付記すれば、第一に、同朋衆は必ず阿弥号をもつが、その逆は真ならざること、第二に、同朋衆は系譜的には時衆であるが、制度として成立して以後は時衆でない同朋衆はいくらもいたこと、である。同朋衆は義満のころからふえはじめ、義持・義教そして義政の時代が人数の上からも、職掌上からも、最盛期であったといえる。

先に見た、義教の醍醐寺御成に際し、金剛輪院の座敷飾に当たった立阿弥は、立て花の名手であったようで、当時もっとも活躍していた同朋衆の一人である。応永三十二年（一四二五）正月四日、義持が諸大名の邸宅に御成した際、久阿弥・圭阿弥とともに供奉しているのが史料上の初見で、義持の没後は義教に仕えた。もっとも寛正から永正にかけて所見する立阿弥は、応永～永享の立阿弥とは同名異人であるが職掌はよく似ており、「御会所の同朋」と称されている、こちらの立阿弥も立て花の名手であった。立の字は、立て花に由来するものであったようだ。

立て花が立阿弥なら、茶の湯や香のことになると、いつも関わったのが千阿弥で、千利休の祖父は義政・義尚に仕えた同朋衆の千阿弥であるというのが、千家の伝承である（『千利休由緒書』）。ただし、千阿弥にも同名異人がおり、少なくとも三人の千阿弥の存在が確認される。

しかし、数ある同朋衆のうち、文化史上に果たした役割でもっとも高く評価されるのが、能阿弥（一三九七？〈一四三六初見〉～七一年）、芸阿弥（一四三一～八五）および相阿弥（？〈一四八五初見〉～一五二五）の、いわゆる三阿弥であろう。能阿弥の父、毎阿弥（？〈一四一六初見〉～三六）も同朋衆であったが、三阿弥ほどの文化的な足跡はない。

代々、義持・義教・義政・義稙《よしたね》と仕えたが「唐物奉行」と称されたように、将軍家に蒐集された唐絵、唐物――これの集大成されたものが、「東山御物《ごもつ》」である――の保管、出納、あるいは目利《めきき》（鑑定）、外題、表装を行い、また、それら唐絵唐物をもってする座敷飾に当たったのである。

能阿弥の場合、寛正五年（一四六四）八月、遣明船が派遣されるに当たり、同僚の千阿弥とともに、かの地で求むべき唐物の「模様図」を、渡航する禅僧に渡しているが、唐物同朋の仕事の一端をよく示していよう。

三阿弥は職掌上、絵をよくして国工とか国手と称され、また連歌宗匠とも呼ばれることがあった。群書類従本『君台観左右帳記』のなかで、能阿弥は唐物の目利についてふれ、「絵は何にても正筆を能《よく》見候」て、はじめて可能である、などと述べているが、これも唐物奉行の職掌を通じて得られた自信であったろう。いずれにせよ、座敷飾は、こうした同朋衆が体験的に考案した室礼の規式であり、特定個人がつくりだしたというものではないが、それをそれぞれの時点で集大成したのが、能阿弥であり相阿弥であったといえるであろう。『君台観左右帳記』の成立である。

なお、『君台観左右帳記』という書名についてであるが、将軍の楼台の左右についての座敷飾の記、というほどの意味であろう。興福寺本は画人録の部だけであるが、『君台観左帳記』としていることから、左右とは上巻・下巻の意ではないかとする理解もあるが、書名のなかに上・下巻をふくみ込ませるとは考えがたい。また、名古屋の徳川美術館本『小河御所幷東山殿御餝図相阿記』の「絵之筆者上中下」の項に「君台観左右帳記《キソウクワウテイノミタカラノコテン》《クンタイクワンサウチヤウキ》」と付されたフリガナは、むろん適当ではないが、徽宗皇帝の宮殿を室町公方御倉（蒐集物を東山御物という）に移しかえてみると真実味をましてくるようだ。

江戸初期のことであるが、『等伯画説』の、「東山殿ニハ百カザリ有レ之、一切ノ唐絵ト云絵幷見事ナル物ハ、皆東山殿ノ物也」という一文が想起されよう。義政のころには公方御倉から流出する御物も少なくはなかったのだが、のちのち義政の時が頂点と認識された背景に、能阿弥や相阿弥ら同朋衆の果たした役割があったことはたしかである。

『君台観左右帳記』は、大陸の文物に対する関心、いわゆる唐物数奇を前提とし、書院座敷という新しい生活空間の出現に対応して、歴代の同朋衆が考案したインテリアの規式であるが、そこに示される生活空間のなかでのモノの美的鑑賞の方式とその美意識は、その後における生活様式の変遷にもかかわらず、日本人の生活に影響を与えつづけてこんにちに及んでいる。その意味において本書は、茶の湯の世界においてはもとより、日本人の美意識の母体であり、生活文化の原型を示しているといってよいであろう。

## 『君台観左右帳記』の構成

『君台観左右帳記』は、全体が三部で構成されている。すなわち、

(1)画人録

(2)座敷飾

(3)器物の説明

である。(1)は宋・元時代を中心とする画家百七十七名を上中下の品等に分け、それぞれ得意とする画題を書き上げたもの、(3)は彫物（漆工品）・胡銅物・茶垸物・土之物（天目茶碗）・葉茶壺・抹茶壺などについて、時に図入りで説明し、最後に、主として書院の上に

飾られる文具などを説明する。これに対して(2)は、座敷飾の規式を述べたもので、

(イ)（押板床）飾次第

(ロ)書院飾次第

(ハ)違棚の飾り

についての条々である。(1)の絵画も(3)の器物も座敷飾の構成要素であるから、全体として座敷飾の規式書ということができる。記述の順序としては(1)、(3)、(2)とするのが理屈にあっており、事実この順序となっている一本（東京国立博物館蔵本）もある。ただし(1)の画人録がつねに最初に置かれ、あるいは画人録の部分だけで『君台観左（右）帳記』と呼ばれることがあったのは、この部分に対する需要が大であったことを示す。

## 画人録の内容

『君台観左右帳記』の主要部分を占めるのが画人録で、この部分だけが抜き出され、鑑賞の手引きとして珍重されたこともある。

収めるところ百七十七人、これを上中下の三品等に分けた上で、王朝（国）ごとに書きあげるが、頭記で細分したものもあり、結局八品等に分けられている。

上の部四十九人
- 上々々　四人
- 上々　十二人
- 上中　九人
- 上　二十四人

中の部四十一人
- 中上　十八人
- 記載なし（＝中）　二十三人

下の部八十七人
- 下上　二十一人
- 記載なし（＝下）　六十六人

上の部だけ、品等が全員に頭記されているのが特徴的であり、中・下と品等が降るほど割合は少なくなる。ちなみに群書類従本は上（五十人）、中（三十八人）、下（六十八人）の三品等だけである。またこれは明《みん》までの画家を取り上げるが、底本とした東北大学本では明はふくまない。中国画家が大部分であるが、なかに渤海人、中国に帰化したインド僧、日本人、日本に帰化した中国人などがふくまれている。

東北大学本は、群書類従本とは人数はじめ記載の順序や評価など、差異が多く、この種画人録の成立や変化を考える材料を提供しているが、評価の大きく違うものをあげてみると、

| | 東北大学本 | 群書類従本 |
|---|---|---|
| 蘇顕祖 | 下上 | 上 |
| 率翁 | 中上 | 上 |
| 陸青《りよくせい》 | 中上 | 上 |
| 黄筌《こうせん》 | 下上 | 中 |
| 張徳麟 | 下 | 中 |

の如くである。また中国ではさして評価の高くなかった牧谿の絵が、東北大本では上の部に入れられており、和尚の絵として親しまれた様子を反映しているが、こうした品等の細分化は、日本人の好みや鑑識眼の進んだことを示すものであろう。

## 座敷飾の内容

『君台観左右帳記』は座敷飾の規式書であり、書院造という新しい住宅様式が生まれるのに対応し、同朋衆によって体験的に考案された、唐物数奇の横溢した室内デザインの書である。

分量的には画人録(1)の部分が大半を占め、また器物の説明(3)の部分もあり、座敷飾(2)については、右の両者の間にはさまれて、記述されているが、(1)も(3)も座敷飾の構成要素であることを思えば、(1)(3)それぞれに対する関心の有無・強弱は別として、本書の中核が(2)にあったことはいうまでもない。

この座敷飾(2)の記述は、さらに三つの部分に分かれる。

(イ)押板飾

(ロ)書院飾

(ハ)違棚飾

ただし、(イ)と(ハ)については、(ロ)のように「書院飾次第」のような見出しがなく、直ちに本文に入るか(イ)、図を掲げ、「書棚のかざり如レ此」という説明から本文に入るか(ハ)していて、統一がない。

(イ)は押板といって、置押板が造りつけとなった板床の上、あるいはその上の壁の飾り方について述べたもので、おのずから三幅一対など掛幅のかけ方、あるいはそれと対応する板床上の三具足などの飾り方について述べる。いわば座敷飾の中心をなすが、これには図がない。

つぎに(ロ)は出文机《いだしふづくえ》がやはり押板や違棚と結合した書院およびその周辺(天井・柱)における飾り方を図と文で説明する。なお場所としては末尾に近いところにも、硯屏《けんびよう》以下の文房具の説明があり、書院飾の部分は二カ所に分かれている。図は(ハ)の違棚についていちばん多く、四つの場合を例示しており、したがってすべてが本文と対応はしない。最後の図に見る茶の湯棚のごときは、茶の湯所（点茶所）にも置かれたであろう。

**器物の内容**

絵画とともに座敷飾に不可欠な器物についての説明が、『君台観左右帳記』の重要な構成要素をなす。

東博本は、画人録に続いて「唐物之名」という見出しの下に、香合・薬器・印籠など器物の名を列挙したあと、剔紅以下の彫物、曜変以下の天目茶碗、葉茶壺、胡銅以下の金属器、硯石、金襴以下の織物の名をあげていて、いわば書院・押板・違棚に飾るべき「器物便覧」の性格を備えている。底本もほぼ同じものを取り上げているが、留意されるのは、第一に、胡銅の物、すなわち三具足（燭台・香炉・花瓶）にはそれほど関心を寄せていない点である。室町初期の七夕の花会などでは、立てた花の素材や花形よりも、もっぱら用いた花瓶が胡銅か茶垸（磁器）かに関心が向けられていた。それに比して天目茶碗や抹茶壺などの記述が多い。これは、書院造の発展や、それによる書院茶の湯の展開にともなう傾向であったといえる。このことは、座敷飾の部分に押板飾の図がない反面、違棚飾（茶の湯棚）の図が四面あるように、器物飾の中心が押板（そこは立華が主役となる）から違棚や茶の湯棚へと移行する姿を示している。

その二は、群書類従本（能阿弥本）では器物篇のなかに、「唐物色々みること、能《よく》心に入て見おほゆる事肝要にて候」にはじまる、盆・香合、ことに絵の目利についての心がけが詳しく述べられていて、伝書的な性格をなお留めている。これに対して、本書の底本にはその部分がなく、時期的な変化を示している。

**奥書の問題点**

東北大学所蔵本は相阿弥自筆の原本ではなく、巻末の奥書によれば、それをのちに二度、書写を重ねた写本である。ただしこの奥書には不備な点がある。

右此条〻、不実候へ供、依㆓所望㆒、思出次第ニしるし候。不㆑可㆑有㆓外見㆒候也。
永正八年辛未十月十六日　真相（花押《ニセハン》）
辛未年
吉継（花押《ニセハン》）
永正八年辛未十月　源次

すなわちその一は、通常ならば相伝の相手が記されているべきところにその名がなく、相伝と同じ年月と源次吉継の署名とがある。しかしそれに続く、

此一巻　源次令二所持一候、則相阿弥自筆之本也。以二一見之次一、写留者也。

可レ秘レ之。干時大永六年十二月　　円深

という記載によって、大永六年（一五二六）十二月に円深が書写したのは源次所持の相阿弥自筆本であったことが知られ、源次が最初の受伝者であったと考えられる。相阿弥から某が受伝したものを源次が書写したのではあるまい。相伝年月が同じなのもそのことを暗示しており、これは受伝者の源次が、そのことを明示するためにあらためて記したものであろう。最初にあるべき宛名の欠落は、転写の過程のことであろうか。

不審点のその二は、右についで永禄二年（一五五九）孟春（正月）吉日これを写したという某が、料紙の種類（白唐紙）、本の高さなどについて触れたあと、「紙のつぎ目に相阿判、一々ニ見也」と記していることで、これに従えば、某の書写した円深の書写本にも紙の裏継目に相阿弥の花押があった――つまり相阿弥自筆本ということになる。しかしこれは真相や源次の花押がニセハンとあるように、円深が自筆本を書写した際に模写したものとみられる。なお、本書がこれ以後、狩野亨吉《こうきち》博士の有に帰すまでの経緯は知られない。

## 『君台観左右帳記』の諸本

『君台観左右帳記』は、撰述者を能阿弥とする系統（能阿弥本）と、相阿弥とする系統（相阿弥本）の二つがあるが、いずれも原本はなく、写本もしくは、それに基づく刊本である。主たるものを奥書の年次に従って挙げると左のとおりである。

(I)群書類従本（『群書類従』巻第三六一）
文明八年（一四七六）三月十二日、能阿弥が大内左京大夫（政弘）に書き与えたもの。

(II)東北大学本（東北大学図書館狩野文庫蔵、本書の底本とした一本）
永正八年（一五一一）十月十六日、真相こと相阿弥が源次吉継に書き与えたものを、大永六年（一五二六）十二月に円深が書写し、さらに、それを永禄二年（一五五九）孟春（正月）吉日、某（不詳）が書写したもの。

(III)東博本（旧徳川宗敬氏蔵、東京国立博物館蔵）
村田珠光が能阿弥より受伝したものを、子の宗珠が相伝し、それをさらに大永三年（一五二三）三月吉日、某に書き与えたもの。

(IV)徳川美術館本（徳川美術館蔵）
大永三年（一五二三）十二月吉日、松雪斎鑑岳真相こと相阿弥が過刻斎に書き与えたもの。

なお、同種の写本が東京国立博物館にある。

(V)興福寺本（奈良・興福寺蔵）

永禄九年（一五六六）三月六日、興福寺第二十六代実暁（時に五十歳）が、能阿弥自筆本を成身院順盛が書写したのを、さらに書写したもの。ただし表題は『君台観左帳記』とのみあり画人録の部分だけで座敷飾の部以下を欠く。

これらのうち(V)は画人録だけであり、また(IV)も、外題（もとは端裏書であったか）に『小河御所并東山殿御餝図相阿記』とあり、義政の邸館であった小河御所と、東山山荘の座敷飾（および一部に座敷飾の規式）の部分と、後半に『君台観左右帳記』のうち座敷飾の部分を除外したものとから成り立っていて、(I)〜(III)とは構成を異にしている。『君台観左右帳記』の一本として考慮されるが、むしろ、類似の構成をとる『御飾書』の一本として扱ったほうがよい。

『君台観左右帳記』は、伝授者によって分けると、能阿弥本(I)(III)(V)・相阿弥本(II)(IV)となるが、内容的には三部——(1)画人録、(2)座敷飾、(3)器物の説明に分けられる点は共通する。しかし、(III)東博本のみ、画人録の次に「唐物の名」すなわち、器物の説明がくるのが、いちばんの違いである。

器物の説明は群書類従本が、種類は少ないが、図が豊富で丁寧であるのに対して、東北大学本は説明が適宜取捨、整備されていて、群書類従本より、後出のものであることは明らかである。東博本はすべてについて簡単で、便覧的といってよい。

結局、(Ⅰ)の群書類従本と(Ⅱ)の東北大学本の二つが典型とみなされよう。
群書類従本と東北大学本の前後関係は、土之物類についての説明のうち、値段の表示にもうかがえよう。

すなわち、代価は、具体的な数字で表された場合は、両者に変化はあまりないが、烏盞は群書類従本の「三百疋」が東北大学本では「代やすし」、能皮盞《タイ》が群書類従本は「千疋」、東北大学本が「代やすし」と記され、後者のほうが時代を下る表現であろう。

とくに天目の灰被《はいかつぎ》、黄天目について群書類従本は「口伝多シ」といい、堆漆《ついしつ》・堆烏《ついう》についても「口伝アリ」とするのに対して、東北大学本では、右のいずれにも口伝の記載がない。一般的にいって、秘事口伝という中世的な伝授形式は、のちになるほど少なくなる。したがって、群書類従本のほうが、奥書の文言にふさわしい秘伝的要素をもっていたといえる。火鉢の図についても「但口伝可レ有」とある。

東北大学本も胡銅の物の説明のなかに、「和漢の見やうは其物によりて口伝ならでは難レ申候」とあるが、これはいろいろあるので、直接口でいわなければ説明しきれないといった意味合いがつよく、秘事口伝というのではなかろう。

なお、東博本にも「口伝有レ是」が数カ所見受けられる。

これに関連して、群書類従本・東北大学本それぞれのもっとも顕著な特徴を挙げると、前者（のみ）には、器物の説明のあとに、「唐物を見る上での心得」をくわしく説いた次のような文言があり、東博本が「便覧的」とするなら、これは「伝書的」であり、教育的であるといえよう。

唐物色々みること、能《よく》心に入て見おぼゆる事肝要にて候。

……只物数をよく見候て、目功入候こと肝要にて候。絵はなににても正筆を能見候て、……

これは群書類従本の原初性といいかえることもできよう。

これに対して東北大学本では、最後より二項目に、違棚に置くべきものの一つとして『代々集』などもをかるゝ事候」とあり、和歌集を置くことの言及がある。唐物漢籍一辺倒から、日本古典への関心が昂まってきた様子が見受けられよう。

以上のことからも、東北大学本は群書類従本よりは後のものであるが、それだけに内容が整理されていて、この種の座敷飾の書としては、もっとも内容・形式ともに整っている一本といってよい。底本とした理由の一つである。

東北大学本を底本としたもう一つの理由は、写本しかない『君台観左右帳記』のなかで、これがもっとも古いものであることによる。前述のごとき経緯で、最終的には永禄二年（一五五九）孟春（正月）に書写されている。

## 東北大学本の由来と体裁

さて東北大学本は巻子仕立てとなっており、末尾のみに木軸がある。巻首を開くと、礼紙の部分に「永禄二年古写本、君台観左右帳記」との標記（本書には内題はない）がある。これは大学の有に帰する以前の所有者、狩野亨吉博士の手になる、古様に似せた筆である。標題の前に方形の印（「東北帝国大学印」）があり、その下に長方形の印記が捺され、「荒井泰治氏ノ寄附ニ係ル奨学資金ヲ以テ購入セル文学博士狩野亨吉氏旧蔵書」と刻まれているが、本書が東北大学の有になったあとの印記である。

原蔵者の狩野博士は第一高等学校長時代、京都帝国大学文科大学開設委員となり、明治三十九年七月、開校にともない、教授（倫理学）、および同大学初代学長に就任している。同四十一年退職、昭和十七年十二月に死亡した。博士は蒐集家としても有名で、現に十万点にのぼる典籍類が狩野文庫の名で東北大学に所蔵されている。博士が知人のよしみで資金を融通した会社が倒産したことから、蒐集品を手放すことを余儀なくされた。それを聞いたのが、博士とは幼い時分からの友人で、大正二年五月から翌年四月まで京都帝国大学総長（第五代）を務め、当時は東北帝国大学総長（初代）であった沢柳政太郎氏である。

沢柳氏は、貴族院議員を務め、仙台では資産家として知られた荒井泰治氏に相談し、購入資金の提供を受け、これによって買い上げた。二十万円分相当の蔵書ではあったが、実際には三万円で購入したという。『君台観左右帳記』はその一つであった。購入時、かなり乱雑であったので、京都で表装し、現在の姿となった。

本文の高さは、最初に付した礼紙の部分が二十三・三センチであるが、それとの継ぎ目以下本文は二十二・七センチで二十一紙がつながれている。一紙の長さは、平均四十三・六センチであるが、部分的に第一紙三十六・四センチ、第二・十四・十六紙四十三・五センチ、第八紙四十一・五センチ、第十二紙四十三・八センチ、第二十一紙三十七・三センチであり、本文文字の最後から木軸までは十八・二センチである。

奥書には、(裏)継ぎ目に相阿弥の判が一々あったとあるが、むろんこれにはない。

なお、本書が狩野亨吉博士より東北大学へ寄せられるに至った経緯については、東北大学文学部助教授で東北大学記念資料室の原田隆吉氏のご教示に負うところが大きい。記して謝意を表したい。

## 二　『御飾書』の成立と構成

### はじめに

『御飾書』は奥書ならびに序によれば、大永三年(一五二三)十一月、相阿弥が将軍足利義稙《よしたね》のために作成した座敷飾の書を、のちに江戸前期、万治三年(一六六〇)七月に板行したものであるが、原本(残っていない)作成時の日付が、大永三年四月九日阿波(現徳島県）の撫養《むや》で客死している義稙の没後であるところから、偽書説がある。これについては、さきに指摘したように、元来は大永三年十一月付で相阿弥がある人物（不詳）に書き与えた伝書を、何某（刊行者）が万治三年、序文を付して板行したときか、あるいは、刊行者が若い時分に書写したとき、すでにそうなっていたのかはあきらかでないが、ともかく転写・刊行の間に、奥書のなかに「義稙公之御為ニ」の七文字が挿入されたものと考える。もとの奥書は、ほぼ同じ内容をもつ群書類従本御飾記の奥書が、

此一巻書、大略致二存知一分慥注申候。御不審之叓候者、尋可レ承候。就二口伝一可レ申候。不レ可レ有二外見一者也。

とあるのと同様であったとみられる。義稙公云々を入れたのは、同時代の将軍を引き合いに出しての権威仮託の行為であったろう。

したがって本書には明らかに作為が加えられているが、しかし、それは右の個所にとどまっており偽書と断ずるには及ばない。換言すれば、本書は義稙とは無関係の書である。

## 二種の座敷飾

さて本書は、大別して二部から成る。一つは小河御所と東山殿という、義政の居館や別《べつ》

業《ごう》（のうちのいくつかの建物）についての具体的な座敷飾であり、一つは一般的な座敷飾の規式である。後者は『君台観左右帳記』に比すれば、座敷飾のごく一部について記すにとどまるが、『君台観左右帳記』と同質の内容といってよい。つまり『御飾書』は、一般的な座敷飾の規式（「べし」条項）と、それの具体例ともいうべき記載（「ある」条項）とから成り立っている。『君台観左右帳記』は前者の記事だけであるから、後者の部分（「ある」条項）に『御飾書』の特徴があるといえよう。

『御飾書』が具体的な事例として直接取り上げているのは、小河御所と東山殿であるが、義政の住んだ殿舎としてはこのほかにも烏丸殿や室町殿があった。烏丸殿というのは、幼少時から義政の養育にあたった烏丸資任《すけとう》の邸宅（北小路南・武者小路北・万里小路西・高倉東）で、ここには嘉吉三年（一四四三）七月、義政が将軍後嗣に定められてから十六年間住んでいる。烏丸殿にはまた、父義教の建造した室町殿の殿舎がいくつか移建されている。長禄三年（一四五九）十一月、前年から諸大名に命じて造営させていた室町殿ができるに及び、これに移徙《いし》している。諸殿舎は「土木の工は此に尽す」といわれ、寛正五年（一四六四）にはほぼ完成している。

烏丸殿が取り上げられなかったのは、義政が少年期を過ごした建物であるから当然としても、室町殿が除外されているのは、多分次の理由によるものであろう。それは応仁の乱（一四六七〜七七）の勃発により、天皇・院（上皇）以下が遷御し、ここが仮皇居とされたこと、しかも文明八年（一四七六）十一月には西方の酒屋・土倉から出た火に類焼する。加えて、この間義政は御台《みだい》日野富子と不和となり、別居のため、細川勝元の造営していた小河殿（現在の宝鏡寺の場所）を、文明三年以来利用していたが、室町殿が類焼したのち、これに移徙する。このようにみてくると、室町殿も義政にはなじみが少なかったといえる。もっとも、なじみといえば小河御所も五十歩百歩である。すなわち義政は文明九年室町殿の類焼によりここに移ったが、このときは肝心の御台の富子も移っている。なお、御台のための館が邸内に造営され、これに住むが、同十三年十月に至り、義政は小河御所を出て、洛北岩倉の長谷《ながたに》に移居、翌十四年からは東山・浄土寺の地に山荘東山殿の造営に着手している。東山殿に移ったのは翌十五年六月であるから、小河殿には五年間住んだにすぎない。

ちなみに小河殿には、義政のあと、息子の義尚《よしひさ》が入っていたが、義尚が近江出陣中に病死したため、富子は甥の義澄《よしずみ》に譲ることにした。しかしその直前に反対派の拠点となるのを恐れた義稙により、小河殿は破却されている。この事実から短絡はできないが、小河御所の座敷飾について、破却した当の本人義稙が求めるとは考えがたい。これは奥書にいう「義稙公之御為二」に疑問を抱かせる材料ともなろう。義政にとって安息の場が最後に造営した東山殿であったことはいうまでもない。しかし義政は、延徳二年（一四九〇）正月、東山殿の完成を見ることなく没している。

## 『御飾書』の系譜

『御飾書』は、小河御所と東山殿の座敷飾を記している部分に特徴があるが、それまでにも特定の殿舎についての座敷飾がなかったわけではない。次のような分類ができよう。

(1)ハレの座敷飾

(イ)行幸のときのもの（天皇→将軍邸） 永享九年十月『室町殿行幸御餝記 能阿記』応永十五年三月『北山殿行幸記』など

(ロ)御成のときのもの（将軍→大名邸） 永享二年三月『醍醐寺金剛輪院御会所御飾注文 立阿記』など

(2)ケの座敷飾 『小河御所并東山殿御餝図 相阿記』など

すなわち前者(1)は天皇や将軍など貴人の臨御を仰ぐ際になされる座敷の飾りつけで、(イ)の天皇行幸御飾記としては、応永十五年（一四〇八）三月の後小松天皇の北山第行幸、天正十六年（一五八八）四月の後陽成天皇の聚楽第行幸などにはそのつど御飾書が書き留められたにちがいない。永享九年（一四三七）十月二十六日のものは、後花園院が義教の室町殿へ行幸するに先立ち、能阿弥が二十六室に施した室礼の詳細な記録で、享禄三年（一五三〇）の写本が名古屋・徳川美術館に伝えられている。(ロ)の将軍御成記のほうは、右のほかにも永正九年（一五一二）四月十六日、将軍義尹《よしただ》（義稙）が細川高国邸に赴いた際の

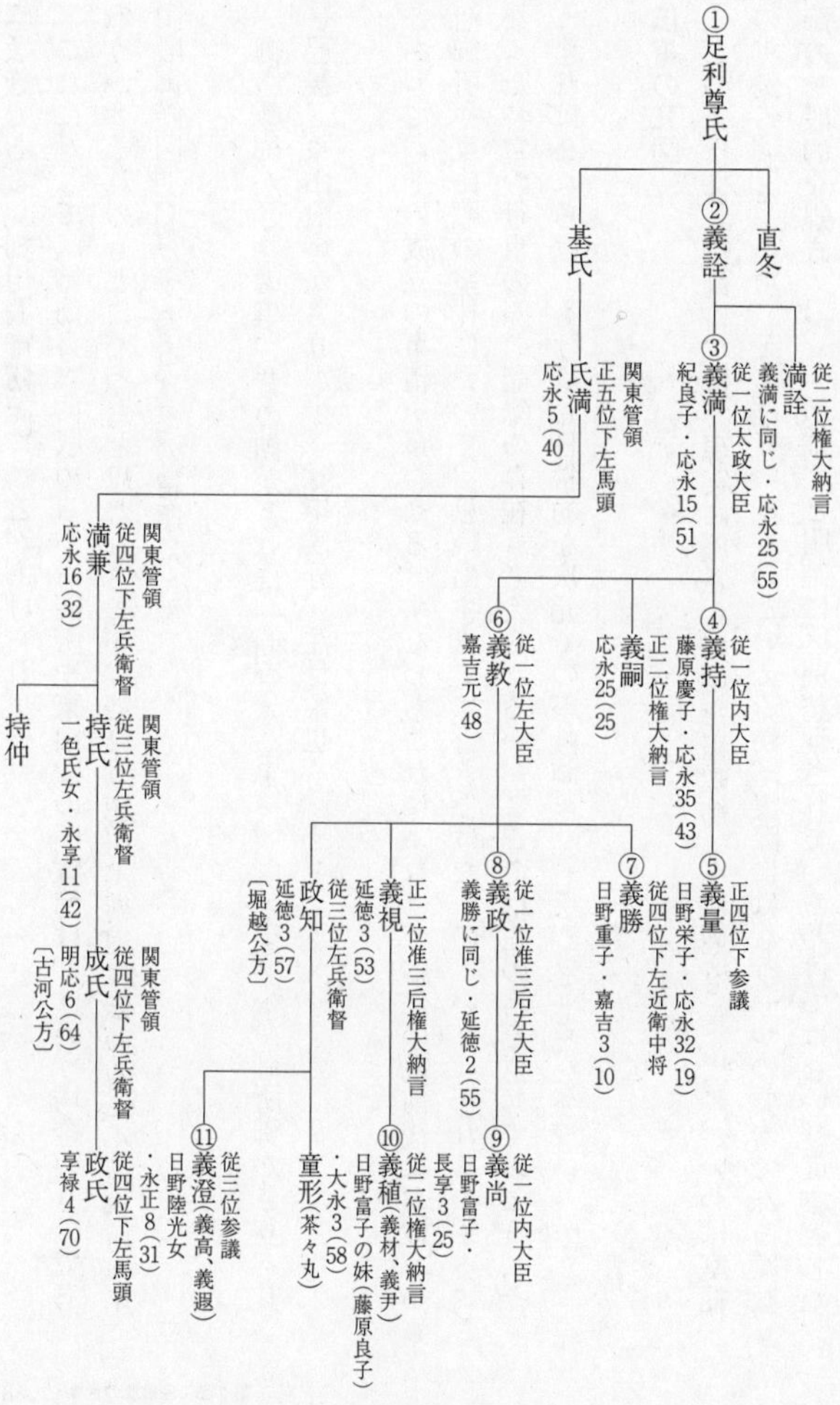
①足利尊氏
直冬
②義詮
基氏
満詮 従二位権大納言 義満に同じ・応永25(55)
③義満 従一位太政大臣 紀良子・応永15(51)
氏満 関東管領 正五位下左馬頭 応永5(40)
④義持 従一位内大臣 藤原慶子・応永35(43)
義嗣 正二位権大納言 応永25(25)
⑥義教 従一位左大臣 嘉吉元(48)
満兼 関東管領 従四位下左兵衛督 応永16(32)
⑤義量 正四位下参議 日野栄子・応永32(19)
⑦義勝 従四位下左近衛中将 日野重子・嘉吉3(10)
⑧義政 従一位准三后左大臣 義勝に同じ・延徳2(55)
義視 正二位准三后権大納言 延徳3(53)
政知 従三位左兵衛督 延徳3(57) 〔堀越公方〕
持氏 関東管領 従三位左兵衛督 一色氏女・永享11(42)
持仲
成氏 関東管領 従四位下左兵衛督 明応6(64) 〔古河公方〕
⑨義尚 従一位内大臣 日野富子・長享3(25)
⑩義稙(義材、義尹) 従二位権大納言 日野富子の妹(藤原良子)・大永3(58)
童形(茶々丸)
⑪義澄(義高、義遐) 従三位参議 日野陸光女・永正8(31)
政氏 従四位下左馬頭 享禄4(70)

座敷飾である『細川殿御餝記』などがあげられよう。
これに対して『御飾書』に収める小河御所や東山殿の座敷飾はどういう場合のものであろうか。それのもとになったと思われるのが、やはり徳川美術館に伝わる『小河御所幷東山殿御餝図相阿記』である。その冒頭に

御座敷御かさりの事、昔の御かさりは一向覚不レ申候、一乱中、小河御所御かさり、其已後、東山殿御かさり、少〻覚申候分、注付候也。

とあって、その成立の事情を窺わせる。すなわちこれによれば、応仁の乱前後における小河御所や東山殿の室礼について、思い出すままに書き上げたものという。それらの手本になった特定の行事の際の記録の存在も考えられるが、ここでは右の言を信じておこう。そうすればこれらは、もう少し日常的な次元での座敷飾(2)ということになる。

### 伝書の意図

このように『御飾書』は、現実に施されていた座敷飾（小河御所と東山殿）、いわば室礼の実例（「ある」条項）をあげているものといえるが、実際にはもう一つの要素である座敷飾の一般的な規式（「べし」条項）と明確に区別整理されているわけではない。底本とした

万治三年の板本の場合、

A　東山殿関係の座敷飾

ⓐ　座敷飾の一般的規式（他に器物の説明など）

B　小河御所関係の座敷飾

A′　東山殿関係の座敷飾

ⓐ′　座敷飾の一般的規式

という構成をとっており東山殿関係の記事が分裂（AA′）している。同様の分裂は、群書類従本御飾記にもみられるが、徳川美術館蔵『小河御所并東山殿御餝図』にはその種の混乱はみられないから、これは転写の間に生じた錯簡か、記事の恣意的な選択の結果であろう。

しかし、留意したいのは、このような錯簡とは別に、座敷飾の具体例（ABA′）と一般的な規式（ⓐⓐ′）とが一往交互に書かれている点である（A－ⓐ、A′－ⓐ′）。ところがこの両者の間に内容上関連性が認められない。これも錯簡であろうか。

そこで試みに前述徳川美術館蔵『小河御所并東山殿御餝図』を同様に整理してみると、次に示すようになる。

A　小河御所関係の座敷飾
　ⓐ　座敷飾の一般的規式 ┘ 前項の記事を敷衍するもので内容的な関連性あり
A′　小河御所関係の座敷飾
B　東山殿関係の座敷飾
　ⓑ　座敷飾の一般的規式 ┘ 前項の記事と内容的な関連性なし
C　以下器物の説明や画人録など
　（『君台観左右帳記』の記事と同類）

すなわちⓐがA（の最後の条項）と内容的に関連があり、しかもAA′の間にあるのは、座敷飾の具体例（A）を手がかりに、さらにそれを敷衍して一般的な規式へ展開しようと試みたことを暗示しているのではなかろうか。もっともB-ⓑの間には直接関連性はない。このようにみてくると、『御飾書』に具体的飾り（「ある」条項）と一般的規式（「べし」条項）とがあるのは、両者の単なる羅列というより、両者の有機的な関連を意図したことの痕跡とみられなくもないが、結果として成功しているとはいえず、むしろ現状は転写の間の錯簡のゆえか、内容的な不統一が著しい。専門の建築史家でさえ、小河御所の建物と東山殿のそれとを混同したことがあったのもゆえなしとしない。

底本とした大東急記念文庫蔵『御飾書』は大永三年十一月、相阿弥が何某へ書き与えた伝書であるが、群書類従本が大永三年十二月吉日（一本九日）、徳川美術館本（『小河御所并東山殿御餝図相阿記』）が大永三年十二月吉日（過刻斎宛）であり、あい前後した時期、集中的に作られたもののようである。いずれにせよ『御飾書』は、座敷飾についての一般的な知識と具体的知識とを教えることを目的とした、一種の伝書であったということができよう。

## 『御飾書』の構成

『御飾書』にはいくつかの異本があるが、内容上の特徴は、

(イ) 小河御所・東山殿（ともに足利義政の邸館・山荘）二殿舎についての具体的な座敷飾が記されている部分

(ロ) 『君台観左右帳記』と同じように、押板飾・書院飾・違棚飾についての一般的な座敷飾が記されている部分

(ハ) 一部に、(ロ)に含まれているような器物についての説明のある部分

の三要素、ことに(イ)、(ロ)という二種類（具体的・一般的）の座敷飾があるところに認められる。

おのずから(イ)の説明は、座敷のどこには、何が、どのように置いて（かけて）ある、といった平叙文であり、そこでこれを「ある」条項と名づけることができよう。

これに対して(ロ)は、『君台観左右帳記』と同様、座敷のどこには、何を、どのように飾

るべし、といった指示、命令文であり、そこでこれを「べし」条項と名づけることができよう。

これらのことは、室町幕府の殿舎や将軍家の山荘の座敷飾にあたった同朋衆（とくに唐物奉行をつとめた能阿弥・芸阿弥・相阿弥の三代三阿弥や千阿弥あるいは立阿弥などの名が知られる）が、個々の殿舎の座敷飾の経験を積むことによってその規式を編み出した道程をも示している。

## 『御飾書』の成立

本書で底本とした『御飾書』は、万治三年（一六六〇）に板行された冊子で、序のあとに、「御飾書相阿弥記ス」との内題がある。天地十七・六センチ、左右二十三・八センチ、紙数十九枚を数え、各葉ごとに単廓が引かれている。その刷りのよさから初版刷のものと判断される。この底本と対比すると、明らかに被彫《かぶせぼ》りとみられる後刷りのものも知られており、江戸時代を通じて需要のあったことが知られている。

底本としたのは大東急記念文庫蔵の一本で、昭和二十三年三月久原《くはら》文庫から当文庫に入っている。

まず本書の刊行事情は、「序」によると、刊行者が若年の頃に書写したものがあり、それを改めて繙いてみると、古い時代の茶道の飾り方が書かれているので、欠文があるが後の改訂を待つことにして、板行することにしたものという。万治三年文（七）月十日の日付がある。ただし刊行者の名が記されておらず、いずれ好事家の類と思われるが、何者とも知りがたい。

つぎに『御飾書』そのものの成立は、奥書に記すところであるが、従来の理解に問題があると思われるので、引用してみる。

右此一巻者、義稙公之御為ニ無レ残注置候。相構而不レ可レ有ニ他見一候。於ニ此上一、口伝懇ニ相伝申候者也。
大永三年十一月　日　　鑑岳真相

これによれば、将軍義稙のために書き上げたものというが、将軍義稙はこの年四月九日、阿波国撫養《むや》で没しており、日付に不審がある。そこから、江戸時代の好事家による偽書とみる説とか、将軍が京都にいたころ参考に供するため書かれていたが、秘書として伝えられてきて、将軍が没したうえは、なおさら他見を許さず、口伝として懇ろに申し伝えるべきものである、との意と理解し、日付の矛盾を解決しようとする説などがある。

奥書の文言にもあるように『御飾書』は一種の伝書であるが、しかし、伝書の性格として、同朋衆が将軍を相手に伝授するのは不自然であるし、おそらくありえない。あとの文言も将軍を相手にした言葉ではないであろう。『君台観左右帳記』もそうであったように、受伝者は大名や茶湯者といった人々であったはずである。『御飾書』の場合は、その相手が書かれていない。意識的に落とされたのだと思われる。そのかわり、別の文言が附加された。先にあげた奥書のうち□で囲んだ部分、すなわち問題の個所である。これがあるために、この奥書は文意難解となったが、右の個所を取り除けば、伝書として受伝者（某）に対する通常の形式と内容をもつ奥書となる。「大永三年十一月　日」も、本来の日付であったとみてよい。

結論を急ぐなら、本書はこの日付で相阿弥が某に書き与えたものを、のちの者（本書の刊行者であったかもしれない）が本書を権威づけるために、大永三年時の将軍義稙の名を持ち出したもので、それが将軍没後であったとは作為者の不覚であったろう。

『御飾書』には、本書で底本とした万治三年本のほかに、群書類従本（巻第三六一所収、御飾記）、徳川美術館本（大永三年十二月、過刻斎あて。『小河御所幷東山殿御餝図相阿記』）などがある。『君台観左右帳記』と区別しがたいものもあるが、『御飾書』の基本的形態は、義政の邸館・別荘であった小河御所・東山殿の具体的な座敷飾と、一般的な座敷飾の規式とから成り立っているという二重構造にある。

# 第Ⅲ部　芸道論の成立

能郷の百姓猿楽（岐阜県本巣市根尾・能郷白山神社）

# 武家と遊楽

## 江戸は数奇ばやり

元和・寛永（一六一五〜四四）のころ、「江戸は数奇ばやり」といわれていた。この場合、数奇とは茶湯のことで、江戸城や城下の武家屋敷において、茶会が盛行していたことをいうが、こうした背景には、これより先、慶長年間（一五九六〜一六一五）、古田織部が将軍徳川秀忠の茶湯指南のため江戸に下向したことも無関係ではないであろう。『慶長見聞録案紙』慶長十五年九月十四日条に、「此比《このごろ》、数奇者之随一古田織部、駿府・江戸へ参向シ、将軍様御茶之湯御稽古被レ遊、依レ之上下奔走之」とあり、織部自身も、弟子の小堀遠州に、「江戸へ切々伺公申も、数奇故に候」（『慶長御尋書』慶長十七年正月十二日条）と語っている。おそくとも慶長四年までには、畿内において天下一の宗匠という評判を得ていた織部であるが、「幕下甚崇二敬之一給」（『駿府政事録』）わったことにより、駿府や江戸への下向が要望されたのであった。もっとも慶長末年からは、弟子の遠州が将軍家の指南に当たるようになっている。

数寄の昂揚が、元和から寛永期にかけてであったのは、慶長二十年（一六一五）大坂夏の陣で豊臣氏が滅亡し、長年にわたる戦いが終息した、いわゆる元和偃武《えんぶ》と深いかかわりがあることはいうまでもない。その数寄を含め、城中における儀礼の整備が着手されているのも、その現れであろう。『徳川実紀』元和二年正月条によれば、

江城・駿府城、年中諸節の礼儀、いまだに全く備らず。よて昨年より会議して定らる、所の儀、今日より始め行はるれば、当家歴世の永式となすべきよし面命せらる。

とある。かつて壬申の乱（六七二）のあと古代国家の体制づくりが急速に進められた時、外国や国内の芸能を積極的に吸収し、「国家の礼楽」として位置づけようとしたことが想起されるが、それは江戸幕府においても変わりはなかったわけである。むろん諸節の礼儀という場合、芸能的なものに限られたわけではない。

こうして、大坂の役の間一時中断していた謡曲始がまず復活され、元和六年には、「この日（正月五日）、銃技幷御茶事はじめあり」とあるように、鉄砲始とともに御茶（事）始が年中行事の一つに組み込まれている。

ところで江戸幕府がこうした年中恒例の節会を定めるにあたっては、鎌倉以来の幕府行事、ことに室町幕府のそれが参考にされたが、室町幕府では、正月に限っても、参内始・

的始・垸飯始・御成始などの行事が、応永から永享にかけて整備されている。もっとも諸節のなかには、端午・七夕・重陽の節供のように王朝時代以来の公家的なものがある一方、武家的な行事も、評定始、的始などのように鎌倉幕府のそれを踏襲したものもあって、すべてが室町幕府独自のものというわけではないが、和歌・連歌、あるいは猿楽・松囃子など文芸・芸能が年中行事に組み込まれているのが特色であるといってよい。その原型は足利義満の代にみられるが、とくに留意されるのが、正長元年（一四二八）正月、兄義持の没後、くじで将軍となった義教で、種々の文芸を月次の会にしている。永享三年（一四三一）正月の場合、

十一日猿楽能・松囃子、十三日和歌会始、十五日垸飯始、十七日的始、十八日連歌会、十九日月次連歌、二十日猿楽能、二十五日恒例和歌会

といったごとくである。翌年の例からすると、松囃子と猿楽は、それぞれ赤松満祐《みつすけ》・一色義貫・畠山満家および細川持経が務めたというから、これらの年中諸行事は、それぞれ諸大名の奉行により催されたことが知られる。駿府や江戸城における年中行事も、こうした先例にならうものであったといってよい。

ちなみに秀忠は、将軍職を家光に譲り隠居したのちも、西の丸においてたびたび茶会を

催しているが、そこには、山里丸が営まれ、小堀遠州が露地づくりを指導している。

江戸幕府において年中行事の整備が進められたもう一つの背景に、江戸城下への武家の集住が急速に進展したことがあげられる。周知のように江戸城は、かつて上杉氏の重臣太田道灌が築いたもので、天正十八年（一五九〇）豊臣秀吉の命により家康が入った当時、周辺はほとんどが未開拓の地であったといい、そこへ三河・遠江などの御家人たちが屋形を構えたのが江戸の町づくりの始まりということになる。それが関ヶ原の合戦、ことに大坂の役で徳川家の天下となるに及び、諸国大名たちの江戸集住が急速に進んだ。元和・寛永期の江戸城下は、まさしく活気にあふれていたのである。江戸に数奇や能楽がはやったというのも、故なしとしない。

## 公武の間に

元和といえば、江戸幕府にとっても重要な意味をもつ徳川和子（秀忠女）の入内が、元和六年六月に行なわれている。家康生前からの懸案が曲折の末に実現したもので、その間の経緯は省略するが、これが以後における公武関係に及ぼした影響は、政治的にはもとより、文化的にもきわめて大きなものがある。寛永三年（一六二六）九月、秀忠・家光父子が後水尾天皇を二条城に迎えての饗宴も、まさしくそうした公武のかかわりのなかで催されたのであった。

家光は、この行事のために、寛永元年九月、遠州を作事奉行に任命し、御幸《みゆき》御殿の造営に着手している。御殿は同三年六月に完成するが、この間遠州は、二の丸御殿の庭園も、行幸にそなえて手を加えている。

行幸は九月六日に実現、この日から十日の還幸までの五日間は、舞楽に和歌・管絃そして能楽と、遊楽の日々が続いている。公武の蜜月のあかしという意味がなかったわけではないが、真意は将軍の権威を内外に誇示するところにあったことはいうまでもない。四十年ほど前の秀吉による後陽成天皇の聚楽第行幸にならうものであり、遡れば義満の北山山荘における後小松天皇との遊楽に先例が求められよう。

ちなみにこの時の饗応には、京・江戸の庖丁人が「晴之御膳」「内々之御膳」に腕を競い、出された料理は初献から十九献にも及んでいる。しかも用いられた御膳の道具はすべて金銀製であったというから、その豪華さがしのばれる。後日これらの道具は禁裏へ進献された。事の成り行きは、のちにこの時のことを絵巻に仕立てた『二条城江禁裏行幸之御時御献立之次第』で知られるが、巻物は全長四十メートルにも及ぶ長大なことでも有名である。

この種行幸の先例が義満の時に求められるのは、先に述べた室町幕府の年中行事が義満時代に整備されたことと合わせて留意されるところで、行幸やそれに伴う武家の遊楽の果たした意味が端的に示されている。先にふれた北山山荘の場合というのは、応永十五年

（一四〇八）三月、後小松天皇を迎え、

十日舞、十一日連歌、十四日舞楽、十五日猿楽、十七・十八日蹴鞠、十九日楽、二十日三船の会、二十一日連歌、二十二日猿楽、二十三日和歌、二十四日舟遊・早歌、二十五日蹴鞠・白拍子、二十七日白拍子

といった遊興の日々を送ったことをいう。この間会所に当てられたのが十五間（三十畳）の天鏡閣であるが、唐物で荘厳されていた。

西東二所に御座しきをまう（設）けられて、くさぐさのたから物、数をつくして奉り給、からゑ（唐絵）・花瓶・かうろ（香炉）・びやうぶ（屏風）などのかざり、つねとことなり、からの国にてだにも、なほありがたき物どもを、ここはとあつめられたれば、めもかがやき、心もことばもおよばずぞありける。（『北山殿行幸記』）

東西二カ所の座敷は唐絵や唐物が贅を尽くして飾られていたというのである。同様に永享九年（一四三七）十月、義教が後花園天皇を室町殿に迎えた時のことは、『室町殿行幸御飾記能阿記』という詳細な記録によって知られる。能阿弥とは、唐物奉行として将軍家の

唐物の出納・保管や座敷飾に当たった同朋衆の一人であるが、彼ら同朋衆によって経験的に考案された座敷飾の規式の集大成が『君台観左右帳記』である。

室町戦国時代における武家の遊楽を考える場合、看過できないのが、将軍の大名邸渡御、いわゆる御成《おなり》で、義満以来幕政における年中行事化が進むなかで、御成も一種の年中行事となっている。正月二日の管領邸御成始を皮切りに、十二日斯波邸、十九日赤松邸、二十二日山名邸、二十三日細川邸、二十六日京極邸、同日夜畠山邸といった工合で、迎えた側は饗応に料理と芸能で馳走したのである。嘉吉元年、将軍義教が赤松満祐に暗殺されたのも、満祐邸に赴き、猿楽能の馳走を受けているさなかのことであった。こうした御成は、将軍の権威が名実共に失墜した戦国期に下っても行なわれており、その際つくられた「××邸御成記」といった記録には、主として座敷飾のことが記されているのが特徴である。

### 武家遊楽の条件

座敷飾に関連する問題として、室町戦国期における武家の遊楽の特徴について、あらためて考えてみよう。

その一は、遊楽の場としての座敷の登場である。この座敷－書院座敷は、室町将軍家を中心とする武家社会において発達したが、その源流には、南北朝・室町初期以来、在京大名たちが「衆ヲ結ビ、日々ニ寄合、活計ヲ尽シ」(『太平記』)たという、連歌会や茶寄合などのためのいわゆる会所があった。会所とは、文字通り人々の集う場所というほどの意であるが、当時昂揚していた唐物数奇（嗜好）により、それらを飾り鑑賞すべき場所としての床の間（押板床・書院・違棚）を出現させ、室内に畳を敷きつめた書院座敷として発展した。しかも会所は、もとは褻《ケ》の建物群の一つとして存在したように、晴《ハレ》の行事の前後の、接客や遊宴の場所として設営されたものであり、武家の遊楽にとって不可欠・不可分の存在であったといってよい。事実室町幕府では、義満の時に登場し、義持・義教と時期が下るほど増加しており、それは先述した室町幕府の年中行事の増加・整備と対応していたことが知られる。その会所が書院造の座敷となり、戦国時代にはハレの建物も書院造となった。先述したように、行幸記や御成記の内容が、書院や押板床・違棚にどういう道具を飾ったかという座敷飾の記載を主とするようになるのも、このような理由によっている。こうして、書院座敷を利用した座敷芸（能）がこの時期における代表的な遊楽となったわけである。

その二は、遊楽にかかわった一群の芸能者―「道々ノ物ノ上手共」の存在である。南北朝時代、バサラ大名の典型佐々木道誉が都落ちをするにあたり、屋形の会所に座敷飾を施し、宿直《とのい》物や酒食をととのえたうえ、遁世者二人を留め置いた話は『太平記』で知られるところであるが、こうした遁世者が、別の箇所では「トモニツレタル遁世者」といわれて武将に近侍した、一群の芸能者たちであった。たとえば小笠原長秀が信濃に入国するにあたり、同道した頓阿弥について、面貌は醜くて、貧賤な姿をしていたが、洛中の名仁（人）で、連歌は侍従周阿弥の古様を学び、早歌は諏訪顕阿・会田弾正流を窺い、物語は古山珠阿弥の弟子、弁舌広才は師匠に勝るほどの上手である。狂忽して舞えば当座の興を催し、歌えば座中の頤《おとがい》を解く。まことに淵底を究める風情は言語道断で、是非の批判に及ばない、などとある（『大塔物語』）。

遁世者、つまり法体で阿弥号をもつ背景には、南北朝の動乱期、従軍僧として武将に同道した時衆が、無聊を慰めるために芸能を行なったという歴史があり、それが阿弥号をもつ一群の遁世者が活躍する要因となった。もっとも義満に仕えた観阿弥・世阿弥父子、義教・義政の寵を受けた音阿弥が時衆とは無関係であったように、阿弥号をもつ芸能者がすべて時衆というのではないが、遁世＝法体となることが、貴賤の身分格差を解消する方便であったことも無視できない。ともあれこうした阿弥者が、先の能阿弥などの同朋衆をふくめて、将軍周辺に多数存在し、それぞれの分野で近侍奉仕していた。これが、公家と異なる武家社会の特色であり、とくに遊楽－文芸や芸能を特色づける存在であったといってよい。

ここでは室町戦国期、武家の遊楽を特色づけるものとして、所（会所－書院座敷）と人（遁世者）の二点に限って述べたが、これらによって特徴づけられる遊楽の中心になったのが、猿楽能であり、また連歌の会や茶の湯・立て花などであったが、江戸時代にはこのうち連歌が後退し、武家の嗜みとしては猿楽能と茶の湯が主たるものとなる。毎年年頭に謡曲始とともに茶事始が行なわれ、「江戸は数奇ばやり」といわれるような状況は、こうした室町期以来の武家の遊楽の流れのなかに見られた現象だったわけである。

## かぶきの遊楽

これまで江戸初期に昂揚した武家遊楽の背景を理解するのに、源流を室町期に求めることで終始したが、武家の遊楽に関して忘れてならないのが、一つは、戦国期における地方大名・武士の遊楽であり、二つは、信長・秀吉という封建権力者によって展開された安土桃山期の武家遊楽である。

前者は、大内氏や朝倉氏などの分国法にも見られるように、文芸・芸能が武家の嗜みとされ、またその育成に意を用いた、いわゆる領国文化の一環として理解されるものであるが、典型的な事例としては、天正年間、薩南宮崎城主であった上井覚兼の場合があげられよう。青壮年期、「寔に軍陣軍旅、戦場常在也」という生活を送ったが、その間にも様々な遊芸を楽しんでいる。三十七歳の時著した『伊勢守心得書』や、天正十年（一五八二）十一月から十四年九月までの日記（『上井覚兼日記』）に、兵法を心得、狩猟を好み、弓・馬術・鷹といった武芸を嗜んだのは当然としても、武家有職や書札礼、金瘡医術を学び、連歌・俳諧・和歌・狂歌・漢詩をよくし、能や幸若舞を好み、酒宴の席では自ら乱舞もした。「盤之上」の遊び、碁・将棋・双六《すごろく》も楽しみ、立て花や茶湯には格別の関心を有した。ただ琴と琵琶だけは心得がなかったと自ら語っている。このような多趣味は、ひとり覚兼だけではない。戦国期から安土桃山期にかけて、こうした広がりをもつ武家の遊楽は、地方文化を理解する上からも、もっと重視されてよい。しかも日記によれば、京都から鼓師や猿楽者、あるいは宇治の茶師も訪れるなど、京と薩南の地との交流もまた密であったことを知る。遊楽とも深いかかわりのある、いわゆる洛中洛外図屏風も、こうした都と鄙の交わりのなかで登場するわけであった。

一方、後者についてはは多言を要しないであろうが、天下一統の先鞭をつけた信長、それを受けてこの事業をほぼ完了した秀吉の時代が、それ以前にも以後にもみられない豪華絢爛に彩られたのは故なしとしない。よく引き合いにだされるが、「誠に今がみろくの世にやあるらん」といった三浦浄心の言(『慶長見聞集』)は、この時代、鉱山の開発によってもたらされた黄金の時代をよくいい表している。

ただしこの黄金によって彩られた世界を「わび」「さび」の美意識とはまったく異質の世界であったとみるのは正しい認識ではない。

第一、そのわび茶を領導した堺の茶人たちは、町の経済力を吸収しようと図る信長や秀吉の求めに応じて登場したのであって、「わび」と豪華絢爛とは経済力という同じ母体から生まれた双生児とみるべきである。とくに千利休は、秀吉との関係が密接となるなかで、それまでの「紹鷗の法度」を破り、独自の美意識の世界をつくり出す。城館に「山里丸」と呼ばれる数奇の一画が営まれ、天守閣と草庵という対比が意図的に試みられるようになるのは、秀吉の大坂城からである。また秀吉が好んだ「黄金の茶席」は天正十四、五年につくられており、しばしば草庵を好んだ利休と対立的に捉えられることが多いが、黄金の茶席の創案に利休が無関係であったとは思えない。一見対極的と思われるような世界が共存し、それがまた豪華絢爛と「わび」とを互いに引き立たせていたのが、この時代であったというべきである。

その意味において、秀吉の好みが「かぶき」（異相・異風）なら、それと同じほどに利休のそれも「かぶき」であったとみるべきであろう。そこに「人と違ってする（ことが肝要）」といった利休の作意観も生まれてくる。これを実行した弟子の古田織部の、「ヘウゲ（道化）モノ」とさえいわれた変形度の大きい沓形《くつがた》茶碗も、まさしく「かぶき」の造形に他ならない。これが、士女遊楽図などがもっとも盛んに描かれた時代の特質であった。秀吉についていえば、その遊楽の掉尾を飾ったのが、慶長三年（一五九八）春の醍醐の花見茶会であろう。その折の有様は『醍醐花見図屏風』に描かれて著名であるが、そこに見る秀吉の姿は、爛漫と咲く花とは対照的に寂しげである。秀吉はこれから五カ月後に没する。

### 武家遊楽の終焉

戦国乱世が下剋上のなかで力への信仰を生み、貨幣流通の発展と相まって、現実主義的な時代風潮をもたらしたのは当然であり、「かぶき」の精神はその申し子であった。その「かぶき」の美意識の持ち主である織部が、利休没後天下一の宗匠となり、以前述べたように、将軍秀忠の指南役となって江戸へ参向し、江戸城（西の丸）の山里丸づくりを指導した。慶長十年代のことである。「景気を好」んだ織部流であったことも無関係ではないが、その好みは当時の江戸でも違和感はなかったのである。なかったどころか、慶長から元和・寛永期にかけて、町づくりで活気に満ちていた江戸では、数奇は隆盛を極めていた。それが本稿の冒頭にふれた江戸の状況であり、寛永十七年（一六四〇）九月、品川御殿で大茶会を行なわせた背景でもあったわけであろう。

品川御殿での大茶会というのは、この年九月十六日、家光が品川御殿の林中に営んだ数奇屋を会場に、多数の武家を招いて催した茶会のことである。

家光はかねてより毛利甲斐守秀元が茶技に優れていることを聞き、数奇屋を経営させ、点茶のことを命じている。この数奇屋は、天井に唐物を用い、四壁は葭・小麦藁などを網代に組み、藤で綾取りするなどしてつくられたという。さて当日は、酒井忠勝・堀田正盛・松平信綱・阿部重次らが将軍より先に来て万事沙汰し、徳川義直（尾張）・徳川頼房（水戸）・松平光長・松平光高・保科正之・加藤明成などが将軍を迎えている。数奇屋へは義直・頼房・光長・光高・明成が相伴し、忠勝・正之・信綱・正盛・柳生宗矩ら近侍の輩は御勝手で、供奉の輩は本殿で、それぞれ饗応されたが、膳部には金銀がちりばめられ、それが五百人分用意されたという。また茶器・掛幅も天下の珍奇の品が使用され、陪宴の者たちの目を驚かせている。茶会が終わったのちは、この新奇な数奇屋を見ようと老若男女が貴賤を問わず群集し、それが二十日まで続いている。

ちなみに家光は、これより先寛永十二年、品川の湊で豪勢な船遊びをしたことがある。船の名は安宅丸といい、相模の三浦三崎で造らせた大船であったが、在府の諸大名がことごとくこれに供奉して船上で宴を張り、曲舞《くせまい》とか幸若舞など思い思いに演じ、将軍の御気色傾めならざるものがあったという（『徳川実紀』）。この品川茶会はその陸上版であり、いうなら江戸の北野大茶会であった。

平田加津美氏によると、慶長・元和・寛永期において、家康・秀忠・家光の臨む茶席に相伴した者には、日野唯心・山名禅高・藤堂高虎・丹波長重・徳川義直（尾張）、徳川頼房（水戸）・徳川頼宣（紀伊）・松平忠長・立花宗茂・毛利秀元・今大路延寿院玄朔・今大路道三玄鑒・堀田正盛・永井高政・柳生宗矩・酒井忠勝・加藤嘉明・土井利勝・阿部正次らがおり、徳川御三家や近侍の輩たちは茶湯を通じて親交を結び、茶数奇グループともいうべきものが構成されていたという。なおこのうち唯心・禅高・宗茂・秀元・長重・玄朔・道鑒・嘉明・宗矩らは御談判衆でもあったから、彼らによって茶席はいっそう和やかになったことであろう。ことにこの品川御殿大茶会で活躍する秀元は、「文武の誉、世にも許され」ており、「つねに仰在て、日々のごとく御前に召れ、昔今の物語を聞し召、あかぬ御相手なれば、人みな秀元を御噺衆とのみいひ、名をよぶ者なかりしとぞ」(『藩翰譜』)といわれていた。この御談判衆は、秀吉の晩年に多数用意され、古田織部もその一員であった御伽衆・御咄衆と同類で、歴戦の武将や学者、茶人など芸能者が含まれており、例の曽呂利伴内新左衛門も秀吉の御伽衆であったと伝えられている。こうした諸家の御伽衆については、桑田忠親氏の研究に詳しいが(『大名と御伽衆』青磁社)、それによっても、天下太平に赴くにつれ、本来の役割は、家光の時代を境に薄れていったことが知られる。これは将軍の茶湯指南者が、小堀遠州の跡を受け、家綱に仕えた片桐石州で終わる半面、柳営での茶が、これに直接かかわる専門職の数奇屋頭(坊主)によって行なわれるようになるのと対応しているが、彼らの役割は、かつての茶頭に比ぶべくもない。なおこの間には、数奇屋頭らが供奉する茶壺道中も制度化されている。この茶壺道中は、はじめ宇治採茶使といい、江戸から宇治へ採茶使を派遣し、真壺(いわゆるルソン壺)に柳営用の茶を詰めて帰府したもので、慶長十八年三月、日下部五郎八宗好らを赴かせたのが記録上の初見である。これが茶壺道中として制度化されたのが寛永十年のことで、行きは東海道、帰りは中山道を経て江戸城に帰った。一行は歩行頭・数奇屋頭らに供人で、宇治入りし、帰府にはそれぞれ二週間を要している。「数奇ばやり」の極みとしての品川御殿大茶会のごとき狂騒は、事実上それで終焉するといってよいであろう。

ただしこの後ますます大都市となる江戸において、各種の遊楽は町人世界へも広がり、それは武家も含めて、盛んになりこそすれ、衰えることはないが、むしろ興味は、江戸と領国（藩）とのかかわりのなかで、遊楽の享受が各地の城下町の、いわば文化的な成熟度を示す指標になっていくところに見いだされよう。

# 伝書の時代

## はじめに

伝書とは主として諸芸能における秘事奥儀を記した書である。花の場合はふつう花伝書という。その呼称からも想定されるように、師資相承・父子相伝といった形で伝えられる、本来非公開の秘奥書であり、口授によるものであったことから口伝《くでん》（書）という呼称を襲うことが多い。いっぱんに巻物の形をとる。

たとえば歌学の世界では古今伝授ということが行なわれていた。『古今集』の解釈に関する秘本の伝授をいい、それの講義による口授と、とくに秘伝とされる十数通の切紙伝授とから成り立っていたが、その名は二条家が零落したのちその歌学を伝えた下野守東常縁《とうのつねより》が連歌師飯尾宗祇に伝えたのにはじまるという。切紙伝授とは三箇の大事（をがたまの木・めどにけづり花・かはな草の解釈）、三木三鳥の秘事（三木は前者に同じ、三鳥とは稲負鳥《いなおほせどり》・百千鳥・呼子鳥）、秘々（「ほのぼのと」の歌の解釈）等から成り、歌学の奥儀を陰陽五行説とか本地垂迹説などの宗教思想で説いたもので、こんにちいくつかの伝書（巻物）が知られている。

このように特定の内容を秘密に伝えるならわしは、ひとり歌学に限らず、芸能や武芸に至るまで各方面にわたっており、大きくいえば日本文化の一面を形づくっていた。むろん伝書といってもその内容はジャンルによってさまざまであり、当該事項についてのごく簡単な心構えといったものから詳細なテクニックを記すものなど多岐にわたるが、要するに相伝されるものが固定して一つの形——極端にいえば伝書の内容が、かりに、伝えるべき何ものもない、といったものであったとしても、それはそれで一つの固定概念として伝えられるわけである——ができたことを示し、したがって伝書という手段をとる時、伝えられるべきものはすでに形骸化の第一歩を踏み出していたといえるかもしれない。古今伝授の例でいえば歌学における創造性の喪われた段階の枝葉末節的論議で、むしろ末期症状といった方が適切であろう。

しかし古今伝授の例から伝書一般を、それを必要とする分野の下降期における所産であった、という風に定義づけられるかどうかは問題である。とくに当面の主題である花伝書の場合はどうであろうか。

花伝書は戦国時代、とくに天文期に集中的に出現したので天文花伝書といった呼び方もされるが、その時期は形骸化どころか、花の歴史の上ではむしろ創造期あるいは発展期というのがふさわしく、先の定義づけを拒否する。伝書の出現は、それを以って単純に固定化現象として片づけることを許さない。ここでは花伝書を主たる素材とし、その展開過程を概観することによって、伝書のもつ歴史的意義を考えてみたい。

## 花伝書の母胎

この天文花伝書についてはすでにふれたところであるが（「花伝書の登場と天文文化」『花と茶の世界――伝統文化史論』所収）、当然のことながら、次の点についてはこの際確認しておく必要があろう。

それは花――この場合、立て花でも立華でも、あるいは生花でも、ある種の限定された概念なので、総称としては、たんに「花」の語を用いよう。花道といってもよいが、「道」化の現象も時代的限定性を有するので、ここではあえて用いない――という芸術のもつ日常性、あるいは自然との関わり方についてである。ここで茶と花の比較に言及する余裕はないが、両者の共通性は、ともに生活芸術であるという点であろう。たとえば茶の湯は、単なる喫茶ならそれは日常的行為であり芸術以前といわねばならない。それが茶の湯であるためには、ある種のつくられたルールが必要であった。いわゆる茶礼である。それと同様に花の場合でも、手折って瓶にいけるというだけなら、それは生活の次元の問題であって、芸術論の領域には属さない。日常生活に密着している生活文化は、それゆえにおのれのもつ日常性を拒否し、それから乖離しなければ、たちまち日常生活の次元に還元され、みずからの存在意義を失う、という矛盾を本質的に有しているわけだ。

これをさらに花の場合に限って考えてみると、自然の花そのものを素材としつつも、それをたんに無秩序にいける、さすだけでは花とはいえない、ということである。仏前供華は花を自由に花瓶に盛るだけのものであった。そこでは「花」がもたねばならぬ造形性は第二義的なものでしかない。花の造形論を最初に明確に打ち出したのは池坊専応であろう。専応はその伝書のなかでつぎのように論じている。

この一流は、野山水辺をのづから(お)なる姿を居上にあらはし、……ただ小水尺樹をもつて江山数程の勝概をあらはし、暫時《ざんじ》頃刻《けいこく》の間に千変万化の佳興をもよおす。宛《さながら》仙家の妙術ともいゝつべし。

すなわちここには、花の造形は「野山水辺おのずからなる姿」=自然の再構成を目指すものではあるが、しかしそれは「小水尺樹をもって江山数程の勝概をあらわす」ものであって、自然そのものの再生というより虚構と抽象化がうたわれているのである。ちょうど枯山水が「三万里程を尺寸に縮」(『仮山水譜』)め、限られた空間に無限の深山幽谷をあらわしたように。花の場合、その特性である「暫時頃刻の間」の、有時間性も無関係ではないだろう。その点造花はまさに虚構の花であった(松田修氏「花と風流」『いけばなの文化史

Ⅰ』)。

つまり茶礼が喫茶行為の虚構化であったように、花も自然・素材の虚構・抽象化のなかではじめて芸術的な昇華が可能であり、その過程で花の理論(構成理論)も生まれて来たのである。そしてその場を提供したのが、いわゆる座敷飾であった。

この座敷飾とそこにおける花のあり方については、すでにふれるところがあったのでここに再言はしないが、要するに中世室町時代における住宅様式の変化――押板床・書院・違棚の結合による新しい生活空間の誕生――とそれに対応する室内装飾法が出現したことで、とくにその会所を唐物荘厳《かざり》の世界と化した室町将軍家を中心とする武家屋形では、その座敷飾に奉仕する同朋衆、いわゆる会所同朋もおかれ、やがてかれらによって唐物器物による座敷飾-床飾・書院飾・棚飾の規式がつくり出された。能阿弥あるいは相阿弥によって集大成されたと伝える『君台観左右帳記』がそれである。そのなかに瓶花-立て花のことがあり、花は他の器物と同様座敷飾の構成要素とされたわけである。とくに押板床におかれる三具足の花が真の花とされ、これを中心に立(て)花の構成理論が形成されて行く。草庵茶の湯を大成した千利休ですら、のちのちまでこうした座敷飾の施された殿中での茶の湯-殿中茶の湯・書院茶の湯を真の茶と考えていたが、花の場合でも座敷飾の殿中瓶花が立花の母胎であり、そのことを素朴な形ではあるが記す『君台観左右帳記』がこののち出現する花伝書の原型であったといいうる。そしてそれら花伝書の多くがそのなかに右の意味での座敷飾に関する事項をふくむのは、けっして理由のないことではない。その限りでは『君台観左右帳記』は以後の花伝書の母胎であり、第一期の花伝書といってよいと思う。もとより『君台観左右帳記』は、本来「外(他)見あるべからざる」「秘すべき」座敷飾の伝書であった。

## 花伝書の時代

このように考えてくると、花伝書成立の一般的条件はすでに十五世紀の後期には用意されていたといえる。しかしこの段階での花は、なお座敷飾の一構成要素にすぎず、花独自の自己主張はゆるされていない。香炉とか燭台とかと同じ比重しか有しなかった。だが花のもつ視覚的効果、美的要素はおのずから他の器物類とは異なって、花そのものに対する関心を高めて行く。それは花のもつ芸術性の自律的展開の開始に他ならない。

こうして瓶花(立花)の構成に関する理論がつくり出されるようになる。具体的にいえば、花を立てることにおいて真行草もしくは序破急といった原理が導入され、また心と下草の関係について関心が高められて行った。初期の立花ではもっぱら心と下草の調和が求められたが、立花はこの両者のさまざまな関わり方によってその姿を千変万化させるわけである。こうした瓶花(立花)の構成理論が本格的に展開されることになった。

いまこの関係を比喩的に分数式で示すなら、さしあたり座敷飾=『君台観左右帳記』を

「分母」、そのなかでの瓶花（飾）を「分子」として表わすことができよう。したがって瓶花（立花）への個別的関心の高揚は、分母に対する分子の増大に他ならず、その傾向のおもむくところ、ついに独自の花伝書が生まれ出たのであった。

こうして『君台観左右帳記』という名の母胎から、いくつもの個別の花伝書が生まれて来る。『君台観左右帳記』には花瓶についての記事や瓶花飾が図示されることはあったが、その立て方についてまで格別記すところはなかったのである。それなりの方式はあったと思われるが、まだ理論として定立するほど熟してはいなかったのであろう。

それが十五世紀の末、とくに十六世紀に入ってから多数の花伝書が生まれて来る。応安元年（一三六八）二月に佐々木道誉がつくったという『立花口伝之大事』はおそらく後世の仮託の書であろうが、文明十八年（一四八六）五月には池坊より宰相公なるものに相伝したという『花伝書』があらわれ、享禄二年（一五二九）霜月五日の奥付をもつ『宗清花伝書』は、池坊（専応）の弟子宗清が飯嶋六位公に伝授し、ついで大窪某がこれを得たものという。いわゆる天文花伝書のうちでもっとも古い池坊専応の『仙伝抄』も、その奥書によれば、文安二年（一四四五）に三条家の秘本を富阿弥が相伝したのを以後七人の手をへて天文五年（一五三六）に池坊専慈（専応の誤か）が得たものというから、その伝に従えば本書の原型は十五世紀の半ばに遡りうることになる。『専応口伝』も従来は天文期のものが知られていたが、東京国立博物館蔵の『君台観』に大永三年（一五二三）の奥書のある一本が収められているから、その原態の成立時期はもっと遡らせる必要がある。『君台観（左右帳記）』に収められていたというのも、先述の理由から留意されるところであろう。

ともあれこうしたいくつかの先蹤をうけて、いわゆる天文花伝書が続出するわけである。そこでこれを花伝書の第二期、あるいはその盛期であったことから花伝書の時代ということもできよう。花伝書が天文年間に多数出現したことの意味は、別の機会に指摘したように、第一に花論成立の指標であったこと、第二に、それを求める層のひろがりを示すこと、という二点に要約できると思う。ここでは個々の伝書についての説明は省略するが、こうした花伝書の時代は、ほぼ江戸初期、池坊専好（とくに二代専好）の頃まで続くといってよかろう。この間、立花の構成理論が進むなかで、先述した心や下草の機能の多様化現象がみられ、古くは右・左・中・下草といった分類の仕方にすぎなかったものが、とくに下草の高揚の結果『専応口伝』では、いろゐ・賞翫の枝・主居・客居・前面・影向の枝・見越・風持の枝といったものに分化し、そうした役枝を中心とする立花の理論化は二代専好の時代にほぼ完了するからである。これがいわゆる立花《りっか》（華）で、花の歴史の上では、そうした構成理論の確立していない時期の花を立花《たてばな》と総称して区別しているわけである。立華の語が天和三年（一六八三）に板行された『立花大全』に至ってはじめて登場するのは、その点まことに興味ぶかい。してみると天文花伝書の出現した十六世紀前期は、まさに

「たてばな」から「りっか」への過渡期であり、花伝書は、花が花として自立し、これからさまざまな展開をみせるという時期、換言すれば創造期の所産であったといえよう。はじめに花伝書の出現を古今伝授と同じように一概に衰退期の現象とは思えないのではないか、といった疑問を提出したのも、これである。

## 花伝書から花書へ

「伝書の時代」における一つの重要な動きは、草庵茶の湯の展開のなかで茶人による茶花への関心がたかまり、それが立花へ反映されたことである。すでに立花そのものにおいて行・草の花に位する草花瓶や釣花等への関心がつよまっていたが、茶人による茶室花の草体化、自由自在な花の選択といけ方は、つよく立花師を刺戟した。そこで立花師たちは、茶室花に考慮をはらいつつ、砂の物などをふくめての行・草の立花の理論化を推進する。その集大成が二代専好の業績であったといってよい。立華の成立である。

この二代専好はその卓越した技量から、後水尾天（上）皇を中心とする宮廷貴紳の愛顧を得たこともあって、かれの立華図が多数作成されたのが注目される。花が「暫時頃刻」の芸術であってみれば、すぐれた花形を写し留めておこうとするのは自然の情であろう。しかも立華図の作成が、専好の場合その前後の比ではないのは、先に述べたように、専好によって立華様式が定型化されたことと無関係ではない。換言すれば専好立華図は専好という特定人物の定立した型が型として模倣されはじめたことを意味し、さらにいえば立華様式固定化の一契機となったのである。

つまりその限りでは、専好による立華構成理論の完成は、伝書の第二期の終わりを告げるものであると共に、第三期の始期でもあったわけである。十一屋太右衛門は寛文十三年（一六七三）に『六角堂池坊（専好）幷門弟立花砂之物図』を板行し、十年後の天和三年（一六八三）には専好の立花を系統的に理論づけた『立花大全』を著わし、最初の理論書として出版した。そしてこのあたりを境として、以後多数の花書が出版されはじめる。それは同時に伝書の変質をもたらすことにもなった。

すなわち形態の上で、これまでの伝書が主として巻物形式をとっていたのに対して、江戸時代に入り十七世紀の後期から書物の形をとるようになったのが第一点。しかし問題は形の変化にあるのではない。本来伝書は師資相承、父子相伝というように個人と個人の間に授受される、非公開の性質のもので、だからこそ相伝に当たっては、他見しないという誓約が取り交わされたのである。しかるにそれが書物として多数出版されるとなると、たとえ書名やあと書に従来の伝書の形式を踏襲していても、公刊された書物という性格上、不特定多数を対象とする開かれた伝書といわねばならず、中世的な伝書の性格はすでに失われている。そして読者の増大にともない、それは奥儀の伝授というより啓蒙を目的とする入門書、解説書の性格を帯びることになる。『花道早合点』（速成入門書）とか『華道全書』といった花書の登場がそのことを雄弁に物語っている。

こうした変化をもたらした根本原因は、やはり立華を支える社会的基盤が急速に拡大したことにある。書院の立花はよほどの富裕者でなければ材料・花器それに場所の制約があったが、それが略式化の過程で定型化された立華は町人の住宅にも適合し、ひろく受容されて行ったのである。もっともこうした傾向はひとり花に限るものではなく、謡や茶の湯でも同様で、それに伴い同じ時期、謡本や茶書の出版も顕著であった。十七世紀の後期は、総じて新興町人を基盤とする芸術・芸能の展開期であったといえよう。それはかつての伝書出現期、花が「都鄙のもてあそびもの」になったという以上の量的拡大であった。

しかし、花書の出版とそれを要請した社会的条件は、〝伝書〟の内容の画一化、類型化をもたらすことになった。それはちょうど着物の世界において、いわばデザインブックである「雛型《ひいながた》」が出版されることによって、そこに収められているいくつかのデザインが模倣され、結果として意匠の画一化、類型化をもたらしたのにも比せられよう。普及はつねに画一化と類型化を伴っている。そして伝書は、その普及のなかにみずからを埋没させて行ったのである。花書の出版は伝書の終熄であった。

## 伝書の意義

以上、伝書を広義に理解した上でその歴史を三期に分ち、それぞれの特徴といったものを大まかに指摘してみた。しかしそれだけでは伝書のもつ文化史的意義の一端にふれたにとどまるだろう。

花伝書の内容についてここではふれることがなかったが、その特徴は経験主義に基づく美的表現とそのテクニックの書であったといえよう。とくに元服の花・出陣の花・転居《わたまし》の花・婿嫁取りの花といった生活習俗の花など、その選び方——したがってまた禁花——や立て方は、一見非科学的であったり陰陽五行説や本地垂迹説の単純な適用にすぎない面もなくはないが、生活の智恵で生み出された「理論」であった。立てる「所」と「時」を経緯としつつ織りなされた生活芸術論であった。しかもそれだけならば低次の経験主義といえなくもないが、そこに提出されている造形性や色彩感覚は、仔細に検討すれば、意外と前衛的ですらあったことが認められる。伝書はきわめて日本的な体質の美学であると同時に、普遍的な芸術論に翻訳しうる内容を有している。

ところで花伝書は、そのように理論と技術の書であるが、単なる芸論書ではない。それは本来、伝える者と伝えられる者とがあり、相互の間には教える者と教えられる者という人間関係があったこと、換言すれば花伝書をふくめて伝書はすぐれて「教育」の書であったことで、その点を忘れては伝書の一面的な理解にとどまるであろう。

ある人が自己の様式を完成した時、かれはその苦心の成果を誰かに伝えたいと思う。そこでかれは奥儀を伝授する。これが口伝《くでん》である。かれにあっては口伝は芸術の継承のためのやむにやまれぬ教育的行為であった。したがってその対象は誰彼ではなく、これと思い心を許した人物でなければならなかった。

口伝がそういうものであったのなら、伝書はもっとも教育的な伝達手段であったといえるであろう。しかも最小規模の〝ミニコミ〟教育である。このことを今日におけるマスプロ教育に対する批判として再認識されている「塾」的教育と短絡させるつもりはないが、その対比はけっして無意味ではない。花伝書から花書への変化はミニコミからマスコミへの展開に他ならない。

そのことに関連して、茶の場合であるが、次のような事例をあげておきたい。

茶の湯の世界でも十七世紀の後期から啓蒙普及的な茶書が出版されはじめたことは既述した通りであるが、とくにその傾向の顕著となった元禄時代、千宗旦（利休の孫）の高弟で俗に宗旦四天王と称せられたものの一人、杉木《すぎき》普斎《ふさい》は、その家業が伊勢神宮の御師《おし》という関係もあって諸国を巡って茶の湯の普及に当たったが、そういうなかでとり結ばれた師弟関係に基づき、いくつかの利休流茶の湯伝書を授けている。時代の傾向であった茶書の形式をとらず肉筆の伝書形式、しかも絶対他見させないという一札をとった上で、これを授けている。明らかにそれは安易な普及に対する反撥であり、伊勢茶楽人あるいは日本茶楽人と自称し利休的伝の茶法の継承者と自負する普斎にとって、ミニコミ伝授こそが正しい方法と信じられていたのであろう。もとよりそれは時代に逆行する行為であったから普斎だけのもので終わったが、この際そういう生き方のあったことに留意しておくのも無駄ではあるまい。

しかし現実の問題として、このような伝授はいわゆる家元制度と不可分の形で結びついており、家元制度のもつ矛盾と相乗して、右に述べたようなあるべき〝理想形〟ではほとんど存在しなかった。そしてむしろ純粋な芸術行為あるいは教育行為に反するものとすら一般には受けとられている。奥儀は秘密裡の口伝によらず公開さるべきだとする合理主義がこんにちの正論であり、その萌芽はすでに江戸時代、啓蒙書の出版がはじまった時期に生じていた。伝書の存在する余地は次第にせばめられ、いまや全くなくなったといってよい。

しかし果たしてそうなのか。ここではあえて安易な結論を出すことは避けたい。そしてこの機会に、伝書をあらためて読み直すことに努めてみよう。そうすれば伝書は中世（末期）だけのものではなく、芸術と教育のあり方にかかわるものであり、ひろく日本文化の体質を考えるためにも重要な素材であったということが確認できると思う。

# 中世芸道の成立と伝授

わが国の芸能の特徴は、これを単なる遊興とみるのではなく、また技巧に終えるのでもなく、「芸道」という表現が示すように、その中にある種の理念なり精神性を求めたところにある。実践と不可分の精神というべきかもしれない。こうした芸道のあり方は、好むと好まざるとにかかわらず、日本人の心性を示し、日本文化の特質ともみられるところから、これまでにも多くの人々が取り上げ論じてきたが、それを中世芸能を中心に考察するのが本稿の課題である。この場合中世芸道とは、第一義的には時代を中世に限っての芸道の意であるが、それとともに、いうところの芸道が中世に至って初めて成立したという認識もこめられている。

もっとも厳密にいえば、典型的な芸道である茶道も花道も、中世では茶の湯・(茶)数奇であり立て花であって、用語としては近世に入ってからのものである。それは他の分野でも同様である。しかし当初茶寄合とよばれ、バサラの遊興から出発した茶の湯の世界においても、戦国時代には一座建立、一期一会といった寄合の倫理が生み出され、小間の茶室がそうした寄合の倫理の造型的な帰結であったとみなされるように、そこにはやがて茶道とよばれるものの内実が熟していたことを知る。戦国時代は、ひとり茶の湯・立て花に限らず、諸芸能の分野で理念が求められた時代であった。

しかも、「×道」というふうに熟語として用いられることはなくとも、「兵の道」「歌の道」のように「×の道」の形ならば早くから使われており、その「道」の中に、後に顕在化する諸要素の萌芽が存していたに違いない。そこで以下、この「道」を最初のキーワードとして取り上げ、中世芸道の成立する要件や特質といったものを考えていきたいと思う。

## 道々の者

天正から慶長にかけて書かれた連歌書の『無言抄』は、「道」の語を説明して「行歩の道」と「行歩にあらざる道」の二つに分けているが、これは一例として引き合いに出したまでで、こうした理解は古くから存していたに違いない。前者が具体的な道路であるのに対して、後者は抽象的・観念的な道であるが、むろん両者は無関係ではない。人間や動物が繰り返し歩むことで生成したのが前者の道とすれば、後者はその事実の繰り返しの中で生まれる筋みちであり、道理であったからである。

ところで道は、その生成事情からいって、本来タテの流れ——それは空間的にも時間的にも——の中で捉えられる概念であるが、実際の用例から判断するに、むしろヨコの広がりをもつ言葉として理解され、その概念の方が早くからあったように思われる。この点については寺田透氏に的確な解釈がある（「『道』の輪郭」『道の思想』所収）。「分野」とか「領域」という意味がそれで、「歌の道」とか「兵の道」といった用法に見受けられるものである。そこで「道々の者」といえば、それぞれの分野で優れた人間の意となり、現に「道々の上手者」といったいい方もある。しかし「道々の者」といえば、まずは芸能者のことであった。道がなぜ芸能の分野に限られてくるのか。

この点に関して一つの示唆を与えてくれる史料が、養老五年（七二一）正月二十七日の詔（『続日本紀』）であろう。この詔は、

又詔曰、文人武士国家所レ重、医卜方術古今斯崇、宜丙擢下於百僚之内、優二遊学業一、堪レ為二師範一者上、特加二賞賜一勧乙励後生甲。

という目的から、明経第一博士従五位上鍛冶造大隅以下、明法・文章・竿術・陰陽・医術・解工・和琴師・唱歌師および武芸の十部門、計三十九人に禄物を賜与したものである。このような、学問・技術・芸能など諸部門の人材の確保は、いつの時代にもある為政者の撫民政策といえばそれまでであるが、それが「道の者」の成立と深いかかわりがあったことは看過できない。各氏族がそれぞれの職能をもって仕えた部民制の時代はともかく、律

令制の形成期――それは各氏族のもつ職能が官司の機能に吸収され、氏族の独自性が組織の中に解消されていく過程であった――に、かえって知識や技能の確保と伝承の必要性が再認識されたことを物語っているからである。右の勧賞の意図も、直接には新しい体制の中での人材の育成にあるが、その対象が特定の分野に限られていることにも窺われるように、同時に、前代からもち続けた特定の職能の確保という意味がある。しかもそれらが、後に「道々の者」といわれる人達であったことに留意する必要がある。なかでも芸能者は、技術者とともにその「道々の者」の中核をなす存在とされ、すでに壬申の乱（六七二）のあとの天武朝・持統朝において、一連の措置が講じられている（『日本書紀』）。

すなわち天武四年（六七五）二月、天皇は諸国（河内・摂津・山背・播磨・淡路・丹波・但馬・近江・若狭・伊勢・美濃・尾張）に令し、「所部の百姓の能く歌ふ男女、及び侏儒《ひきひと》・伎《わざ》人《ひと》を選びて貢上」させたのを手始めに、同年四月には、諸芸に才能ある者を選んで禄を給し、ことに天武十四年九月には、もろもろの歌男・歌女・笛吹に対して、子孫にその技術を伝習するように命じており、翌朱鳥元年（六八六）正月には、倡優《わざひと》・歌人《うたびと》らに禄や衣服を賜わっている。これは芸能を「国家の礼楽」とみる観点から、体制の整備上、大陸芸能の移入とともに、わが国固有の芸能―地方的・土俗的な国風の芸能の国家的集中と管理がなされたことを意味し、そこに「道々の者」の成立する条件があったことを示している。

「道々の者」、換言すれば「道」が分野・領域という意味で認識される根底には、このように職能にかかわる身分の固定と差別意識がはたらいていたことも見逃してはなるまい。ここには、後に芸能者に対して生まれる賤視観念もすでに垣間みえている。

ちなみにこの点に関しては武者の場合が問題の所在を示唆している。先の養老五年の詔では、武士のことを武芸（者）ともいっているように、武士とは弓馬の武技をよくする一種の職能人であり芸能者のことであった。これは「芸」「能」の原義に即していえば当然の理解であろう。そして武士は、その武芸——具体的には「殺業」をもって貴人に近侍奉仕した。『今昔物語集』などに「生命ヲ殺スヲ以テ役トセリ」とか、「極メタル兵ナリケレバ公モソノ道ニ使ハセ給」うたなどといわれたゆえんである。そこから武芸者の堕地獄や極楽往生の物語が好個の話題とされた。これには平安中期より盛んになった浄土教思想がかかわっていたことはいうまでもないが、たとえば『保元物語』は、保元の乱で伊豆大島に配流された源為朝にこう語らせている。「然れども武士たる者、殺業なくては叶はず。夫に取つては武の道　非分の者を殺さざるなり。（中略）分の敵を討つて非分の者を討たず」と。『今昔物語集』の「ソノ道」（兵たること、殺業のこと）が、先にいう分野としての道なら、『保元物語』の「武の道」には、武士としてあるべき分、すなわち倫理が含まれている。前者を事実そのものとすれば後者は精神を示している。「武者の習い」すなわち体験の積み重ねの中に見出された武者の道理であった。このようにみてくると、先に道にはヨコの概念とタテの概念があるといったが、歴史的にはこの両者は不可分のものであったというべきであろう。

## 口伝の系譜

ところでわが国の学問や芸能は、その伝承の上で、古今伝授に示されるような、秘事口伝をもってしたところに特徴があり、ことに中世において顕著であった。伝えるところによれば、仁明天皇の頃、遣唐使藤原貞敏が唐の廉承武から伝えたという琵琶の曲、流泉・啄木は、その後秘曲として重んじられ、蟬丸に伝えられたが、博雅三位はこれを学ばんとして蟬丸の住む会坂山に三年間毎日通ったという。これは秘伝の説話というのではないが、秘伝が芸能の面で早く出現したことを思わせる。

しかし学問や芸能における秘事口伝は、仏教の世界でなされていた「面授口伝」「師資相承」に原型があり、その影響を受けたものであるようだ。「口伝」は「口授」「口訣」ともいい、また「面授」ともいうように、筆録できない秘法や作法などを、口により師資相伝することをいう。師資相承はまた「血脈」ともいった。

この面授口伝・師資相承は、禅宗型の宗教に特徴的なものであったが（今津洪嶽著『宗教の二大類型と師資相承論』）、わが国では平安初期に伝えられた真言密教（東密）において著しく、経軌為本に対して、口伝為本を流風とする小野流の如きものも現れている。天台宗が密教化するに伴い、台密でも口伝重視の傾向が生じており、中世では浄土門にも及んだが、ことに不立文字を標榜する禅宗において顕著であった。その禅法に出た茶の湯の場合、『山上宗二記』(南治好氏蔵)に、「御茶湯ノ道具幷密々段々在リ。此中惣テ茶湯風体ハ禅也。口伝・密伝等ハ云渡スナリ、書物ハ無シ。奥書ニ載也」とある。茶の湯は不立文字の禅法であるから茶書はない、といったいい方は、江戸初期、茶に禅を強調した宗旦も口にしているが、その点で宗旦の高弟、杉木普斎が、当時としては珍しく伝書の形式で宗旦的伝の利休の茶を弟子に教えているのも(村井著『利休七哲 宗旦四天王』)、そこに思想的な根拠があったわけである。

しかし面授口伝・師資相承が仏教に出ることは、これがわが国に限るものでも、日本で始まったものでもないことを意味し、事実仏教史の教えるところでは、仏教のおこったインド以来のものであるとする。もっともその理由として、インドでは炎熱の強さから筆録をもって書籍を伝えることが不便であったため、暗誦をもって口授したのだとも、またインドでは古来、経論などを筆録書写するのはその神聖を害するものとされたことから、暗誦による口授がなされたとも説明がなされているが(望月信亨編『仏教大辞典』など)、にわかに信じがたい。かりにそうした要素はあったとしても、面授口伝の直接の目的という か必要性は、やはり法門(教義)が師弟間に伝えられていく過程に生ずる誤解・曲解を防ぐことにあり、そのためにしかるべき人材(資)を弟子の中から選び、これに直接伝えるという方式が生み出されたものと考えたい。したがって仏教がある程度流伝した時期から現れたもので、おそらく中国において顕著となり、それがわが国に伝えられ日本的な展開をとげたものと思われる。その限りでは日本独自のものとはいえないが、しかしわが国の場合、仏教の民間への普及・浸透とそれによる社会的な影響力により、仏教界以外の世界、ことに学問・芸能の分野で同様の方式が採られるようになったという点で、やはり口伝はわが国における特徴的な社会現象であり、広い意味での文化の特質をなすものであったといってよいと思う。

わが国の場合、仏教界でも世俗の世界でも、面授口伝が求められた共通の条件は、それぞれの分野における門流・流派の分立にあった。ことに天台宗に典型的に見られた門跡の出現は、師資相承の絶好の条件となった。流派の分立は流派意識を昂め、自派の秘密を守る必要上からも、秘事口伝の方法をとらしめたと考えられるからである。

## 「家」の成立と伝授

口伝を促したのは門流の出現であるが、ことに当該流派の衰微や断絶といった危機的な状況が、それを緊要なものにしたといえる。

それについては、大江匡房（一〇四一〜一一一一）の『江談抄』（一一〇四年頃成立）の場合が例示されよう。この書は匡房が蔵人藤原実兼（信西入道・通憲の父）に語った古事の聞き書きであるが、成立事情については匡房自身、次のように語っている。官爵福禄、才

芸名誉については何一つ不満はないが、と述べたあと、

只所ニ遺恨一ハ、不レ歴ニ蔵人頭一ト、子孫ガ和呂《わろ》クテヤミヌルトナリ（子が早く没した）。足下（実兼）ナドノ様ナル子孫アラマシカバ、何事ヲカ思侍ラマシ。家之文書・道ノ秘事、皆以欲ニ湮滅一。就中史書全経秘説、徒ニテ欲レ滅也。无ニ委授之人一。貴下ニ少々欲ニ語申一如何。答云、生中之慶、何以加レ之乎。（巻五詩事「都督自讃事」）

すなわち匡房が遺恨とした二事のうちの一つ、頼みとする子孫がないことから、「家之文書、道ノ秘説」が湮滅《いんめつ》するのを残念に思い、これを実兼に委授することを申し出、実兼もこれを光栄に思い求めに応じたというのである。匡房最晩年のことであったが、こうして以後数年間にわたり「道」の伝授が行なわれることになる。

この『江談抄』の成立に関しては、別に論じたことがあるので詳しくはそれに譲るが（「『江談抄』の成立に関する覚書」山中裕編『平安時代の歴史と文学　歴史編』所収）、実兼によって筆録された原稿、つまり『江談抄』は、鎌倉前期に成立した『古今著聞集』の序に、「宇県亜相巧語」こと『宇治大納言物語』に対して、「江家都督清談之余波」といわれ、人口に膾炙《かいしゃ》するものとなっている。こうして湮滅寸前であった大江家の文書・秘説は、匡房・実兼間の面授口伝によって伝えられ、しかものちには書物の形で広まったことを知る。

口伝・口訣の語には、筆録されたものという意味も生まれたが、『江談抄』は文字通り「匡房口伝（口訣）」であった。

そういう意味での口伝（書）に、後白河院の撰になる『梁塵秘抄口伝集』（一一六九年成立）がある。この口伝集の撰述については、院自身、

こゑわざのかなしきことは、我が身かくれぬるのちとどまる事のなきなり。そのゆゑに、なからむあとに人見よとて、いまだ世になき今様の口伝をつくりおくところなり。

と述べている。口伝の部分は残念ながら伝わっていないが、技巧上の故実口伝を主とする内容であったろうと推測されている。ちなみにこの口伝集巻十によれば、院は十余歳の頃から今様を好み、のどがつぶれるほど激しい稽古をしたといい、ことに老遊女の乙前について伝授を得たことが大きかったが、乙前のほかにも、いち・めほそ・九郎・蔵人禅師・千手・二郎・ささなみ・さわのあこまろなどからも伝授を受けたといい、これを皆伝できる源資賢・藤原師長のような人物を得たことを喜んでいる。芸能の分野での口訣の早い例である。口伝の時代の到来が予感されよう。

ところで口伝は、当初このように特定の個人間になされたものと考えられるが、それが社会的な広がりをもつ要件は、師範たるべき者の「家」の成立にあったといえる。貴族社

会でそうした意味での家としては、文章道の菅原家や大江家、天文・暦道の安倍家・賀茂家などが知られるが、いずれも特殊な知識や才能を必要とする分野において早く家業の成立したことがわかる。それが分野を問わず広がるのは、平安末期から鎌倉期にかけて、律令官司制の弛緩する中で、ことに中下級貴族・官人層において、官職と家との関係が固定化する傾向が生じ、いわゆる譜代化が進んだことによっている。中世の公家が商工業の座の本所となっているのもそれであるし（村井稿「官衙町の形成と変質」『古代国家解体過程の研究』所収）、公家が和歌や音曲・蹴鞠など文芸・芸能の本所となって免状の発行権などを保有したのも、全く同じ理由による。

そのことを歌の分野でみると、ここでは、文章道、つまり漢詩文における菅原・大江家のようには家の成立は早くなかった。前述来の理由からすれば、それは和歌が女性を含め、一般的な教養であったからであろう。寺田透氏は、芸道における師匠と弟子の関係についてふれた中で、定家の「和歌に師匠無し、只旧歌を以つて師と為す。心を古風に染ましめ、詞を先達に習へば、誰人か之を詠まざらん哉」という『詠歌之大概』の一文を引用した上で、和歌では平安末期・鎌倉初期まで、官位の上下はあっても、身分上はいずれも同じ公家が管理・教授・指導の任に当たっており、師弟関係があってもそれが直ちに身分関係にはならず、歌の道には職業的な師匠というものはありえなかったと述べているが（『道の思想』）、その通りであろう。少なくとも藤原俊成・定家の段階では歌の「家」はなかった。

歌の家が成立するための条件は、何よりも理論と実作において卓抜した才能を有し、長者・棟梁となることが必要であった。盛行する歌合の判者、あるいは和歌会の主導者として優れた歌論の持主でなければならなかったからである。藤原俊成・定家の子孫が歌の家筋となった理由がそこにある。ことに定家が正治二年（一二〇〇）後鳥羽院に百首歌を詠進し認められたことは、定家の宮廷における地位を決定的にしたといわれている。

しかし歌の家としての実質的な成立は、為家（定家の子）の子の世代になり、三子の為氏（二条家）・為教（京極家）・為相（冷泉家）が、家の利害をもとに相互に対立するようになったときからであろう。しかもこの三家は、同じく歌の家として台頭した飛鳥井家とともに皇統の分裂にも巻き込まれ、政治的な消長を余儀なくされる。二条家の危機に際し、宗家の為世を激励する意図から源承の『和歌口伝』がつくられたこととか、勅撰集（『続千載和歌集』）に関与して面目を施した二条為定の、「今ぞ知る昔に帰る我が道のまことを神も守りけりとは」（『増鏡』）という歌にも、家意識が感取されよう（「歌壇・歌合・連歌」和歌文学会編『和歌文学講座3』所収）。

しかし南北朝以後における朝廷公家の衰微により和歌集の勅撰といったことが終焉すると、歌の家としての権威の拠を失い、以後は武家を中心とする地下人を相手とせざるを得なくなったばかりでなく、かつては競合の中で練磨されていた理論も矮小化を余儀なくされた。歌の字を哥とするか謌と書くかといった些末な議論を始め、古今伝授のごときものが生まれたことはよく知られている。

古今伝授とは『古今和歌集』の解釈に関する秘説の伝授をいい、講義による口授と、特に秘伝とされる十数通の切紙伝授とから成り立っていた。歌学の奥儀を陰陽五行説とか本地垂迹説などの宗教思想を借りて説いたもので、歌学における創造性の失われた段階での枝葉末節の論議といってよい。歌論が新古今の時代以上に出ないのもゆえなしとしない。こうして歌論のその後は、むしろ中世に隆盛となった連歌の世界に受け継がれることになるのだが、それとともにこれが他の分野の芸能にも大きな影響を及ぼすことになる。ことに正徹や心敬の歌論を抜きにして、芸能理念の成立は語れない。

なお中世の芸能を考える場合、「座」の成立と、それが果たした中世芸道上の役割を看過できないが、それに関しては猿楽能について、「ちからなく、この道は見所を本にするわざなれば」(『風姿花伝』)といった世阿弥が、見所(観客)とのかかわりの中に演技論を展開し、「一座建立の寿福」を追求したことを想起するにとどめたい(村井稿「中世芸能と観客——二つの「一座建立」」『芸能史研究』五〇号、本書所収)。当然のことながら世阿弥にとって芸道の継承とは、質の問題であった。

## 都市と芸道理論の成立

これまで芸能が伝承される条件といったものをいくつかの観点から見てきたが、芸道の成立に深くかかわる問題として、中世後期における芸道理念の確立があげられよう。芸能は一定の理念・理論を得て初めて芸道となるといえるからである。それは単なる分野・領域としての「芸の道」から、一定の精神性をこめた「芸道」への進展であった。

ところで芸道理念の成立に最も大きな影響を与えたのは、先にもふれたように歌論である。これは、日本人が伝統的に、その中に思想や感情、美意識をこめてきたのが歌であったことによる、当然の結果である。たとえば先の世阿弥が見所相応の演技ができ、他座の者に勝つためには、物数（曲目）を多くマスターすることが大事であるが、それには自分で能作すること、そのためには歌学に通じていなければならないとしたことはよく知られている。世阿弥という個性にもよるが、猿楽能は最も早く理念が求められた芸能であったといえる。また聞香は、香そのものより、それに付された歌の優劣で競われ、武野紹鷗（一五〇二〜五五）や千利休（一五二二〜九一）が、わび茶の境地を表すのに定家や家隆の歌をもってしたことは、よく知られている。紹鷗は三条西実隆から定家の『詠歌之大概』の序を受講中、悟るところがあったと伝えている。

しかし歌論といっても、直接影響を受けたのは連歌師のそれであったところに、時代的な特徴がある。寄合の文芸として、この連歌会が、茶寄合とつねに連称されたほど普及、盛行したことを考えれば、当然の事態であったといえるが、問題はその内容にあり、枯淡の美を説く心敬の論が、時代の好尚にマッチして各分野にとり込まれている。

その好例が茶の湯の場合であろう。村田珠光が一の弟子古市澄胤に与えたという「心の文」は、茶の湯を嗜む上での心掛けを述べたものであるが、その中に「和漢のさかいをまぎらかすこと」の必要が説かれている。和漢の境を紛らかすとは、唐物数奇と和物数奇との融合・総合のことであるが、唐物にかわる和物に美的な関心がむけられてきたことを示している。事実この「心の文」からも、当時和物である備前物や信楽物を珍重する風が盛んになっていたことが知られる。もっともここでは初心者がいたずらに和物を求め、冷え枯れた境地を楽しむことをいましめているのであるが、和物のもつ素朴・枯淡な美に対する関心の昂まりが知られよう。この澄胤は、相前後した時期に、「連歌心もちのやう」を書いた『心敬僧都庭訓』を心敬の弟子兼載より与えられているが、「心の文」の主旨と全く変わらない。というより茶の湯でも、心敬の論を受け入れて初心者としての心掛けを説いたのであり、それがそのまま茶の湯の新しい理念とされたことを物語っている。『宗祇初学抄』を見ても、当時「冷え枯れる」「冷えやせる」といった枯淡の美が求められていた有様を知ることができる。枯淡の美への関心は、鎌倉後期から南北朝・室町初期にかけて顕著であった、バサラの美意識から脱するところに始まったといえよう。換言すれば唐風にかわる国（和）風の美の発見である。かつて「道々の者」の成立が、天武朝におけるる国風の集中にあったことが想起されよう。紹鷗は三十歳までは連歌師であり、かねてから「枯レカジケテ寒カレ」という心敬の言葉に共鳴し、茶の湯もそうありたいと願っていたといい（『山上宗二記』）、池坊の専順も当代を代表する連歌師であった。『禅鳳雑談』には、珠光とともに、専順と思われる池坊の、花に対する美意識についてふれた記事がある。

さて、こうした枯淡の美への関心は、唐物数奇を通じて育ったものであるが、それの主体が主として都市民であったのは、芸道理念の生まれる条件といったものを暗示する。すなわち草庵茶の湯が「市中の山居（山里）」という形で都市民の間に登場したように、茶の湯は最も典型的な都市文化であったというのがわたくしの持論である（『茶の文化史』）。市中の山居とは、都市・都市生活の中に田舎の民家造りの小家を取り込み、孤独な閑寂の境地を味わうとの意で（ジョアン・ロドリゲス著『日本教会史』）、都市・都市民の美意識にほかならないからである。他方、信楽焼・備前焼といった国焼が求められたのも、地方的、庶民的なものへの関心のなせるわざで、それはそっくり裏返しの、「市中の山居」と同じ構造をもつ都市民の美意識であった。

芸能の発展や伝承の上で、この都市の発展が、新しい条件となったと考えられる。

それは第一に、芸能人口の増大という量的な問題においてである。花の池坊が、応仁・文明の乱（一四六七〜七七）頃から台頭するのも、それで渡世する専業者というには早いが、花のたて方を教えるのが「家業」（『専応口伝』）となったことを前提としている。都市民——その中にはいわゆる町衆だけでなく公家なども含まれる——という不特定多数が芸能の新しい担い手となってきたことを物語る。第二に、そうした量の拡大が当該芸能の理論・理念の形成を促したことである。花の世界でいえば、『仙伝抄』や『専応口伝』など、この時期から登場する「花伝書」がまさしくそれで、専業者の出現が理論の確立を不可欠のものとしたのである。

もっとも花伝書は、『日葡辞書』の説明にあるように、「花の立て様をしるしたる図」であった。すなわち文明十八年（一四八六）五月、池坊より宰相公なるものに相伝したという『花王以来の花伝書』の奥書には、これを「花之絵巻」と記し、また享禄二年（一五二九）霜月五日、池坊（専応）の弟子宗清・飯嶋六位の直系の弟子大窪某に伝授したという『宗清花伝書』には「花翫之淵源ヲ画ク者也」とあり、合わせて十七瓶の作品図を載せているように、いずれも絵図を主とする図巻である。そのため後者の場合は『立花図巻』ともいわれている。これらの図巻にあっては、説明文はほとんどなく、あっても「口伝あり」と記して詳述するところがない。これは花の立て様、つまり花の構成理論なり様式論の展開が不十分であったことを暗示するとともに、伝授における秘事口伝的要素が濃厚であったことを物語っている。

ところが天文年間（一五三二〜五五）になると、このような初期の図巻的花伝書に代わり、本格的な内容をもつ花伝書が出現する。先に挙げた『仙伝抄』『専応口伝』や、天文十三年の奥書をもつ『唯心軒花伝書』などが代表的なものであるが、天文年間に集中したことから、ふつう天文花伝書と総称している。このうち『仙伝抄』は慶長以降の板本しかないが、その奥書によれば、文安二年（一四四五）三月二十五日、三条家の秘本を足利義政の所望によって富阿弥が伝えて以後七人に相伝されたのち、天文五年正月十七日に池坊専慈（応）に受け継がれたものという。一方『専応口伝』は、一般には天文十一年十月、専応が「家の秘本」を書いて江州岩蔵寺の円林坊賢盛に与えたという『群書類従』所収本が知られるが、これ以前にも大永三年（一五二三）・享禄三年・天文六年などの年紀をもつものが伝えられている。この『専応口伝』は池坊では「大巻《おおまき》」と称され、根本花伝書の扱いを受けているが、一部内容的にかかわりのある『仙伝抄』とともに、池坊では早くから「家の秘本」がつくられていたことを示している。ことに『仙伝抄』はいわゆる「本文」「谷川流」および「奥輝之別紙」の三部から成り、十五世紀以来形成された立て花論を総合した花伝書であった。『専応口伝』はこの『仙伝抄』の「本文」の立場でまとめられた花伝書である。

それはともかく、これらの花伝書では、全体の総論に当たる前文が加わり、花をたてることの意味が説かれる。単に野山の草木そのままをたてるのではなく、草木の本性をつかみ、ある種の抽象化・虚構化を施すことにより、花の美を再構成するものだと説く。ここには花の理論が成立している。

花伝書の特徴は他の口伝書と同様、師匠から弟子に授与された口伝書で、肉筆の巻物の体裁をとり、末尾に他見を許さないことを条件としている。その限りでは花伝書は花についての秘事口伝の書である。現に巻中に「口伝あり」という書き入れが少なくない。それは天文花伝書においても同様である。当然その部分については面授口伝か、別紙による相伝以外にはないであろう。

しかし「口伝あり」と記入することは、逆に口伝のありかを知らせ、公にする契機ともなったという点で、早晩その秘事性は失われてゆく運命にある。そして確かに江戸時代に下り、花伝書に代わって「花書」が板行されるようになると、そうした要素はほとんど失われたように思われる。もっとも江戸時代になれば、戦国時代とは比較にならない大量の芸能人口が新興町人層を中心に増加することにより、流派の分立を生み、流派ごとの伝書がつくり出されるなど、中世的な状況が拡大再生産される傾向がないわけではないが、むろんそれは中世そのままの再現ではない。近世における芸道の伝授は、家元制度の問題として別個に論じられるべき問題であろう。

# 第Ⅳ部　生活の美意識

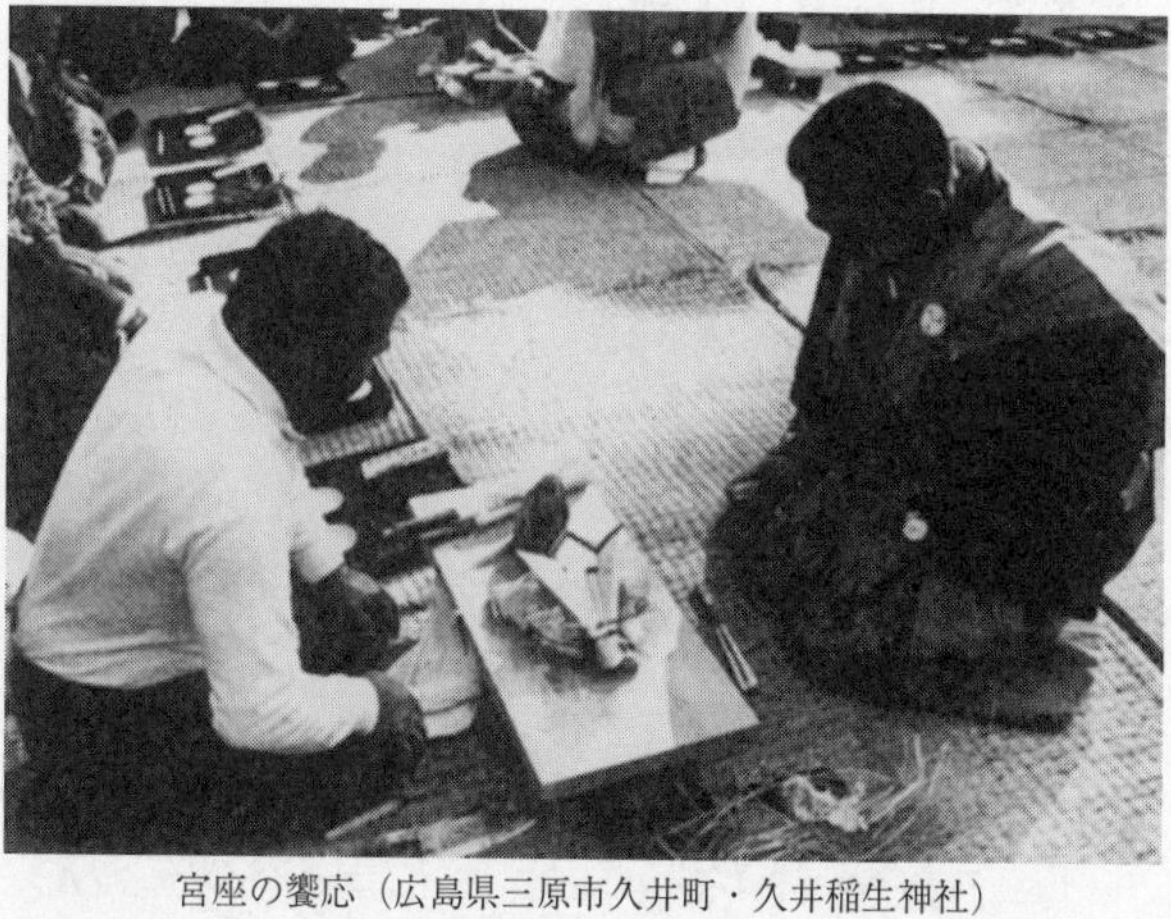

宮座の饗応（広島県三原市久井町・久井稲生神社）

# 初期の京焼

## 唐物・和物・高麗物

### 倭漢のさかい

村田珠光が古市播磨法師澄胤に与えた一紙「心の文」で述べている、「此道(茶湯)の一大事ハ、倭漢のさかいをまぎらかすこと肝要〳〵」という言葉は、十五世紀の後半、それまでの唐物数奇にかわって倭物《わもの》がようやく関心の対象となりつつあったことを示し、それは同じく珠光が、「月も雲間のなきは嫌にて候」(『禅鳳雑談』)といったように、粗相の美、枯淡の美が求められてきたことの表れに他ならなかった。当時「冷え枯れた」美を説いていた連歌師心敬《しんけい》の理論に触発、影響されるところが少なくなかったのだが、そうした傾向のなかで、備前物・信楽《しがらき》物あるいは伊勢物(実際は美濃窯か)などの、いわゆる国物が珍重されるようになったわけである。唐物を「真」－正格の美とすれば、これは「草」

―略体粗相の美であったといってよい。

ただし残されたものから推測するに、この時期の国物はせいぜい水指・建水あるいは花入といったものが主で、茶碗にまで及んだとはいい難く、そこで瀬戸では唐物をやつした天目茶碗（瀬戸天目）がつくられるようになった。「真」「草」の間に位置する「行」の美意識といえるかもしれない。

### 高麗物の登場

ところがこれが十六世紀に下り、天文あたりから茶会記にしきりに登場するのが、高麗物（茶碗）である。林屋晴三氏が当時の茶会記について調査された結果によると、初見の天文六年（一五三七）から天文二十四年までの百八十九回の茶会に、高麗茶碗は五回使用されているにすぎないが、弘治年間（二年二月～四年二月）になると百二十四回の茶会で二十七回とふえ、永禄元年（一五五八）二月から元亀三年（一五七二）七月までの十四年間では、八百二十八回の茶会に二百三十五回も登場する。そして天正年間に至れば、千三百回の茶会で用いられた高麗茶碗はじつに五百六十六回にものぼっている。高麗物（井戸茶碗や三島茶碗など）は唐物に比すれば粗相でひえた美をもつが、といって国物とはちがう。いわば「行」の美をもつものであったといえよう。とすれば茶湯の発展のなかで現れた茶陶への好みは、唐物に対して国物が現れ、ついで唐物写しの国物や高麗物が珍重されるといった変化、換言すれば真―行―草ではなく真―草―行という展開をとげたことになる。「真」に対してまず「草」が現れ、ついで両者を総合する形で「行」が出てくるのは、あたかも正―反―合の弁証法に似た展開で興味ぶかいものがある。

## 利休＝長次郎の今焼

### ハタノソリタル茶碗

唐物にかえて国焼への関心が高まったものの、茶碗に利用すべきものがなかったことが、十六世紀に入り、紹鷗白天目のような唐物写しの瀬戸天目を生み出す一方、井戸茶碗や三島茶碗といった高麗物を登場させる理由になったが、唐物写しがあれば高麗写しが作られて不思議はない。それどころかわが国における茶陶の歴史は、高麗物に触発されつつその造型化をなしとげたとさえいえるのであって、高麗物の果たした役割は(いわゆる茶陶戦争以前においても)、どれだけ評価しても過大であることはない。

そのことで注目されるのが、天正八年(一五八〇)十二月九日の利休茶会(客は津田宗及・山上宗二)にはじめて登場する、「ハタノソリタル茶碗」(『天王寺屋会記』)であり、相前後して現れる「ユガミ茶碗」(同前)である。

まず前者のハタノソリタル茶碗とは口縁部の反った形の茶碗の意であろうが、天正十一年二月十三日の山上宗二の茶会に所見する「そり茶わん」(同前)と同じものであろう。また同茶会記に「はなか、茶碗」とあるのが「花形茶碗」のことであるなら、口縁部が外に開いた形というふうに理解できるから、これも「ハタノソリタル茶碗」であったかもしれない。

ところでこうした端反《はぞ》りは高麗茶碗、たとえば「三徳三島」にも見られた特徴であるところから、いまいうハタノソリタル茶碗・ソリ茶碗も高麗物であったと考えられなくはないが、そのことの注記がないのは和物だったからと思われる。天正十二年三月二日の朝会で津田宗及が秀吉・金森長近・蜂屋頼隆の三人に薄茶を点てた茶碗は「ひつミたるかうらい」であったが、前後の記事からするにこの茶碗は、「京ヨリノ」「京ノ」高麗茶碗、つまり京でつくられた高麗写しであったことが推測される。

一方宗二の「そり茶碗」については、宗二が天正七年十月十七日の茶会で用いている「赤色之茶碗」が留意される。林屋晴三氏がいわれるようにこの赤色茶碗は、瓦師長次郎の初期茶陶の特色である赤茶碗、たとえば「道成寺」や「勾当《こうとう》」に代表される、いわゆる赤楽のことであろう。そしてこの推測を助けるかのように、これら道成寺・勾当はたしかに「そり」茶碗であった。宗二の用いた「赤色之茶碗」が四年後の「そり茶碗」と同一であるという証拠はどこにもないが、その可能性は十分にあるといってよい。なお赤茶碗は宗及も天正九年二月一日晩会に「あかひ茶碗」を用いて以来たびたび使用しているが、この場合形は分らない。

このように見てくると、「ハタノソリタル茶碗」「そり茶碗」は、使用頻度の高まっていた高麗物に触発されるなかでつくり出された今焼茶碗であったことが推定されると思う。しかもこれをつくったのが、出自が朝鮮の瓦師、長次郎であったとすれば、高麗物の果たした意味は二重の意味で理解されてこよう。

長次郎は「あめや」の長男であり、田中宗慶の子、宗味の女《むすめ》と結婚している。この宗慶は利休「常随の信男」として、例の長谷川等伯筆の利休画像（表千家蔵）をつくっているところから、利休の子かとも理解された人物であるが、子に右の宗味と常慶の二人をもち、けっきょくこの時期、この父子三人と長次郎の、少なくとも四人の陶工がいたことになる。また先にふれたように山上宗二の「赤色之茶碗」が長次郎の作になるとすれば、少なくとも記録の上では利休より先（一年前）に長次郎と接触していることになる。実際にはほぼ同時期のものと考えてよいであろうが、この時期的なズレは、長次郎の茶陶創作段階に果たした利休の役割の再検討を迫るものになるかも知れない。

### ユガミ茶碗

ハタノソリタル茶碗が茶会記に登場した同じ年、天正八年（一五八〇）の正月十四日、牧村長兵衛（のちに利休七哲の一人とされた）は安土城内の屋敷で夜会をもち佐久間甚九郎・津田宗及の二人を招いているが、その時「ユガミ茶碗」を用いている。これがユガミ茶碗の初見であるが、宗及もこれに関心を持ったのであろう、天正十三年五月八日の茶会に用いたのは「志野茶碗、ゆがみ茶碗」であった。宗及ばかりではない、当時の茶会記によればユガミ茶碗がしきりに登場し、世間の好みとなっていたことが知られる。しかもハタノソリタル茶碗の所見がせいぜい天正八年～十三年の間に限られていたのに対し、このユガミ茶碗は一向衰えることなく続いて、のちに述べる、慶長期に風靡した古田織部好みの茶碗「ヒヅミ候也、ヘウゲモノ也」（『宗湛日記』）といわれた沓形茶碗にまで及ぶのである。ユガミとヒズミとどう違うのか明らかではないが、語義的には同じものと考えてよいであろう。いってみればこれは異相《かぶき》の美意識の現れであった。

ハタノソリタル茶碗を好んだ利休であるが、ユガミ茶碗に対してはどうだったか。いまひとつ不確かで疑問もあるが、利休遺愛と伝えるものに「島筋、一名天正黒茶碗」と呼ばれる沓形茶碗（京都美術青年会『千利休居士名宝図録』参考）がある。箱書には「瀬戸黒茶碗」とあるが長次郎焼かといわれており、それが『南方録』にいう「島筋黒茶碗」なら、利休もユガミ茶碗を用いていたことになるばかりか、逆にこの方が織部好みの沓形茶碗の祖型だったかもしれない、という見方も出てくるわけである。しかしあとに述べるように、利休好みの茶碗はこうしたユガミを否定する方向において造型化されるから、一時期異相への関心をもった利休も、やがて独自のもの――「宗易形の茶碗」と呼ばれた筒形茶碗を作り出していったというべきであろう。その時期は『松屋会記』天正十四年十月十三日、奈良の中坊源吾の会に「宗易形の茶碗」とあるところから、この前後のことであったと思われる。ハタノソリタル茶碗でその美意識が動きはじめたと見られる利休であるが、秀吉の茶頭になって間もなくのころその造型化を完成したのであった。

## 宗易形茶碗

ところが、その利休独自と思われていた筒形茶碗も、近時、林屋晴三氏の意見によれば、永禄から天正にかけて茶会記に所見する「瀬戸茶碗」にその祖型があったのではないか、という。氏は北向道陳(利休のはじめの師)好みの「黄瀬戸」茶碗が作振りにおいて長次郎の「大黒《おおぐろ》」と酷似しているところから議論を発展させ、右のように提言されたわけだが(『長次郎』日本陶磁全集20)、重要な指摘と思われる。しかしさらに考えてみると、筒形茶碗そのものは高麗物のなかにもあったし、それを利休も所持していた（たとえば銘「三島桶」「浪花筒」など）。となれば、その瀬戸焼の筒形茶碗というのもじつは高麗写しであったかもしれない。唐物天目を写した瀬戸窯であるから高麗写しもあったにちがいないからである。したがってまた、宗易形の造形も氏が以前いわれていたように、利休自身が高麗物に触発されたものとみる方が実際に即した理解ではあるまいか。そしてこの推測が成り立つとすれば、ここでも利休に与えた高麗物の影響が思われるとともに、瀬戸とは異なるものをつくり出すところに利休＝長次郎独自の作意があったことも分るのである。瀬戸のロクロでない手捏《てづく》ねの技法がそれだったことはいうまでもない。

この宗易形茶碗の造型について気になるのは、世間への受け入れられかたである。「早船」の添文（蒲生氏郷・細川三斎・古田織部の三人宛ての書状）によって、「大黒」（黒楽）や「早船」（赤楽）がかれら弟子たちから懇望されていたことは知られるのだが（けっきょく前者は子の紹安へ、後者は氏郷へ伝えられる）、その一方では、先にも述べたように宗易形の、ことに黒楽茶碗は、当時世間に流行していたユガミ茶碗を否定するような形と色調を有していた。秀吉が黒茶碗を嫌ったという話も有名であるが、好みの違いはひとり秀吉だけでなく、世間一般との間にも生じていたのではないか。それがやがて利休を「売僧《マイス》ノ頂上」とて、茶器の目利や売買に不正行為があったとして賜死に追いやる原因となり、利休の悲劇につらなったように思えてならないのである。

## 織部から遠州へ

### かぶきの造型

古来多数の茶人が輩出したが、古田織部ほど評価がわかれるのも珍しいように思う。利休なきあと天下の宗匠となった織部は、伏見を拠点に活躍し、慶長十五年（一六一〇）九月には「数奇者の随一」として江戸に赴き秀忠に点茶法を授けている。それほどの織部でありながら、その一方で早くから織部は茶湯下手であるという見方があった。たとえば細川三斎は、昔の上手が死んだので昔の下手が今の上手になったといって織部を暗に貶《けな》したが、『江岑夏書《こうしん》』にも「利休弟子衆七人衆」（いわゆる利休七哲）の条で織部を最下位に置いた上、織部の茶が一番よくないのに、のちに惣和尚（宗匠）となった、と記している。

なぜこうした相反する評価が生じたのか、興味あるところだが、その作意性に対する好みが評価の分れ目となっているようである。織部の好みは一口でいえば「景気」にあった。露地に景気を添え、茶室は多窓形式とし、鎖の間を設けて書院形式を草庵茶に取り入れるなど、ある意味では求道的な利休の茶を否定する要素をもっていたのである。

織部の茶陶もまた、そうであったといえる。すでにふれたように織部が好んだ茶碗は「ヒヅミ候也、ヘウゲ（道化）モノ也」といわれる沓形茶碗で、そのデフォルメには徹底した作意と人工美の追求があった。その点織部は、当時の風潮であった「かぶき」の美意識の持主であったといえる。それが旺盛であっただけに、人々の好き嫌いもはっきりと二分されるのであろう。

もっともこうしたヒズミ茶碗はすでに十数年以前に現れていたのであるから、織部の独創というのではなかったが、釉薬に工夫をこらし、辻が花を描き南蛮意匠を取り入れるなど、織部独得の茶陶の世界を形成したこともたしかである。この織部焼は瀬戸窯でつくられ、もっぱら瀬戸の今焼といわれたものだが、京の音羽山でも焼かれた（『別所吉兵衛一子相伝書』）といわれている。

しかし沓形茶碗はかぶきの風潮が天和・寛永にかけて退潮するにつれ、急速に衰えた。それは作意の過ぎた表現力の限界であったともいえるようだ。

## きれいさび

ちなみにこの織部のあとをついで柳営（幕府）の茶湯宗匠となったのが小堀遠州で、優美な王朝的美意識に大きく転換する。遠州は、二十八歳で作事奉行として後陽成院の院御所を造営したのを手はじめに、京都における宮廷関係の作事——禁裡御所（後水尾天皇）・女御御殿（徳川和子、のち東福門院）、二条城御幸《みゆき》御殿・同庭園、仙洞御所（後水尾院）など——を数多く手掛け、その間宮廷貴紳と親交したこともあって王朝古典への造詣が深く、雪月花に茶をたしなむ心の持主であった。茶器の銘を古歌にちなんでつけたことは知られるところであり、茶陶の好みも王朝趣味そのままに「きれいさび」と呼ばれている。それは利休の黒楽茶碗のような重々しさではなく、といって織部の沓形茶碗のようにデフォルメが過ぎてもおらない、端正優雅な美しさである。その意味で遠州の美的感覚は、利休と織部を止揚したところに生まれた、まさしく近世的な美意識であったといえよう。

## 本窯・脇窯・別窯

### ちゃわん屋

手捏ねによる茶陶作りが利休と長次郎によってはじめられたことは、祖型をどこに求めるかは別としても、茶陶の造型に新しい可能性を開くことになった。また長次郎の作といわれるものには複数の作風がみとめられ、田中宗慶・同宗味・常慶らの作品も混在していると考えられているが、現在のところどれがだれと特定はできない。

留意されるのは、『楽家文書』のうち元禄六年（一六九三）の『覚』によれば、先の庄左衛門（宗味）の孫について、「たいかう様（秀吉）よりはいりやうの楽の判、そうりん（双林）寺に有」と記されていて、事情は明らかでないが、長次郎の没後、庄左衛門方と常慶（吉左衛門）方との間に争いがおこり、そこで前者側が楽の印を凍結するために東山双林寺に籠ったようだ。したがってその後の楽家は吉左衛門系であり、このころでは、「ちゃわん屋」の名で呼ばれていたようである（『楽家文書』）。

初期の楽焼（初楽）は焼成度が低かったためにつやがないが、常慶の子、道入《どうにゅう》（ノンコウ）のときから焼成度が高まり、釉薬の進歩もあってつやのある独得の色調にかわった。またその技法が地方へも伝えられている。ことに四代一入の弟子で、寛文六年（一六六六六)、千宗室(仙叟)にともなわれて加賀前田家に下った土師《はじ》長左衛門は、そのまま金沢に住みつき、居住地名の大樋《おおひ》を名字として大樋焼の祖となったが、このように一族や弟子で楽焼の系統を引くものを楽家の「本窯」に対して「脇窯」と呼んでいる。道入の弟道楽、一入の庶子といわれる一元の玉水焼(山城国綴喜郡井手)なども脇窯に数えられている。

## 鷹峯村の茶陶

これに対して、人によっては脇窯とされることもあるが、楽焼の影響を受けながら豊かな個性を発揮したので「別窯」といわれるのが、本阿弥光悦の茶陶である。光悦は先の常慶・道入(ノンコウ)父子に習ったといい、土や釉の提供も受けて慶長年間に作陶をはじめているが、本格的になったのは元和元年(一六一五)家康から洛北鷹ヶ峯に土地(東西二百間×南北七町)を与えられ、一族親類とともに住んで、いわゆる鷹峯村(光悦町)を形成して以後のことであろう。もっともここはかつていわれたような芸術村ではなく、むしろ「いはい(位牌)所」を中心にとり結ばれた法華信徒の集落であったが、それでも蒔絵師・紙屋・筆屋などの顔ぶれといい、ことに光悦自身、寛永初年以後この地に隠棲し、趣味生活に入るから、芸術村としての性格をまったく否定し去ることもないであろう。

そんな環境のなかで光悦の作陶がなされたのだが、これについては自身、「陶器を作る事は余は惺々翁《せいせい》(松花堂昭乗)にまされり、然れども家業体にするものにあらず、只鷹峰のよき土を見立て折々拵へ侍る計りにて、強て名を陶器にあぐる心露いささかなし」(『本阿弥行状記』)と述べている。その自負と余裕が書や蒔絵などと同様、スケールの大きい風格のある茶陶を生み出したのであろう。当時から高い評価を受けたばかりでなく、その自由闊達な美意識は造型上の影響をのちのちまで及ぼすこととなった。

## 初期京焼の展開

### 「京ヤキ」の初見

京都やその周辺の窯が茶陶づくりにかかわってくるのは、わび茶の普及した安土桃山時代のことで、それまでは瀬戸など地方窯の活動の方が主であった。ところが聚楽焼こと楽の今焼が刺激となって、窯が各所に開かれるようになった。そんな際、瀬戸の陶工が招かれるということもあったようだ。そこで、これら京洛一帯の窯で焼かれたものを京焼と呼ぶが、あとに述べるように、そのうち御庭窯的なものが早く廃絶に帰す一方、仁清の御室《おむろ》焼が一世を風靡し、諸窯の作風がかわる江戸中期までのものを、初期京焼といっている。

さて京焼の起源については、江戸初期、寛永初年に瀬戸の陶工、三文字屋九右衛門が粟田口三条蹴上《けあげ》に窯を築いたのにはじまると伝えるが、茶会記によれば「京ヤキ」の字はすでに慶長年中に現れている。すなわち慶長十年(一六〇五)六月十五日の津田宗凡の昼会で用いられた肩衝が「京ヤキ」であった（『宗湛日記』）というのを初見とし、以後「一、右茶椀《(碗)》、京ヤキ也、ヒツム也」「一、黒茶碗、京ヤキ」（同年九月二十六日、十月五日、上田覚甫会）などと現れてくる。もっとも以前述べたように、天正十二年（一五八四）三月二日の宗及朝会で用いている「ひつみたるかうらい」が、前後の記事から「京ヨリノ」「京ノ」高麗茶碗のことであり、京でつくられたものであると考えられるなら、これを京焼の史料、しかも初見史料とみることもできよう。さすれば慶長十年よりさらに二十数年は遡ることになる。

## 京洛の諸窯

それはともかく京焼は本格的には慶長期にはじまり寛永から寛文期あたりにかけて発展をとげたようである。それにともない、窯も粟田口焼（陶工に作兵衛・理兵衛がしられる）はもとより東山山麓一帯にひろがって、音羽焼・清水焼・八坂焼（清兵衛）・清閑寺焼などが現れたばかりでなく、洛北から洛西にかけても修学院焼・野神焼・御菩薩池《みぞろがいけ》焼、そして御室焼などを生み出している。

これら京焼の特色は、第一に、唐物写し・高麗写し・瀬戸写しの茶碗・茶入などを主とし、その作風も当初は瀬戸の銹絵《さびえ》といった技法に倣うものであったこと、第二に、その多くが宮廷貴紳・門跡などをパトロンとする御庭窯的要素がつよかったこと、である。修学院焼は後水尾院が寛文四年（一六六四）十二月、修学院離宮に窯を築いた、いわゆる御庭窯（焼）であり、同月四日の窯開きには、院の弟である照高院宮興意法親王をはじめ中院通茂・日野弘賢・烏丸資慶、鹿苑寺（金閣寺）の鳳林和尚らが招かれて茶会があり、くじを引いて焼物をそれぞれ拝領している（『隔蓂記』）。ここでは粟田口の陶工が製陶にあたり、典雅な作風をもっていた。野神焼というのも院の第七皇子後西院天皇が現在左京区田中野神町あたりに築いた御庭窯であるが、当然修学院焼の影響を受けていただろう。つぎに御菩薩池焼は、北区の深泥池付近で野々村仁清が焼いたものとも、その門人源助なるものが始めたものとも伝えるが、むしろ古清水や粟田口焼に近いものがある。そしてこれは、野神焼と同様、延宝年間には廃絶に帰した。修学院焼も後水尾院が延宝八年（一六八〇）に亡くなってからは自然消滅している。その他の窯についても粟田口焼が青蓮院《しょうれんいん》、清水・音羽・八坂焼が清閑寺、そして後述の御室焼が仁和寺というふうに、有力寺院門跡の領内にあり、それぞれ門跡を保護者とする関係があったと推測されている。そんなことから初期京焼についての第三の特色として、宮廷貴紳門跡の保護色が強かった窯ほど早く頽れていること、があげられよう。

### 仁清と宗和

その意味ではパトロンである金森宗和の影響を強く受けながら、その歿後も名声を保ったのが仁和寺焼の野々村仁清である。丹波の陶工だった壺屋清右衛門が京都に上りいつごろから焼きはじめたのかは明らかでない。金閣寺鳳林和尚の日記『隔蓂記』正保五年(一六四八)正月の条に「御室焼茶入」とあるから、開窯はこれ以前のことと考えられるが、同年(改元して慶安元年)三月の茶会で宗和が「アラヤキ水指」を用いており、それは宗和の切形によったものというから(『松屋会記』)、おそらく仁清は開窯の当初から宗和の指導の下で焼いたものと考えられる。その関係を通じて宗和は、第三者への茶器の斡旋もしたようである。

宗和の茶は、禅茶を強調し、かつまた経済的不如意を体験したことで「乞食(わび)宗旦」といわれた千宗旦との対比で、しばしば「姫宗和」と呼ばれたが、それは宗和が宮廷貴紳と親交し、王朝趣味の横溢した優美さを特色としたからである。その点では既述した小堀遠州の「きれいさび」と通ずる美的世界であり、事実またこの両人の間には親しい交わりがあった。

御室焼の特色は何よりもその華麗豊饒な色絵付に求められる。この陶法を仁清は瀬戸焼や初期京焼に学びつつも、宗和の美意識に導かれつつ、華麗優雅な色絵陶を完成したのであった。その結果京焼の作風は色絵ものに一変している。宗和は明暦二年(一六五六)十二月に歿し、仁清は悲しみの余り出家するが、作陶は続け、評判はいよいよ高かった。修学院焼などとちがいパトロンの死ですぐに消滅しなかったのは、御室焼が公家はもとより武家や上層町人にいたる幅広い支持層を得ていたことによるものであった。

仁清は元禄初年まで生きていたらしく、しかも晩年は花中亭と号して絵も描いたが、御室焼の意匠や色彩を見れば肯かれるところであろう。そしてこの美意識はやがて尾形光琳・乾山へと引きつがれていくわけであった。

# 京料理と生活文化

## はじめに

京料理とは京都で育てられ洗練された日本料理の一種であるが、日本料理そのものが京都を主要な場として形成されたことを考えれば、両者はいわば同義語であり、京料理こそが日本料理の精粋であるといってよいと思う。これから京料理の歴史を辿り、その特色といったものを見て行くわけであるが、おのずからそれは日本料理の系譜のなかで理解することになろう。

ところで、当然のことながら、日本料理といい京料理というも、それらはいずれも異質な料理（法）との接触、あるいは対比のなかで生れた呼称であり概念である。前者の場合でいえば西洋料理が紹介、輸入されたことにより、在来の料理（法）とのちがいが自覚され、これを日本料理と呼ぶようになったのであって、古来からの呼称というわけではない。

同様の意味において京料理という呼称も、京都以外の土地の料理、おそらく江戸の発展による江戸前（風）の料理（法）が生れ、それと上方風料理との差異といったものが意識されるようになって以後のものであろう。じじつ享保十五年（一七三〇）に板行された料理書の一つ、『料理綱目調味抄』には、京・大坂および江戸の料理のちがいを指摘した、つぎのような記述がある（便宜上、大坂、京の部分で改行した）。

或人曰く、東武（江戸）の料理風俗大略律派（立派）、わんの内ことに奇麗なる事を好み、少し珍しき作為を好む。按排からく少しはしほあり。大方酒遺ふことなく、白味噌を好まず、赤味噌を専らに用ゆ。尤も面白し。
大坂は所がらして料理に肉多し。就中毎事に閑麤（簡素）なる事を嫌ふ。
京は海辺隔たり、時によりて魚鳥乏し。常にしほもの（塩物）をよくつかひ覚え、手づまよく取合せ、大略按排を第一とす。

食事に限らないであろうが、いまでも見られる大坂の実質主義の「所がら（柄）」が指摘されており、また江戸については「按排からく」、赤味噌を用いることなどがいわれ、こんにちの東京料理の特徴が江戸中期には生れていたことが知られる。他方、京の料理についても、海から遠いために塩（干）物をよく用い、取合せ、按排（味工合）を第一にしているといい、京料理の特色が的確に指摘されている。

こうした三都を中心とする料理の「所がら（柄）」（風土性）が明確となるのは、伝統的な都市であった京都は別として、大坂や江戸などの都市的な発展が進んだ十七世紀末あたり以後のことであろう。もっとも、料理の「所柄」が地理的環境や住民構成などに条件づけられて形成されたという意味では、土地の数ほど料理（法）はあってしかるべきだし、じじつそれはこんにち郷土料理という名で呼ばれているが、実際問題として料理に関心が抱かれたのはまず都市においてであった。なぜなら料理は都市生活の発展のなかから生れた、一種の都市文化と見られるからである。

料理は先の『料理綱目調味抄』にも出てくる「取合せ」「按排」を大事にすることから生れた。『貞丈雑記』（飲食之部）の言葉を借りれば、料理とは「はかりおさむとよみて、食物を調ふる事ばかりに限らず、何事にても取りはからひ調ふることを云」うものであった。つまり取り合わせの作意である。材料を加工するのが料理であるが、そこに美的な操作が加えられている。料理とは、味つけはもとより、形と色彩への配慮が、器物の選択、配置あるいは盛りつけ方にも及び、ある種の食礼（食事作法）をふくめての綜合的な概念であるといってよい。食べるという、それこそもっとも日常的な、ときには生物的ともいえる行為を客体化し、そこに作意を働かせて楽しむ、つまりそれは一種の生活の虚構化であるが、この日常性の虚構化のなかに成立するのが、ことのよしあしは別として、きわめて日本的な文化形式―生活文化というものであった。

その点でわたくしが想起するのは、茶の湯のことを「日常生活の俗事の中に存する美しきものを崇敬する一種の儀式」（『茶の本』）といった岡倉天心の言葉である。喫茶というごく日常的な行為を茶の湯たらしめているのは、儀式すなわち一定の日常性離れ、虚構化にあるといえる。とするならば天心の定義は、そのまま日本料理―京料理にもあてはまるものではなかろうか。しかも茶の湯が禅院茶礼を母胎としつつも、応仁・文明の乱後急速に発展した都市―京都や堺の住民の間に受けいれられ（そこでかれらが茶室をかまえて茶の湯をたしなんだことを「市中の山居〈山里〉」といった。山里をかれらは自分の生活＝市中に取り込んでいるわけである）、それによって草庵茶の湯、わび茶の湯として形成されたように、まさしく現実的な都市（民）の美意識の所産であった。生活の虚構化は都市の機能であり、都市の体質であったといってよい。

それと同じことが料理についてもいえると思うのである。生活文化としての料理は、一定の経済的余力がなければ生まれないものだからである。その点、三都の料理（法）が江戸中期に明確となるのは十分に意味のあることであった。

さて、「料理」を成り立たしめているものは材料、調理法、調味料、道具あるいは庖丁人などであり、それら諸要素の時代的な変化を辿るのが料理の歴史であるといってよいが、人間をはなれて料理はなく、実際にそれらを結びつけているのが人々の食事の場においてであるとすれば、料理の概念にはある種の食事儀礼がふくまれてしかるべきであろう。したがってそうした食礼は、主として公的な饗応宴席の場におけるハレ（晴れ）の作法であった。狭義の料理（法）は、そういうハレの宴席を第一義的な場として考案され洗練され、それがケ（褻）の生活のなかに取り込まれることで日常化し、普及して行ったわけである。その意味でこんにち日本料理の代名詞ともなっているのが「会席」料理であるのはけっして理由のないことではない。

近時日本料理、京料理をふくめ料理そのものに対する関心がとみに高まっているかのようである。これには、核家族化の進行にともない、食事文化の伝承が困難になったことから、若い世代の人々に実用的な料理の知識が求められている、といった事情もあろう。しかしその根底には、日々の食事生活の多くの部分が急速に簡易食品《インスタント》に占められ、潤いを失っているような状況のなかで、料理の原点とでもいうべきものを見直したいという、いわば文化的な飢餓意識もあるように思われる。

## 日本料理の系譜

ひと口に京料理といっても、人によって理解はさまざまであろう。しかしその特色とするところが、季節感にあふれ、素材を生かした味つけ、器物と調和した視覚的な美しさにあることは異論がない。そしてそれが一千年とはいわないまでも、王朝以来の京都という歴史と風土のなかで育てられた、生活の美意識の所産であることも、容易に了解されるところである。そのあたりのことを、京料理の母胎である日本料理の系譜のなかで考えてみたいと思う。

## 膳夫の始祖伝承

ところで話は神話伝説の類となるが、日本料理の始祖としてあげられるのが、記紀に登場する七拳脛《ななつかはぎ》や磐鹿六雁命《いわかむつかりのみこと》である。七拳脛は久米直の祖で、日本武尊につねに膳夫《かしわで》として随伴した人物といい（『古事記』）、また膳臣の遠祖である磐鹿六雁命も、同じく景行天皇の東国巡狩の際、淡《あわ》（安房）水門《のみなと》でとれた白蛤《うむき》（はまぐり）を、供奉の膳夫である六雁命が鱠《なます》につくってたてまつり、膳大伴部を賜わったと伝える（『日本書紀』）。もっとも延暦八年（七八九）進上の「高橋氏文《うじぶみ》」によれば、八尺白蛤一貝と堅魚《かつお》とを大后に献じたとあって所伝を異にする。日本武尊の物語はそのままが史実ではないとしても、五世紀を中心としたいわゆる倭の五王時代、倭王権による国内統一という歴史的事実の投影された説話と考えられている。ところがそうした時期の記紀を見ると、征服戦という形をとるのは意外と少なくて、地方豪族が饗応し馳走する場合が少なくない。けだしそこでは「饗応」が服属の証であったからであるが、それは言葉をかえれば饗応のもつ人心融和の機能に負うものにほかならない。そして料理は古来、そういう饗宴を場として発展をとげて行ったといってよい。

それはともかく、こうした戦に膳夫が従軍したのは当然考えられるところで、それが官司制の発展にともない、内膳司や大膳職の官人にくみ込まれて行ったものと思われる。旧藤原宮域の東西に「膳夫」「内膳」といった地名があるのも、そうしたことの名残であろう。令制によれば内膳（司）は天皇の供御を掌り、膳夫（部）は後宮の食膳を掌ったから、右の場所はそれぞれの役所に従う男女官たちの居住区であったとみられよう。『新撰姓氏録』によれば、先の膳臣が天武十二年（六八三）に高橋朝臣の姓を賜ったとするが、朝臣はその翌、天武十三年に制定される八色《やくさ》の姓《かばね》の一つであるから、この年（六八四）に至って改氏姓が完了したものとされている。こうして高橋氏は、本朝御食《みけ》料理人の長として上古の料理法を伝えつつ、禁裏御厨所を預る料理の家となったが、料理の世界でも部民制時代の職掌を持ち伝えながら律令官司制が整備されて行った事情がうかがわれ、興味深いものがある。これは中世に登場する庖丁家についても同じような傾向が指摘できる。庖丁家についてはあらためてのちにふれる。

## 日本料理の原点

さてこのような記紀説話を引き合いに出したのはほかでもない。そのなかに古代における料理法の特徴が見られるからであった。すなわち先述のように磐鹿六雁命は堅魚と蛤とを「鱠」につくっている。このように魚介鳥獣の肉を調理することを古くは「割鮮」とも書き、それを「ナマスツクル」と訓《よ》ませている。肉を細かに割き、新鮮なうちに食べるという生身《なまみ》食を意味している。

あらためて述べるまでもなく食物の調理法には「煮る」「焼く」「蒸す」「炒める」「茹でる」「揚げる」といった方法があり、一、二を除いてはいずれも古くから考え出された加工処理であったが、「生《なま》」で食べるのがもっとも古い形であったことはいうまでもない。ただしそれがナマスと呼ばれたのは、その生ものを醋（酢）で味をつけて食べたことによるが、おそらく当初は魚介鳥獣を通じて行なわれ、また調味料としての醋（酢）も、酒がくされば酢となることを考えれば、酒と同じほど古い歴史をもっていたと思われる。割鮮ことナマスツクルは、わが国でもっとも古い料理法であったといってよいであろう。

この割鮮は、料理法としてはこんにちの「刺身」にあたる。しかしこんにちのように醤油をつけて食べるようになったのは近世に下ってからのことで、それ以前はサシミ（刺身、指身）といっても醋を用いていた。サシミは『康富記』文安五年（一四四八）八月十五日条に、「鯛の指身をすゑる」とあるのを以て初見とするが、当時はなお「サシミナマス」であったわけである。もっとも指（刺）身という新しい呼称が生じたのにはそれなりの理由があり、それまでは肉を細く切って醋で味つけをしていたもの（鱠）が、室町中期ころから鱠よりは厚手に切るようになったからである。これには調味料の進歩ということも考えられるが、仏教思想＝精進料理の影響などもあって、主たる材料が魚介類に限られて来たことも無関係ではないであろう。そしてこの鱠－刺身はこんにちに至るまで日本料理の代表となっている。

このように見てくると、調味料の問題もかかわってくるが、魚介鳥獣を生身で食べるという食習俗は、日本人に不可欠な料理法といえるほどに生命力をもっていたことがわかる。いわば固有料理であり、日本料理の原点であった。

料理のことをよく「割烹《かっぽう》」という。「烹」とは狭義には煮るの意であるが、先述した「煮る」「焼く」「蒸す」……などの調理法の総称とみてよい。割鮮を根本とする日本料理がしばしば「割主烹従」であったといわれるゆえんである。そしてこれは、素材の味や色をできるだけ生かすことを心掛ける京料理の原点であり、伝統でもあったといえると思う。

## 台盤料理

割鮮（鱠）のあり方を通して、それが日本料理の原型であり、固有料理ともいえるのであったことを見たが、こうした食習俗が分ると、平安時代の貴族社会における料理法であった「大饗《だいきょう》」料理の特色も理解されてこよう。

ここにいう大饗とは、毎年正月二日、中宮や東宮が拝賀のあと内裏の玄輝門の東西廊で行なわれる饗宴（これを「二宮大饗」といった）とか、大臣家が毎年の正月や、大臣初任の折に自邸で催す饗宴（これを「大臣大饗」といった）のことで、その様子は『年中行事絵巻』に見ることができる。

こうした大饗に際して出される料理は、当然のことながらハレ（晴）の料理であり、その時期での料理水準を示していると見られるが、その特徴はつぎのようなものであった。すなわちこの料理は、机（台盤）の上に置かれた魚介鳥獣類の肉を客人各自が取り、それを手前に置いてある酢・塩・醬《ひしお》などの調味料で味をつけて食べるという、先述来の割鮮料理であったことである。すなわち台盤の上に置かれているのは飯の他、汁物・窪坏物《くぼつき》・貝物・生物《なま》・干物・菓物などで、これに酢・塩・醬といった調味料が箸や匙といっしょに置かれている。雉・鯛などの生物はもとより、窪坏物にしても貝物にしても事実上生物といってよい。他方菓物と呼ばれた干物が多いのも特徴で、「楚割《すわやり》」というのは、魚類を乾かしたものをスルメのように細かく割いたもので、割鮮の干物版である。これらのなかには窪坏物としての海月《くらげ》のように酒と塩、あるいは堅魚煎汁《かつおいろり》などに和《あ》えて適度に味つけがしてあるのもあるが、多くは生物か干物、でなければもっとも単純な処理（煮る、焼く、蒸す）がしてあるだけの食物が台盤上に置かれているわけである。それを各自が箸や匙で取り、調味料で味つけして食べるという、大饗料理にみられるこうした形式を、ここでは「台盤料理」と呼ぶことにしよう。

ちなみにこうした主食や副食（これを「あわせ」といった。「おかず」のこと）を置く食膳の机を台盤といい、その大きさによって長台盤（大勢用）切台盤（少人数用）あるいは小台盤（二人用）などと呼んだが、内裏では清涼殿の一角におかれていたのでこれを台盤所といった。のちの台所がこの語に由来することはいうまでもない。また摂関家の場合は氏《うじの》長者《ちょうじゃ》が長者印と朱器台盤とを伝領し、この二つが氏長者の象徴ともなっていた。台盤も朱や黒の漆塗りであったが、その上で用いられる器も朱塗りの木器であったので朱器台盤と呼ばれ、平素は京中にある東三条殿《とうさんじょう》の東、鴨井殿にあった御倉町《みくらまち》の納殿《おさめどの》に納められていたのである。

ところでこうした大饗料理は、前述の理由からいっても、きわめて日本的な料理法であったが、しかし台盤食礼ともいうべきもの、すなわち台盤の上に二人以上の複数人数分の食物が置かれていて、銘々の膳部仕立てではなかったというのは、全く中国的なものであった。『倭名抄』にも、「大槃（盤）、唐式也」とあり、唐風のものとしている。床子《しょうじ》（椅子）に坐るというのも唐風であった。したがって大饗の台盤料理はハレの席における饗膳であり、おそらく親王公卿ら貴紳にのみ限られた食事形式であったと思う。

## 銘々膳

中宮大饗や大臣大饗を描く『年中行事絵巻』には、正月十八日に行なわれる「賭弓《のりゆみ》の

宴」も描かれているが、南庭に幔幕を張りめぐらしたなかに設けられた仮設の宴席には、
衛府から選ばれた射手たち各人ごとに衝重《ついがさね》に盛られた食事が出されており、台盤膳ではな
い。銘々膳である。
しかも『伴大納言絵詞』『聖徳太子絵伝』、あるいは『餓鬼草紙』『春日権現験記』とい
った、平安後期から鎌倉期にかけて作成された絵巻物がいずれも描くように、食膳は各人
の前に置かれた高坏の上に、皿に盛られた食物がのせられている。『病草紙』になると、
これは全く庶民の食事風景ということになるが、ここでは足のない折敷《おしき》の上に飯・汁と、
魚その他を盛る菜が三皿（正確にいえばもう一皿が飯のかげに見えるが、内容は分らない）が
のせられている。いわゆる一汁三菜である。

つまりこれによる限り、同じ宴でも大饗ほどのハレのものでない時はもとより、日常の
食事においては銘々膳を用いたのが、階層の如何を問わず共通する、もっとも一般的な食
礼であったことがわかる。その意味で平安時代を大饗＝台盤膳のみで見る一元論は正しい
理解とは思えない。この銘々膳の形式がこののち発展して、中世室町時代の本膳料理とな
るわけである。そしておそくとも中世初期には、日本料理の定型となる一汁三菜（一種の
汁と膾《なます》・煮物・焼物の三種の菜）の食膳形式も成立していたといってよい。

## 京料理の成立

### 一汁三菜

清少納言の『枕草子』（『日本古典文学全集』）三一三段に、大工の食べぶりを描いたつぎのような一文がある。

たくみの物食ふこそ、いとあやしけれ、寝殿を建てて、東の対《たい》だちたる屋を造るとて、たくみども並《な》みて、物食ふを、東面に出でゐて見れば、まづ、持て来るやおそきと、汁物を取りてみな飲みて、土器はついすゑつ。次にあはせをみな食ひつれば、おものは不用なゝめりと見るほどに、やがてこそ失せにしか。三、四人ゐたりし者の、みなさせしかば、たくみのさるなゝめりと思ふなり。あな、もたいなのことどもや。

食事時になって待ちかねたかのように大工たちが、土器に入った汁物を飲み、「あはせ」（副食物）を「おもの」（飯）も不要かと思うほど食べたが、ご飯もあっという間に平らげてしまった、というもの。清少納言のあきれぶりが目に浮ぶようであるが、当面この一文が留意されるのは、三條西公正氏が指摘されたように（「王朝の料理」別冊太陽『料理』所収）、膳部が飯と汁と菜とから成り立っており、日本食の原型が王朝時代にはでき上っていたと思われる点である。前節末でわたくしは、画証から一汁三菜はおそくとも中世（鎌倉）初期には成立していたといったが、その時期はもう少し遡らせてよいと思われる。

こうした食事の形式と内容は、その後鎌倉時代を通じてほとんど変ることはなかったようである。建久元年（一一九〇）十月十三日、上洛の途次、遠州の菊川宿に泊った源頼朝のもとへ、守護の佐々木盛綱が折敷に鮭の楚割《すわやり》（干した鮭を細く割いたもの）をのせたのを、いま削ったばかりですが、大変おいしいのでぜひ召し上って下さいと、使者に届けさせたところ、大そう感激した頼朝が、折敷に、「待ちえたる人のなさけも楚割のわりなく見ゆるこころざしかな」という歌を書き記して返したという話があるし（『吾妻鏡』）、『方丈記』によれば、北条時頼が平宣時と酒を飲もうとしたが、肴がないので、台所の棚にあった味噌をもち出して数献に及んだという話などは、いずれも武家の場合であるが、鎌倉時代における食事文化の貧困さは、公武を通じてそれほどのちがいはなかったであろう。わが国における食事文化が急速に発展したのは、南北朝期以後の中世後期のことであった。

## 都鄙交流のなかで

その主たる理由はなんといってもこの時期における社会的変動である。ことに京都を中心に考えた場合、食事文化の上でも、都鄙の交流のなかで生み出され、発展したものが少なくなかったのである。

　その一は、幕府が鎌倉から京都に移ったことにより、公武混淆が進んだことである。こ
とに武士が多数京都に上り、いわゆる「在京大名」が京中各所に宿所をかまえ、京都は公
家・寺社の町である以上に武家の町となった。その数を正確に知ることはできないが、高
尾一彦氏は、京都の人口は十五世紀の末で総計十五、六万、多く見積って十七、八万に達
したが、このうち公家・武家・神官・僧侶の数はざっと五万、うち武家だけで、三、四万
にのぼったろう、とみている（『京都の歴史』3）。かれらは家格に応じた門構えの宿所を
京中に営んだが、幕府もまたかれらの京都止住を義務づけ、勝手に分国へ下ることを許さ
なかったのである。こうした在京大名衆が「日々寄合、活計ヲ尽」した有様は『太平記』
も好んで取上げるところで、バサラ大名の佐々木道誉などはその典型であった。ひんぱん
にもたれた連歌会や茶寄合には食事が出され、それが分国や郷里を異にする武士たちの間
に料理についての知識の交換を促したことはいうまでもない。一条兼良の『尺素往来』に
は、点心をたくさん用いるのは「元弘様」と号して当世の物笑いである、といった意味の
ことが述べられているが、元弘とは鎌倉最末期、鎌倉武士が大挙入洛し、例の「二条河原
落首」も皮肉ったような、京都と鎌倉の風俗が急速に混淆した時期の年号である。元弘様
とは、そんな時期、顕著となった田舎様（風）という意に他ならない。ともあれ京都を場
とする都鄙の交流が食事文化に及ぼした影響は絶大で、武家社会を中心に本格的な式正料

理が発展した時代的な理由もこの辺りに求められよう。

### 禅宗と食事文化

しかし武家社会を中心に独自の料理が展開するについては、その直接の前提となったものとして、禅宗寺院における茶礼・食礼の確立と、それの民間（ことに武家社会）への波及を看過することができない。

もっとも、寺院が食事文化の発展に大きな役割を果してきたことは旧仏教とてかわりはなかったが、鎌倉時代に将来された禅宗が他と異なるのは、「清規《しんぎ》」（僧侶の常住坐臥守るべき規則）のことをことさら重視するところにあった。その結果「永平清規」をはじめいくつかの清規が日本の禅院でもつくられるようになった（今枝愛真「清規の伝来と流布について」『日本歴史』一四六）。

その清規のなかに喫茶・喫飯儀礼がふくまれていたというわけである。喫茶儀礼については毎年四月下旬に行なわれる建仁寺の四つ頭《がしら》の茶会に、おそくとも南北朝期にまで遡る禅院茶礼の古態を見ることができるが、食事に関しては食礼および料理法―精進料理法の及ぼした影響が絶大であった。禅宗のもつこのような生活規範のゆえに、この宗派に対して、純粋な教義においてというよりは、むしろ日常性の次元で理解することが一般化したものであろう。

ところでこの時期（南北朝〜室町時代）、茶の湯と食事とは不可分のものとなった。食事と酒との関係は古来密接であったが、食事と茶が結びつくのは、禅院における喫茶・喫飯儀礼の影響に負うところが大きい。すなわち右の四つ頭茶会に基づく茶事を記す『喫茶往来』によれば、

(一) 会衆が客殿に集まると、まず水繊《すいせん》・素麺《そうめん》といった点心や酒茶が出される。
(二) そのご会衆は席をはずして庭を逍遥する。
(三) しかるのち二階の奇殿（喫茶亭）で茶会をはじめる。
(四) 茶会が終ると道具が片づけられ酒宴に移る。

とある。これはこんにちいうところの「正午の茶事」そっくりである。正午の茶事では、まず会衆に一汁三菜、酒三献、菓子が出され、その間に初炭がおかれる。人びとは一旦茶席の外に出て露地の腰掛で待つ。いわゆる中立《なかだち》である。そのうちに準備ができると人びとは茶席に入り、後入《ごいり》の茶事が始まる、というものである。

このような正午の茶事に収斂する『喫茶往来』時代の茶の湯が注目されるのは、第一にそのなかに食事がふくまれ、茶事と食事とが不可分の形で結びついており、それが後述する「数奇」と「振舞（＝料理）」として明確化されることであり、第二は、中立をはさむ

前後二度の馳走という形式は、書院造が発展したあとも、はじめの三献のみは公の建物である寝殿で行ない、あらためて書院で膳部が出されるという形式と対応していることである。

## 書院座敷の発展と式正料理

ここで室町期の料理――式正料理とか本膳料理などと呼ばれる――を発展させた要因として、それが催される場としての座敷－書院座敷の発達についてふれておく必要がある。

幕府の殿舎は当初、公家の住宅である寝殿造の建物をハレの建物としており、それは義満・義持・義教とて同様であった。ところがケの建物としてこの時期「会所」がつくられるようになり、時代が下るほどふえている。しかもこの会所は書院造の様式でつくられており、武家文化の象徴とでもいえる存在であった。そしてこの傾向の赴く所、ある時期からハレの建物も寝殿造から書院造へ切替えられてしまう。ちなみに書院造とは、出文机としての書院と厨子棚と押板とが結合して書院・違棚・(押板) 床となり、座敷飾の場となったもの、これに畳が敷きつめられることによって、全く新しい生活空間として生れかわった。その座敷飾について述べられたのが同朋衆であった能阿弥、相阿弥の定めた『君台観左右帳記』であるが、食事については何も記すところがない。将軍の膳部をととのえるのが同朋衆の役割ではなかったからであろう。いずれにせよ畳座敷での饗宴は、板敷に円座を敷いて座った鎌倉期以前とは比較にならないほどのくつろぎと楽しみを与える一方、こうした住宅様式の変更は食礼にも大きな影響を与えている。ことに御成料理すなわち公方(足利将軍)や信長、秀吉ら武将が家臣の邸宅に赴くとき、当該大名が贅を尽して饗応にあたった有様は、文禄三年(一五九四)の『前田亭御成記』などにも見ることができよう。そこでこうした武家社会におけるハレの饗応料理を式正料理と称している。書院の茶が真の茶とされ、同じくそこでの三具《みつぐ》足《そく》の花が真の花といわれたように、書院での料理が正格の料理とされたのである。もとよりそれを式正と称するゆえんは、公方殿中において規格化された正式の料理であるという意味をこめている。

書院座敷における式正料理の特徴は、まず「式三献」(引渡膳・雑煮膳・吸物膳)が出され、ついで七五三膳または七の膳などと呼ばれる本膳料理が展開することである。この式正料理は本膳料理であり、各人の前に高坏・三方あるいは折敷をもって出されるが、華美となるにつれ本膳の他に追膳(二の膳)、三の膳と続き、饗膳が終るとあらためて酒宴となり、それはときに十献、十五献に及ぶのであった。少しく時代は下るが、寛永三年(一六二六)九月、徳川秀忠・家光父子が後水尾天皇を二条城に迎えて催した饗宴ではじつに十九献にも及んでいる。しかも用いられた御膳の道具はすべて金銀製であったというから、その華麗さもしのばれるというものである。四十メートルにおよぶ『二条城江禁裏行幸之御時御献立之次第』というのが、この時の盛儀を描いた絵巻として伝えられている。

## 酒飯論

室町幕府を中心とする武家社会に発達した書院座敷は、式正の本膳料理を成立させる上での要件であったが、そうした本膳料理の一端を知るに足る絵画資料が、三時知恩寺蔵になる『酒飯論』であろう。

この『酒飯論』は、その名も造酒正《みきのかみ》糟屋朝臣《かすやのあそん》長持《ながもち》と飯室律師《いいむろのりつし》好飯《こうはん》とがおのおの酒と飯のよさを吹聴するさまを描いた絵巻物である。中国には古くから『茶酒論』といって茶と酒の功徳、楽しみを説いた一種の戯作文学があり、それがわが国にも伝えられ、天正四年（一五七六）には、美濃乙津寺《おつしんじ》の僧蘭叔《らんしゅく》によって『酒茶論』が書かれているが、ここではそれを酒と飯について同様の趣旨を絵にあらわしたもの（詞書もある）といえよう。絵巻の成立は江戸時代に下るともみられるが、描かれた内容は戦国時代のものと見てよく、当時における食生活の一面を知ることのできる貴重な資料である。

まず酒の部。大きな押板床のある武家屋敷の書院の大部屋ではいましも酒宴たけなわというところ、すでに陶然となっているものもいる。隣の部屋では酒樽がいくつも持込まれ、それを開けては銚子にうつして座敷に運んでいるが、燗をつけている場面がないのは、俗にいう〝ひや〟で飲んだからである。各人の前には「足なし折敷」に肴がおかれ、座の中央には鉢に盛物が一、二種おかれている。

一方飯の部では、僧と稚児の前におかれた大小二つの足付折敷には山盛の飯や精進料理がのせられ、飯を食べることの楽しみが描かれている。手前の大鉢に盛られているのは瓜で、食後の果物であろう。台所でも飯がにぎられ、汁の味ききがされている。また厨子棚には団子、粽《ちまき》その他の菓子類がおかれ、隣室では風炉釜で茶の湯が用意されている。まさしく料理と茶・酒とは不可分のものであった。

いま一つのシーンが、いわば酒・飯の綜合の部で、主室では二の膳つきの食事をしている。台所では魚鳥類の調理がなされ、中央の部屋では酒と菓子の用意がなされている。画面には多少の誇張もあるが、中世の食生活の姿をよく伝えている。

## 庖丁家の登場

さてこうした本膳料理の発展のなかでみられたのが、料理を業とする特定の家ー庖丁家の登場であり、それと表裏の関係で料理故実が種々つくり出されたことである。

日本料理人の祖とされる高橋氏はともかく、平安中期藤原山蔭が料理を研究したのが四条流の祖とするのは、伝承の域を出ない。しかし以前述べたように生ものを食べることの多かった古代の食事法のなかでは、魚鳥類を客人の前で料理すること自体が饗応馳走とされ、『聖徳太子絵伝』などにも饗応の席で猪を料理しているシーンが描かれている。おのずから庖丁の扱いが重視され、それに巧みな人物が名を得ることにもなったにちがいない。

じじつ『今昔物語集』巻二十八第三十話にも、紀茂経のような庖丁さばきを得意とした人物が出てくる。しかもそれが人前で行なうものであっただけに、庖丁扱いは芸能化する要素も多分にあったわけで、「まな箸」と庖丁とをもってする庖丁式というのが、ある種の約束事—故実に従って行なわれる庖丁さばきの芸能化した姿に他ならない。

このような庖丁人(家)の出現は、律令制の衰退にともない、特定の公家に特定の官職が固定し、いわゆる家業が成立するといった時代の趨勢に従うものであり、平安後期にはその萌芽があったとみられるが、それはおのずから家ごとの料理法というか故実を形成することにもなった。しかし庖丁家や料理の故実の成立は、調味料の進歩といったことをふくめて、料理法の本格的な発展期である室町時代の武家社会においてであったといってよい。公家では山蔭流のあとと称する四条家が知られたが、武家では進士・大草の両家が庖丁家とされ、おのおの秘伝が編み出され、それぞれの流派を生み出している。ちなみに広島県三原市久井町の久井《くい》稲生《いなり》神社では、いまも毎年秋、鎌倉時代にはじまったと推定される宮座の儀式で庖丁式が行なわれているが(神饌として宝前に供えた鯛を下げ、領家方・地頭方それぞれの座で料理する)、四条流の庖丁式で、おそらく室町時代に京都から伝えられたものであろう。

なお流派による故実——食膳のものに箸をつける順序とか食べ方、飲み方などについての約束事——の形式の一端を担うものとして、禁忌(タブー)ともいうべき、料理上の約束事が生み出されたことにも留意しておきたい。それは食物の組み合わせによっては病気になるとされた、いわゆる「喰合せ」のことばかりでなく、出陣・帰陣に「かちぐり」や「打あわび」を膳に盛ったことをはじめ、縁組・移徙などの饗応において、当時の人々の日常生活を規制していた禁忌なり生活の智恵が料理に適用されたものである。こうした禁忌は、じつのところ茶の湯や立て花あるいは能楽など、ある意味では中世芸能に共通する特性といってよいのだが、料理の場合は人の生命に直接関わるだけに、ことさら、さまざまな故実がつくり出されたのであった。

## 数奇と振舞と

武家社会を中心とする本膳料理の成立は、禅宗寺院における料理法・食礼の影響を受ける一方、饗応の場としての書院座敷の発展と不可分のものであったことを見て来たが、戦国時代になると、その書院座敷の大型化に比例するかのように、本膳料理もいよいよ豪華なものとなって行く。それにともない、右に述べたようにさまざまな約束事が生まれ故実もつくられたが、しかしそうした故実は、やがて本膳料理を形骸化する条件に転化しはじめる。

こうしたなかで現われたのが、本膳料理をやつし簡略化した会席料理である。

いま饗応の場としての書院座敷が戦国時代大型化したといったが、しかし他方では、たとえば銀閣寺の東求堂《とうぐどう》同仁斎のように、四畳半書院という小型化する傾向が現われたのも十五世紀末辺りからの傾向であった。いわば書院造の両極分化である。そしてこの小書院出現という傾向の赴くところ、茶湯では四畳半で田舎風の草庵茶室が出現し、それに相応するわび茶が成立したように、料理法についても、豪華な本膳料理を簡略化したもの－茶会席料理が生まれた。したがって、書院茶の湯とわび茶湯とがいわば非連続の連続という関係にあったのと同じことが、本膳料理と茶会席料理との間にもいえると思う。

ところで茶の湯の世界では十六世紀中葉にいたって茶会の記録である茶会記の出現が注目される。ことに『松屋会記』『今井宗久茶湯日記書抜』および『天王寺屋会記』の三書に代表されるように、いずれも天文年間（一五三二～五五）にはじまっているところから、しばしば天文茶会記と総称される。

その内容は、主に当日用いられた茶道具類のリストであるが、留意されるのは、それにつづけて「振舞」の記事が書かれている場合が少なくないことである。そしてこの振舞というのが、「仕立」とも「料理」とも書かれる場合があるように、茶会に出された食事のことであった。つまり茶会は「茶事」（これを「数奇」といった）と「食事」（「振舞」「仕立」「料理」）との組み合わせであり、元来は食事というか饗応の一環として茶の湯（茶事）があったというべきものであった。ところが茶礼の形式化が進むにともない、饗応のなかから茶事の部分が次第に自立化し、茶会記が出現する十六世紀中葉には、「数奇」と「振舞」

とに整序されたというわけである。

もっともこの組み合わせも、書院茶の湯にあっては、食事も茶事にふさわしい豪勢な本膳料理が出されたが、草庵茶室＝わび茶の形成はおのずから食事部分の簡略化を促し、これが新しい茶室料理を生む要因となった。こうして生れた料理を茶会の席に出される料理という意味で「会席」料理といい、たんに会席だけでも通用した。たとえば、成立事情に疑問をもたれている記録ではあるが、天正十八年（一五九〇）から十九年までの間の茶会記と推定されている『利休百会記』が、別に「天正年中御会席附利休百会」とか「利休流茶湯振舞」といった名で呼ばれているのは、この茶会記が利休（流）の会席料理の記録というふうに認識されていたことを示しており、茶会における料理の占める役割の大きさを思わせるものがある。

この会席の語は、当時京・堺・奈良などの都市民（町衆）間に盛行していた茶の湯が、「一座建立」（『山上宗二記』）の寄合のなかでもたれていたことの別表現といってよく、その一座建立の一翼をになったのが食事―「会席」料理であったわけである。宮座の初見史料（十一世紀末）も、座員の果すべき酒肴役のことが問題とされているように、階層や種類のいかんをとわず、寄合に料理は不可欠のものであった。その点からも饗応の料理を「会席」と称するのはきわめて意味ぶかい。しかもそれは、既述したように、茶の湯が禅院清規における喫茶・喫飯儀礼の作法を母胎として成立したという歴史的な系譜とふかくかかわっている。だからまた茶会席（料理）のことをのちに（元禄期前後）、「会席」にかわって「懐石」――禅院で用いられた軽い食事のこと――というようになるのも、ごく自然の成り行きであったろう。この改称は、たまたま両者が音通するというだけでなく、後述するように江戸中期から料理屋（料亭）が会席料理を看板に営業するようになったのをきらったところに、主要な原因があったように思う。

この会席料理の成立によって、いわゆる京料理の要件はほぼ出そろったといってよい。

## 京料理の発展

### 京料理の条件

平安時代の公家社会で見られた大饗料理や、室町時代の武家社会を中心に発展した本膳料理は、その実態のいかんにかかわらず、ともに故実が重視されたという意味で、公武の「有職《ゆうそく》料理」ということができる。そしてこの有職料理が「日本料理」の原型を形づくったこともたしかである。

ところで以前引き合いに出した寛永三年（一六二六）九月の二条城饗宴――それは十九献に及ぶ豪華な式正の本膳料理であった――で、「晴之御膳」「内々之御膳」に腕を競ったのは京都・江戸の庖丁人であったが、このとき禁裏庖丁人・公方庖丁人とならび、手代二十人を率いて活躍したものに生間《いかま》庄右衛門がいる。生間家は公家の有職庖丁家である四条流の流れをくむ家筋であるが、それが「京庖丁人」として出てくるところに、この流儀の京の町なかへのひろがりをみることが出来よう。

こうした事実をふまえて、京料理を京料理たらしめているもの、いわば京料理の条件とは何かを考えてみたい。当然のことながら、量的な問題と質的な問題とが考えられると思う。

まず前者についていえば、その料理法が京都の人びと、それも公家や武家というよりひろく町人（町衆）に受容され、普及したとき、それを京料理ということが出来るであろうことである。その意味で生間家のような京庖丁人の出現は、町人へのひろがりを理解する上での指標となるものであろう。しかし江戸初期という段階では、普及度はなお微々たるものでしかなく、京料理が社会的基盤を得るのは、もう少し時間を必要とする。

京料理の条件を右のように考えるなら、京料理といいうる料理の内容は、少なくとも形式的で豪勢な有職料理、式正の本膳料理というより、それをずっと簡略化した会席料理こそがふさわしいものであろう。そして京料理の特質である「作意」――取合わせの美意識ともいうべきもの――は、まさしくこの会席料理のなかで生まれ、生かされたものに他ならない。もとより料理は本質的に「はかりおさめる」こと、つまりは作意を働かせることに他ならないが、それが自由に発揮できる条件は有職料理にはなく、茶会席料理の世界のものであった。

この会席（料理）の作意について山上宗二はこういっている（『山上宗二記』）。

会席ノ事、種々ニ毎度替ル也、正風体ナルハ日々幾度モ可レ然、珍シキ方術ハ十度ニ一度カ二度カ、（しかるに）名物持ニテ若キ出仕ノ衆ハ、三度モ四度モ珍敷方術イタス也、物ヲ麤《そ》相《そう》ニ見ユルヤウニスルガ専一也、総テ茶湯ニ作（意）ヲスルト云ハ、第一、会席、……第二、道具荘《かざり》ヤウ、……但、人ノ作為ヲ以テスベカラズ。

宗二にいわせれば、茶の湯での作意は会席料理においてこそもっとも発揮されるというのであり、取合わせの芸術といわれる茶の湯の趣向を料理に生かすなかで生まれたのが、京料理であったといえよう。

### 遠藤元閑の『茶湯献立指南』

「京料理」という言葉（いうまでもないことだが、京料理という熟語が当時あったわけではない）でとくに呼ばれなくとも、当時の京都町人が求めていた料理の知識が、茶会席のそれであったことは、遠藤元閑の『茶湯献立指南』にもうかがえよう。もっとも本書は、元禄期の代表的な茶書ライターであった元閑の著わしたものであるから、茶の湯料理中心となるのが当然で、厳密には当時出版された料理書全般の傾向から判断さるべきであるが、少なくとも京都を中心に考えた場合、取上げられるのは、式正料理よりは茶の湯料理であったとみてよい。げんにこの『茶湯献立指南』のなかにも、式正料理のことは書肆の求めでやむなく書いたような口ぶりを記した部分がある。式正料理にふれるのは「元服御祝の助け」のため、と述べているように、元閑にとって式正料理は、子供の元服の時に出されるような特殊な料理だったのである。

さてそんなわけで本書は茶湯料理（会席料理）中心に叙述されるが、ことに茶湯が十月一日に炉開きされるのにちなみ、料理献立表のサンプルを掲げるのにこの日からはじめて翌年に及んでいること、あるいは、料理のことをいうのに「茶湯十九徳」ともいうべき茶湯の功徳（功能）十九を挙げ、料理については十七番目でやっと言及している（「料理もから き仕立、時の珍敷物を能取合、あんばいを知る、是十七」）にすぎないことなどに、その辺りの事情がうかがえる。しかしそれ以上に印象的なのは、随所に料理における取合せの重要さを説いていることで、それは「茶湯料理は取合を第一とす」とも「いろ〳〵取合山〳〵あり、時の物と、又はてい主のすき次第也」といった言葉にもうかがえよう。京料理が素材、器あるいは味付、調理における作意を強調するのは、まさしく会席料理の伝統であり、特質であった。

## 料理書の出版

こうして会席料理は、それがもつべき作意性を共通項としつつ、茶の湯の町人社会への普及にともない、「京料理」として社会的基盤を獲得していったと思われるのだが、こういう時期の一つの特徴として、元閑の書もその一つであるが、十七世紀末、元禄期頃から顕著となる料理書の出版があげられよう。元禄五年（一六九二）に刊行された『広益書籍目録大全』には「料理切形」以下七点の料理書があげられている。もっとも料理書といえば、早くは寛永二十年（一六四三）に刊行された『料理物語』がその後も版を重ねて著名である。用語に上方風のものが見られるが、とくに京料理について解説した書物というわけではない。惣じて料理書は、料理人口が京・大坂のそれに対して江戸が急速に増大するから、上方よりは江戸の人びとに受容される方が多かったとみるべきであろうし、その内容も式正料理、精進料理あるいは卓袱《しっぽく》料理など多岐にわたり、会席料理に限るものでもなかった（川上行藏編著『料理文献解題』）。

それからまた元禄前後から出版が盛んとなるのは、ひとり料理書に限るものでもなかった。茶書しかり花書しかり、謡本の出版もまた盛んであった。しかしこれらに共通するのは、それらに付された「××大全」「××全書」「××訓蒙図彙」あるいは「××早合点」といった名称が示すように、百科全書的な啓蒙書であったところに時代的な特色をもっていたことである。いうならば大衆社会の出現に対応する啓蒙時代の到来であった。その根底に、これら芸能を享受しうる町人の成長があったことはいうまでもない（村井「茶・花・香の系譜」『花と茶の世界』所収）。したがって京料理は、そういう町人生活の全般的な向上のなかで、ことに京都を場として形成され、洗練された料理ということになろう。

たとえば元禄期、宗旦四天王の一人として利休流の茶湯を説いた茶人に杉木普斎がいるが、その伝書のなかに、

一、をしなべて今の世の茶湯ハ、料理事になりて、茶湯をわすれつるも、むさし、あさまし。

と記している。普斎はそれを茶の湯の堕落とみて慨歎しているわけであるが、しかし茶会席料理の普及―京料理の発展は、こういう道筋をとってなされたものにちがいない。

## 町家料理のハレとケ

これまで「京料理」の系譜とその特徴といったものを述べて来たが、しかし多くの場合、それらの料理はハレ（晴れ）の場、饗応の席における馳走であった。式正の料理はもとよりのこと、茶会席料理にしても同様で、それらを人びとは日常的に食べていたわけではない。やはり杉木普斎の言葉であるが、茶の湯が料理事となったと批判する一方、「今に至

り古織・遠州の末流を汲る人数多あれども、異様なる風を弄び、常に楽しむといふ事もなくて、年に一度口切（茶会）をして、其後は小座敷を再び開かず。是をば祭り茶湯と京にいひふらせり。誠に古流の茶湯をして平日の楽みとする人稀也」と述べている。茶室をもっていても一年に一度しか使わないことからそれを「祭り茶湯」と皮肉り、茶の湯が「平日の楽み」つまり「ケ」になっていないことを批判したものである。茶の湯が料理事になったといっても、茶の湯そのものがこれでは、会席料理もなおハレのものであったろう。京の人びとがそうした食膳を口にする機会は、おそらく年間何ほどもなかったと思われる。これを享受したのは、西鶴が『日本永代蔵』のなかで、「京の分限なる家」の「いたり（ぜいたくな）料理」といったように、まずは富裕町人の世界でのことであった。

しかし会席料理は二つの方向で日常化され、ひろがって行く。一つは、右のような分限者に主に利用されたと思われるが、料理茶屋（料亭）の発達にともない、そこでの遊興を通してひろまるケースである。そして「会席」料理の語も、この料理茶屋の方でもっぱら用いられるようになる。京料理はこの料理茶屋において工夫され洗練されたといって過言ではない。そしておそらくこれが、先述したように、茶の世界では「会席」をさけ、むしろ「懐石」の語を用いるようにさせた要因であったろう。

二つは、町家における享受である。といっても前述のように会席料理を用いるのは、正月や盆の行事を中心に、折々の年中行事にもたれる饗宴に限られており、ハレの食膳であった。しかし身分階層のちがいにもよるが、時代が下るほどその機会がふえ、京都の町人の場合、江戸時代後期には、朔日の祝い膳をはじめ、月々最低一回はハレの料理が用意されていたことが知られる(『京都の歴史』5)。

## 京の名産・京の味

そういう食膳に、「にしん」「みずな」あるいは「干菓子」といった京名物が登場するのも京都であろう。また正月が「丹後の鰤」なら、盆は「若狭の鯖」だった。そういう地方の産物もまた、ハレの食膳を賑わし、折々の旬《しゅん》のもの、つまり季節感がこれに彩りを添えたのである。こうしてハレの食膳が、京町人の生活水準の向上の過程で、日常生活のなかに一般化していったわけである。そしてより広い社会的基盤を得てゆくなかでいよいよ多彩となったのが、京料理ということになる。江戸時代における磁器生産の発達が、食器を文字通り多彩なものとし、その器がさらに料理の色彩感覚を刺激したことも見落せないであろう。食物と器との取合わせが、会席料理において大きな比重を占めるようになったゆえんである。

ところが江戸時代後期、滝沢馬琴が『羇旅漫録』のなかで、京の料理を悪いものの代表にあげているのはどうしたことか。おそらくこれには江戸が濃い味であるのと異なり上方では淡泊な味付けであるという「京の味」の問題もあろうが、京都人のつつましさといったことも無関係ではないであろう。ハレとケの区別は厳然として存在していて、ふだんは「西陣の粥腹、室町の茶漬腹」と、多少皮肉まじりにいわれたような質素さを守ったのが、京都の町人だったからである。はじめにも述べたように京料理が他所の料理、ことに江戸料理との対比で受けとられる概念であったことを思えば、その実態とあわせて、ほぼこのころに京料理は、名実ともに成立したというべきかもしれない。

## 京料理の現状と将来――むすびにかえて

京料理とは、折々の旬のものを用いて季節感を出し、物の味をそこなわないためにうす味とし、器との組み合わせで豊かな色彩の世界を生み出した料理である、といえる。そのなかには、京都が陸から遠く、新鮮な魚介類を求めがたいという制約を克服するための工夫もあれば、豊富な野菜類を活用するなかで生み出された料理法もあった。そうした長短を利用し補いながらつくり出された京都という土地の食事文化が、まさに京料理であった。もとより、京都が千年をこえる王城の地であり、政治的な消長はあったものの公家や武家の存在が京都の食事文化を育てたことの意義は大きい。しかし、そのことはまた京料理が、まさしく京都という土地の、歴史と風土のなかで生れ育った「郷土」料理であったことを示すものである。

しかしそうした京料理を育てた土壌は、こんにちほとんど失われてしまった。かつての京郊農村の都市化のなかで京の名産もつぎつぎと姿を消しつつある。加えて情報過多の社会のなかでは、京料理についての知識は出版や放送の媒体を通じて全国的なものとなり、一般化の道を辿りつつある。その限りではどの料理も風土性を急速に失い、没個性化しつつあるといってよい。

ちなみにこうした京料理の拡散と一般化は、地方の町で、静かなたたずまい、多少とも京都に似た地形や景観があればみな「小京都」にしてしまうような近時の傾向と相通ずるものがある。そして小京都が日本再発見《ディスカバー・ジャパン》の旅のなかで〝発見〟されたように、京料理への関心は日本的なものへのそれと無関係ではないであろう。

伝統的なしきたりの消滅する一方、ハレのものもつぎつぎとケになっていく。日本人の生活の社会的な平均化と向上とがそれを促進させている。そうしたなかで、本来ハレのものであった京料理は、階層や地域のわくをこえて享受され、それを看板に掲げる庖丁人や料亭は数多い。

京料理がこんにちほどの隆盛期を迎えたことは過去にはなかったはずである。それを京料理の独自性の喪失と慨歎する人もいないわけではない。しかし食事文化は風土のなかで育てられた基層文化であることを思えば、「京料理」が拡散しても、「京の味」は生き続けていくにちがいない。

## 蓮月尼——その生涯と芸術

### 蓮月尼の前半生

のちに蓮月尼として知られる大田垣のぶ(誠)は、生涯親‐実の父母のことについて語るところがない。生まれてすぐに親のもとを離れたのぶには、その記憶もなかったからであろう。少なくとも実父とは一生会うことはなかったはずである。

しかし『大田垣蓮月履歴書』によれば、生母の顔を知らなかったとはいえないのではないか。『履歴書によると、のぶは「未だ生母亀岡(丹波国。当時は亀山といっていた)に在る縁故をもって八、九歳の頃より亀岡城に勤仕し、十七、八歳にして暇を乞い養家に帰る」とある。生母が亀岡にいたのは、のぶを生んだのち亀岡藩某に嫁したからであるが、城への出仕がその縁故によるとすれば、以後十年の間に生母と会う機会が絶無であったとは言えないと思う。もとよりこの間には時折り養父母のもとに帰ることもあったろう。養家にはそのころ養父母とその子、つまりのぶには義理の兄に当る仙之助がいた。

この間の事情を理解するには、やはりのぶの出生から述べていく必要があろう。といってのぶの生まれについてはよく分らないのである。

先の履歴書や「大田垣家系図」によって知られる最低限度の「事実」は、のぶは伊勢国津城主藤堂家の分家藤堂某の庶子として寛政三年(一七九一)正月八日寅の刻(午前四時ころ)、京都の三本木《さんぼんぎ》に生まれたこと、生後十余日にして洛東知恩院家来、大田垣伴左衛門の養女とされたこと、である。父の藤堂某は蓮月尼研究家村上素道氏の調査によれば伊賀上野城主、藤堂金七郎であるらしい。問題はその子として三本木に生まれたという点である。当然生母はその三本木にいた女性ということになる。

この三本木とは鴨川の西畔にあり、有名な頼山陽の山紫水明処こと水西荘はそのすぐ付近にある。ただし山陽が水西荘をこの地に営んだのは文政五年(一八二二)のことであるから、のぶが生まれたときにはまだなかった。この三本木は、いまはその面影はないが、明治初期に衰微するまでは遊廓であった。宝永のころに出現したが、遊廓といっても町芸者のあつまりで、娼妓はいなかったようである。例の幾松もここの町芸者の一人であった。明治初期にはお茶屋が九軒、芸者置屋が六軒であったという。

そういう三本木で生まれたという以上、のぶの母はここの芸者であったとみるのが自然である。それでのぶの人間としての価値が左右されるわけではないし、ことさら遊女説を否定することもあるまい。後年のぶ(蓮月尼)がつくったうた、たとえば遊女の絵につけた賛、

はるあきにあそびなれにし古里のわがおもかげのなつかしきかな

といったうたには、おのれの出自を表白しているかとも思われるふしがあるが、うがちすぎた解釈かもしれない。しかしのぶにとって三本木は生まれた場所ではあっても、「あそびなれにし古里」ではない。先にふれたように生後間もなく大田垣家へ引き取られているからである。その母を亀岡藩士に嫁せしめているのも、いわば藤堂家のお殿様の「不仕末」に対するせめてもの「つぐない」であったのだと思う。

大田垣伴左衛門光古《てるひさ》がどういう因縁で藤堂家の庶子を預ることになったのかは明らかでない。光古は囲碁に長じていたというから、あるいはそういう面での接触があったのかもしれない。のぶの囲碁好きはこの養父の感化による。それはともかく、のぶを預るようになったあと養父光古が知恩院の「譜代」にされているのは、これまた偶然とはいえないようだ。そのことに藤堂家の口入があったように思われる。

養父光古はもともと因幡の人で、天明三年(一七八三)九月に単身上洛し、知恩院に勤めている。五男仙之助が生まれるのがこの年十二月のことであるから、身重の妻をおいての上洛であった。成行きで就職の時期をえらぶことができなかったのだろうが、実際に妻のなは(縄)を迎えたのは仙之助が七歳のときであった。光古となはとの間には仙之助の上に四人の男子が生まれていたがつぎつぎに喪い、仙之助だけになっていた。のぶを引き取ったのはそれから九年後で、仙之助十六歳のときのことである。そしてこの年六月、先にもふれたように光古は知恩院より「譜代を仰せつけられ」たのだった。

譜代とは世代を重ねての関係をいうが、この場合は坊官の一種で、俗人として寺務、寺中諸事にあたる寺侍のことである。寛政十年（一七九八）には、前年に元服して賢古《かたひさ》と名乗るようになった仙之助も出仕するようになるし、後に述べるように仙之助の死後もらった養子も出仕するから、譜代とは一代限りでなく代々勤務することを認められた坊官寺侍の意であろう。知恩院はあらためて申すまでもなく、法然が吉水《よしみず》の地に構えた草庵を念仏道場にあらためたのにはじまる浄土宗の大本山で、円山公園の北にある。

さて、こうしてのぶは不幸を不幸と感ずることもなく養父母の下で育てられるが、やがて少女の身で丹波亀岡（山）城につとめることになった。最初にふれたように、それは生母が当地にいた関係によるというが、さりとて生母の希望とは思えないから、光古がすすめた話であろう。光古には仙之助がいることだし、のぶを生母の近くで修業させることに特別の抵抗はなかったものと思われる。それはともかく、薙刀、鎖鎌、剣術、柔術といった武技はもとより、後年に開花する諸教養はこの亀岡城時代に身につけたものとみてよいであろう。

この在城時代、のぶは兄賢古の死を聞いている。生来病弱であった賢古は、享和三年

（一八〇三）三月、わずか二十一歳で没したのである。すでに十三歳になっていたのぶにとって、この兄の死は最初の悲哀であった。しかもこの年には養母なはも四十四歳でなくなっている。五人の子供すべてに先立たれたなはには、もう生きがいはなかったのであろう。この時のぶは知る由もなかったが、やがてなはと全く同じ悲痛な運命に見舞われることになる。

ちなみに、後年わが子の如く可愛がった富岡鉄斎に長子（謙蔵）が生まれた時、その祝に贈った襦袢の袖というのが、この養母の形見の品であったという。

賢古に死なれた光古は、辿れば祖先を同じくする但馬国城崎郡山本村の庄屋岡（田結《たいの》荘《しょう》）銀右衛門の末子（三男）を迎えてこれを養子とした。享和四、五年のことで、やがて元服し直市望古《もちひさ》と名乗ることになる。賢古の場合は明らかではないが、その賢古より若い養子を迎えたのは、光古にのぶと結婚させる心づもりが最初からあったことを示している。もっとものぶは当時なお亀岡にいたから、それから結婚までの数年間は望古とときたま顔を合わせるていどであったろう。

望古・のぶの縁組の時期は正確には分らない。履歴書によれば、のぶは十七、八歳で暇をもらって養家に帰ったという。十七、八歳は文化四、五年（一八〇七、八）にあたるが、文化五年十月二十二日に長男鉄太郎が生まれているから、その結婚はおそくとも文化五年正月早々かそれ以前、おそらく前年秋ででもあったろうか。とすればちょうどのぶ十七歳のことで、お城勤めをやめたのは、この結婚のためであったと知れる。

しかしこの結婚はのぶにとって恵まれたものではなかった。夫の望古との間に生まれた子供が次々と死亡したからである。不幸は、長男鉄太郎が生後二十日、十一月十七日に夭死したのがそのはじまりで、ついで文化七年九月に生まれた長女は二年後の同九年十二月に死亡、その前後に生まれたと推定される次女も文化十二年六月に亡くなっている。生まれてはすぐに先立たれたのぶの悲しみは察するに余りがある。後年のぶはかつての友人瑞玉尼の死をききその母に送った消息(村上素道編『蓮月尼全集』所収蓮月消息一一〇号。以下番号は本書による)のなかに、

世の中のならひながら、子の先だちしほどこそかなしき事はたとへんかたもなく……いかばかりなげき候てもかへらぬこと、はしりながら、今に思ひだしてはなみだながしおり申候、ぜひなき事とはよくよくしりながら、まことにかなしきことに御ざ候。

と記している。のぶはいま一人の子とも、そしてまた夫とも死別することになるが、それは少し後のことである。

次々と襲われる不幸のなかで、のぶの家庭生活は明るいはずがなかった。それでも夫の愛情があればまだ耐えられたかもしれない。しかし望古はそれに応えてくれる夫ではなか

ったようだ。放蕩無頼で親とも折合いがよくなかったという。

その望古が「委細ありて離縁」（系図）された時期は明らかでない。望古は大坂の実兄、医師の田結荘（但馬）天民に身を寄せ、そこで文化十二年（一八一五）八月二十六日に病没しているから、それ以前のことであろう。その離縁は放蕩によるものではなく病気が理由と考えるむきもあるが、もしそうだとすれば病人あるいは死者にムチ打つ感じで、光古・のぶはよほど非情な親子になりかねない。病死による離別なら、のちに述べるように二度目の夫古肥《ひさとし》の場合を考えても、ことさら不名誉な「離縁」とすることはないはずで、やはり何等かのトラブルがあったとみるべきである。そして望古の死は二人の間の末子である次女が死んだ二カ月のちであるから、このときをもって、のぶは愛憎のすべてを失い、悲しみだけを残されたのであった。

ただし推測の域を出ないが、のぶにはこの望古との間にもう一人男子をもうけたが、離縁した折り夫がつれて出たのではないか、と考えられている。天民の子、千里（斎治）がそれである。その論拠は、晩年の消息のなかでのぶ（蓮月）がしきりに斎治のことにふれており、特別の関心を抱いていたらしく思われるからである。もし実子なら第四子で、文化十二年四月四日生れというから望古の没する四カ月前のことになるが、それを望古の死後伯父の天民が引きとって育てたことになろう。あるいは望古とのぶ以外の女性との間にできた子ということもありうる。後者の場合だとそれが破鏡の決定的な理由となったであろう。いずれにせよ、のぶは先夫との間のいやな思い出はありながら、その実家である岡(田結荘)家との交渉、とくに医師の天民とは手紙のやりとりはあったようで(そういう例はよくあることだ。ただし晩年)、その際斎治の存在がきずなになっていたらしく思われる。

望古が亡くなって四年ののち、のぶは再婚した。七年間に三児と夫を喪った悲哀は想像を絶するが、まだ二十九歳の若さであってみれば、再婚を考えてやるのが親としてのごく自然な気持であったろうし、大田垣家の家督のことも考えなければならなかった。光古はすでに六十四歳になっていた。こうしてのぶは文政二年(一八一九)春、彦根藩家中、石川広二光定の三男、重二郎を婿として迎える。入籍を機に重二郎は名を古肥とあらため、同年九月から知恩院へ出仕する。そして早くもその年の末には女子の誕生をみた。文政二年という年は、のぶにとっても父光古にとっても、久しぶりに幸福感を味わえた年であったに違いない。翌年九月光古が家督を古肥にゆずり隠居することにしたのも、その安堵感のしからしむるところであった。

しかしこの幸福はわずか四年しか続かなかった。文政六年の春以来病気がちであった古肥が、六月二十九日に没したのである。時にのぶ三十三歳。

もはや死が避けがたいとみたのであろう。夫の死の前日に薙髪していることのなかに、のぶのうめきにも似た悲しみが察せられる。もっともこのときは父の諫めにより完全に剃髪はせず、薙下げといって、ざんばらの総髪にしたのを後で結《ゆわ》えた姿にとどめたが、夫を葬ったのち、父とともに知恩院大僧正について剃髪式をうけ、このとき髪をおろしたのであった。

常ならぬ世はうきものとみつぐりの独りのこりてものをこそ思へ

かきくらしふるは涙か無人《なきひと》をおくりし山の五月雨のころ

そしてこのとき以来、父光古は西心、のぶは蓮月と名乗ることになる。この稿もこれからはのぶのことを蓮月（尼）の名で呼ぶことにしよう。

尼になりたる秋、色ふかきもみじを見て

いろも香もおもひ捨たる墨染の袖だにそむるけふのもみぢば

## 養子伴左衛門夫妻と鉄斎

大田垣のぶの前半生はこうして終った。その三十三年間——それは生まれた直後から、いやかの女が享けた生そのものから——一人の女としてもっとも悲惨な運命に弄ばれた日々であった。そしてその悲しい体験を背負って、のぶは蓮月尼としてこれからの後半生を生きて行くことになる。

さて、二度ならず三度も家督相続者を失った西心（光古）は、あらためて故古肥と同じ彦根藩士風早平馬の義弟、太三郎をもらい、伴左衛門古敦《ひさあつ》と名を改め、故古肥の養子として入籍、知恩院への出仕を認められている。

ついで古敦には毛利舎人なる人物の女をめあわせている。亡夫の養子とその妻であるから、蓮月にとっても義理の養子夫婦となるわけで、のちに蓮月はかれらへの消息に「母より」と記していることもある。しかし蓮月は古肥との間に生まれた女子（五歳）があることでもあり、知恩院山内に住む養子夫婦とは同居しなかった。しかし別居とはいっても老父西心とともに同じく知恩院山内真葛《まくず》庵に住んだのであるから、しごく近所のことであった。この真葛庵はいまも知恩院山内、お茶所の下、鎮守の境内にある。ここに蓮月は、父の没するまでその世話をしながら以後十年間を送るのである。

しかしここでも蓮月は、それから二年後の文政八年（一八二五）四月、亡夫の忘形見の女を七歳で喪っている。これで蓮月は、おのれが生んだ子のすべてに先立たれたわけである。

こののちのことであろうか、蓮月についてこういうエピソードが伝えられている。

蓮月は晩年の肖像画からでも若年のころの美しさが想像されるのであるが、三十代の女盛りで寡婦になったかの女に艶書を通ずる者が少なくなかったらしい。そこで……、然るに天然の美容、故態尚ほ存す。狭佻《こうちょう》の少年或は艶書慇懃《いんぎん》を送る。烈婦乃《すなわ》ち千斤の秤を引き自ら其歯を抜く、一歯を抜く毎に粛々《しゅくしゅく》声あり、滴々血を迸《ほとばし》らす。観者大いに驚き、皆曰く烈婦々々と。これより敢て之を挑む者なし(林鶴梁『長孺の記』)。

男にそういう心を起させるのは自分の姿かたちによるからだろうと、蓮月は自分の歯を釘抜きで抜く。するとその音がキリキリとなり血がほとばしった……。たとえこれに誇張があったとしても、歯医者でのあの苦痛を思うなら、だれだってこの誇張は許せると思う。それにしてもこうした形で世間のわずらわしさから逃れなければならなかったのは、蓮月としても悲しいことであったろう。蓮月にとって平安は悲しみの果てにしかなかったのだ。

そんな蓮月にも静かな時間があった。たとえば老父の囲碁対手になっているときなど。ゆっくりと石を打つ、その間、この二人の間にはどんな話が交わされたことだろう。そもそも蓮月という藤堂家の落胤を預ることになったのには、父の特技とする囲碁が無関係ではなかった。そんなことを考えると、蓮月の出生にまつわる話もこの老父の口から遠い昔の思い出として語られることがあったろう。しかしこの老父と蓮月との間には、互いに不幸を慰め合うなかで、いまや実の親子以上の情愛が生まれていたのである。のちのち蓮月は喜びにつけ悲しみにつけこの父を思い出し、「おやのこひしく、なみだもせきあへ申さ」

なかったものである。そこには、実の親の愛を知らず、養母とも早く死別したかの女のこの養父に求めた愛情の切なさすら感じとられるように思われる。

その父が天保三年(一八三二)八月十五日、七十八歳でなくなった。蓮月四十二歳の夏のことである。蓮月は日々墓地に詣でては泣きくらし、できることならそのかたわらに住みたいとも思うのであった。

たらちねのおやのこひしきあまりにははかにねをのみなきくらしつゝ

いま西心の墓は知られないが、知恩院裏山の墓地には大田垣家の墓が数基あり、わたくしが訪れたときにも板卒塔婆が立てられていた。もとよりその付近に庵住できるような場所はない。人々の説得もあって蓮月は、「なくなくかぐら岡ざきにうつ」ったのだった。坊官であった父が死ねば、知恩院の建物に住み続けることも叶わなかったのであろう。

蓮月の後半生は、厳密にいえばこれ以後のことというべきであろう。

父の生きている間は問題ないとしても、その没後蓮月はどうして生活したのだろうか。時期は明らかではないが、生活の糧を求めて囲碁の師匠や和歌の師匠になろうとしたことがあったらしい。しかしいずれも寡婦であることが障害となり断念したという。結局主たる収入源となったのは、のちにもふれるように陶器や短冊・画賛などであった。蓮月のう

たにも、

てすさびのはかなきものをもちいでてうるまのいちにたつぞわびしき

といったものがある。てすさびのはかなきものというのが作陶のことである。それが売れた。作陶をやめたので「手もと不自由」などともいっているから、かなりの収入源となっていたことはたしかである。

しかしわたしには、一般に考えられているように、それで蓮月が「自活」していたとは思えない。そうした収入はあくまでも臨時、補助的なものでしかなかったと思う。かの女のつくった陶器や画賛のたぐいがすべて商品化されたわけではないし、かりに売ったとしてもそういう生活を八十五歳の高齢でなくなるまで続けていたとは考えがたい。この寡婦には生活の援助者があったとみるのが自然である。

その人物は、考えてみれば当然のことながら、養子の伴左衛門一家である。

さきにもふれたように、蓮月は二度目の夫に死別したあと、大田垣家の家督を養子の太三郎古敦にゆずって父とともに別居した。そして古敦はすでになくなっていた古肥のあとをうけ坊官として知恩院に出仕する。のちのことになるが蓮月尼が同苗大田垣知足にあてた消息（一号）に、

わたくしにも子なく、只今のせがれもやう《養》子にて、知恩院のひろ《広》間と申所つとめ居、
ふだい《譜代》には候へども、やうやく十石三人ぶ《扶》持のものに御ざ候。これも子なく、まご《孫》も
やう《養》子に御ざ候。

とあって、養子の古敦が「譜代」とされていたことがわかる。譜代といえば古敦には祖父に当る光古以来の家職であったわけで、それによる定収入で細々ながらも安定した生活を営んでいたのである。やはり蓮月の書状（二〇号）に、

やしなひ侍りしもの、ことなりてちひさ《小》き家をつぎて侍るが、よろづうけもちてさしはかり侍るまゝに、老てはとほ《遠》くなゆきそ、と諫め侍れど、とかくところさだめ《所定》ずまどひありくせの侍りて……

とあり、養子たちから、万事面倒をみるから老人のことだし遠くへ行くのはよしなさいと忠告もされている。のちに述べるように、蓮月にはみずから「れいのくせ」と称する引越趣味があり、それが古敦たちをはらはらさせていたものらしい。このときは大仏の近くに住むのであるが、翌年冬のことか、そこの寒さが厳しくて知恩院に戻っている。「みなみ

な知恩院へかへり候やう申候に付、先日より知恩院石ばし門の内、南がわ一軒め、光正院と申へうつり居申候」（二五四号）、という場合の「みなみな」が古敦たちであったことはいうまでもない。手紙も「知恩院内大田垣伴左衛門と申侍る」に頂きたい（三七号）、とある。

そんな関係であったから、文久二年（一八六二）に「せがれ《悴》かた家内みなみなはしかにて、よめ《嫁》（古敦の後妻ゑみ）死去いたし」（二六号）たときには、「私もいちばんのたよりをうしない、大によわり、めもみえず、心もしづまり不レ申、とかくねん仏のみ申居参らせ候」（七三号）と歎いている。「いちばんのたより」という言葉のなかに、養子の妻が何かと蓮月の面倒をみていた事情を察することができよう。身内であるが故に、ことさら口外することが少なかっただけなのであろう。蓮月もかれらへの手紙に「母より」と記している。考えてみると、早く子に先立たれた蓮月には、みずからを〝母〟と呼ぶ機会はほとんどなかったのではないか。その点では案外、蓮月は後半生になって心のやすらぎを得られたのではないかと思うし、その支えがあってはじめて〝引越しばあさん〟にもなれたのではなかろうか。そんな感じがわたくしにはする。

ただこの悴たちとは、生活の上での親密さはともかく、精神的な面では多少ちがった世界にいたのではないか。

そのことを思うのは、晩年同族大田垣知足との間にかわされた書状（三号）のなかで先祖のことについて述べた際、こんなことを記しているからである。

何分私かた実子相ぞくにもなく（ん脱カ）、今のものども御はづかしき事ながら町人の子にて候ゆゑ、さやうの事いつかういらぬ事のやうに存とりあひ不レ申候。……（家紋に関して）只今のやうし（養子）伴左衛門も孫健之助も、このしるし用ひ不レ申候。

蓮月がおのれを町人ではない士族とする意識はどこから来たのか興味あるところだが、祖先のことや家紋に一向関心をもたぬ「町人」出の養子に抱く違和感は、断絶というほどのことではないにしても、両者の間の考え方の違いを思わせるものであろう。

さて先にもふれたのであるが、蓮月を語るのに忘れてはならないのが、「屋越蓮月」といわれたその引越癖――「れいのくせ」であろう。天保三年（一八三二）八月父に死別した蓮月は、十年間住みなれた知恩院山内真葛庵を出て岡崎に移り住んだ。「かぐら岡崎」といっているから神楽岡（吉田山）の南麓黒谷の西あたりであろうか。この岡崎一帯は「岡崎の三隠士」こと石川自安・京極安智および久須美疎安をはじめ、江戸時代文人墨客の住んだことで知られる土地柄で、蓮月が私淑する歌人小沢蘆庵もかつて住んでいた。蘆庵は、すぐ北にいた香川景樹や南禅寺門前に住んでいた上田秋成らと交わり、和歌は「ただこと歌」すなわち自然感情を平易によむべきだと主張し、『六帖詠草』はその代表的な作品集である。和歌の才をもっていた蓮月がこの蘆庵に惹かれはじめたのが岡崎居住以後のことか、あるいはそれ以前かは明らかでないが、近所に住んだことが関心をたかめる要因となったことは間違いない。蓮月は景樹に入門したとも伝えるから、景樹の作風をさかのぼって蘆庵へ到達したのかもしれない。そしてそれが「れいのくせ」を助長する要因ともなった。

蘆庵の残した歌や書を読むために大仏（方広寺）に閑居したのが一つである。

> ことしも夏頃よりすゞしきかたにとて、大仏のうちにうつろひものし侍りてなん。こゝに小沢ろあんぬし《(主人)》のものし玉ひし文ども、宮《(妙法院宮)》の御蔵にこめ玉ひしを、いかでみてしがなと年頃思ひわたりしを、こたびこの御寺のりし《(律師)》の君にとかくたばかりものして、いとみ《(密)》そかにかくれてみ侍ることになん侍る。（二〇号）

ここにいう「ことし」が何年のことか明らかではないが、大仏での閑居――それは移転というより一時期の滞留生活というべきもののようだ――を何度か送ったなかに嘉永四年（一八五一）夏があったことは、尼の歌集『海人《あま》の刈藻《かるも》』の記載から知られる。蘆庵の文とは妙法院門跡所蔵にかかる『六帖詠草』五十巻、『座右記』二十巻等で、それを大仏の某律師の好意で閲覧をゆるされたもののようだ。ときにはいわば「禁帯出」のそれらを内々に住まいまで持ち帰ることもあったらしい。われわれもよく経験することだが、「ことに虫ばみ候」たような本などは、じっくり見たくて、というよりその場では読めなくて、ちょっとこれを貸して頂けたら有り難いんですが……。たぶん蓮月もそのでんだったのだろう。そんな意味をもつ閲覧であってみれば、長年月にわたったとは思えないから、大仏閑居も嘉永四年前後の何カ年間かのことだろう。なおこの閲覧に関して六人部《むとべ》是香《よしか》に送った蓮月の書状（四六号）があるが、蓮月は、向日神社の神官で国学者、歌人であったこの是香に嘉永二年弟子入りをしていたのである。蓮月五十九歳の時で、その随学は是香の死まで以後十四年間つづく。ただし多くは手紙の上で教示を得たものと思われる。蓮月の和歌への関心はこのころ一段と高まっていたようである。

そしてこの間蓮月は、先にもふれたように知恩院の養子のもとに帰り住むことがあったが、「花の比過《ころすご》しなば又大仏のかたにや、北しら川の庵にかうつろひ侍らんと心し、心にひとり思ひ侍りてなん」（二二号）といった工合で、またぞろ「れいのくせ」の虫がうごめきはじめるのだった。蓮月が北白川の将軍地蔵下の心性寺に住んだのは安政三年（一八五六）以後のことと推定されるが、そこでも「大かた夏中ぐらゐは居申べくと存参らせ候」というように、一時期の滞留で、このころになると本拠は岡崎というより知恩院といった方がよさそうな感じである。それにしても、「北しら川の心性寺とてふりたる寺の侍るを、はしつかたにとて、しばしものし侍る。れいのくせよと人のわらひぬれど、きかぬかほして此比こゝに侍る也」（二一号）というところなど、蓮月の面目躍如というか、その時の表情まで想像できそうである。

ところでこの心性寺（庵）はいまはない。曹洞の寺庵であったが明治初年に廃絶した。そのあとはいまバプテスト病院となっていて、ただ裏山にわずか数坪の墓地のみが残り、そこに歴代住職の墓と小沢蘆庵の墓が立っている。そこからは南の方に神楽岡が望める。蓮月がこの寺に住むようになったきっかけは、隣り合わせの関係で親しくなった富岡家が法衣商なので心性寺の住職が立寄ることがあり、そこに、その頃作陶などで著名となっていた蓮月が来客の煩を避けるため寓居を希望していた話が出て急に実現の運びになったものという。後年富岡鉄斎が語るところである。蘆庵の墓があることを考えると、この寺をのぞんだのは蓮月であったろう。ここにも蓮月の蘆庵への傾倒ぶりが思われる。なお蓮月は鉄斎をわが子のごとく愛していたが、この心性寺閑居に当っては、養子古敦が心配して鉄斎に同居してもらっている。鉄斎二十歳の頃かといい、ここで鉄斎は蓮月の陶器づくりをなにかと手伝った。鉄斎の大成に蓮月尼の与えた影響はきわめて大きい。

しかし蓮月はここに長くいなかった。はじめのうちは静かで、村上忠順より贈られた名所道中記なども「ここに引き籠り」「なにもかもやめ候て拝見いた」すほどの時間があったが、そのうち山居の不自由さを気の毒に思って米薪を贈るものが訪れて来たり、村民も「奇尼」（珍しいばあさん）がいるというので尋ねてくる、といったわけでおいおい煩わしくなり、ふたたび岡崎にもどり、さらに聖護院村に移っている。ここは熊野神社の近くで川端丸太町にあり、植吉という名の植木屋の裏であった。この家については、蓮月がしばしば居留守をつかった話がいくつかのエピソードとして伝えられている。

この間鉄斎は、文久元年（一八六一）長崎に遊学して海外事情を調査し十二月ごろに帰洛したが、そのころ聖護院村にあった蓮月の家にまず身を寄せやがて蓮月がそこを出ると、この家に私塾を開いている。

ちなみにこの塾ははじめは門弟が思うようにつかず生活困難であったが、それでも一年、二年たつほどに弟子もふえて来た。興味あるのは、そうして塾が繁昌して繁忙になったら、「さればこそ御家内様（妻）なくてはならぬ事とうれしく存上参らせ候」と、蓮月が鉄斎に結婚をすすめていることである。ところがそのころ鉄斎は、親しかった若狭小浜空印寺の隠居、瑞芝和尚の感化を受けて独身主義を抱いていたらしく、それに対して蓮月は種々説得するところがあった。

若狭の御隠居様いろいろ仰られ候事も御ざ候へども、人間道の世をわたるには家内といふものなくてはならぬと存候也。どく（独）身はきらく（気楽）なものにはあれども、又家内ほどしん（親）切にしてくれるものもなきことなれば、もう三十に御なり被成候事ゆゑ、もてば今じせつに候へば、又一応御かんがへあそばし、何事もしゆん（旬）のあるものに候。（二二四号）

あれだけ悲惨な家庭生活の体験者である蓮月の言だけに、その〝常識〟がかえって重みをもつ。その忠告がきいたのか、鉄斎は慶応三年（一八六七）二月、円山派の画家中島華陽の娘多津と結婚した。ときに鉄斎三十一歳。たしかに男の「しゅん（旬）」は過ぎかかっていた。

一事が万事で、蓮月の鉄斎に示した愛情の深さは、このように親のそれにも劣らなかった。

> 御夫婦むつまじくして、ねがはくは両三年の内にすこやか成御男子一人もうけ給へ、公五十余になり給はゞ、老先生、若先生とたちならび、天下のがうけつ（豪傑）とみ（富）岡おや子にありと、上より万民にいたるまで御とく（徳）をしたひ、子そん御はんじやう候はゞ、御先祖はもとより、ばゞ（蓮月）などもこけの下にても山々悦参らせ候。れいのくだくだしく、御ゆるし被レ下候。（二一五号）

ここに見る蓮月の「くだくだし」さは親ばかというより、自分の果せなかった夢への切なさと感じられて仕方がない。鉄斎を「先生様」ときには「大先生様」と呼んだ蓮月の心のなかには、鉄斎への限りない期待と愛情がこめられている。そして鉄斎も終生蓮月に尽すところがあった。二人の合作になる作品をみるとき、わたくしにはそこにあふれるばかりの愛情が感じられる。

なお鉄斎の妻多津は二年後に病没、その三年後、佐々木春子と再婚している。翌年長男が生まれたが、この時蓮月尼は、亡き義母の形見であった襦袢の袖を贈っている。蓮月尼の思いの深さがしのばれよう。

## 西賀茂の蓮月

蓮月は生涯少なくとも三十数度の引越しをしているという。それは本人も述べているように、他人とのわずらわしい接触をさけひたすら孤独になりたいためであった。ときには「行かたしらずになりたい」とねがう蓮月である。岡崎から北白川心性寺へ移ったのもそうだし、川端丸太町時代にはしきりに居留守をつかったものである。

その蓮月が最後の住居となった西賀茂の神光院へ移ったのは、慶応元年（一八六五）かその翌年のことと考えられている。鉄斎の口ききで住職の月心和尚に迎えられたものという、それまでは川端丸太町の植木屋のはなれにいたとする。

ところが村上素道編『蓮月尼全集』消息篇所収の、大田垣知足あて蓮月書状（一号）のなかに次のような言葉があり、通説に疑問が抱かれる。

今私は七十五歳にもなり候ゆゑ、まことに朝ゆふにせまり候身ゆゑ、何事もうちすて、近比仏事のみにかゝり居申候……私事一昨年よりにしかもと申所、二り《(里)》ほど京より北西に御ざ候、こゝにひつこみ候てなにも存不レ申候。

これによれば蓮月は七十五歳より二年前に西賀茂に引越したことになる。尼の七十五歳は慶応元年であり、それから二年前といえば文久三年（一八六三）となる。蓮月に記憶違いがなければ蓮月はこの年に西賀茂に移ったことがしられる。しかしこの場合の「西賀茂」は神光院のことではなさそうだ。それは同じく知足にあてた消息（二号）のなかに、次のように記しているからである。

（天野与一郎がまだ尋ねてくれないことに関して）御めにもかゝり不レ申候、尤も京より道二り《(里)》ばかりへだち候事ゆゑ、いまだ御出なく候、私事もおひおひ老すゐ《(衰)》日ましに候所、こゝにも二、三年をり候へば、何となく人もしり候て、日〻人出入多く、ま事にこまり入候て、明日より又しばらく是より奥山寺をかり候て引こし候。……又行かたしらずと人に申させ、奥山にてきうそくいたし度存候。……此後もしや御文通被レ下候はゞ、知恩院新門前中ばし東北づめ松のや清平と申候かたへ御出し被レ下候。

これによれば、先の西賀茂に二、三年いたが人の来訪がようやく頻繁となったのでいやになり、さらにそれより奥の山寺へ移ったことになる。文久三年の二、三年のちといえばまさに慶応元、二年となる。この山寺が神光院であることはまず間違いあるまい。ただし神光院以前にいたという西賀茂の場所は明らかでない。また文久二年に没した養子古敦の後妻ゑみのことにふれた大坂天満北野竜興寺和尚あて消息（二六号）の外封には「にしかも蓮月」とある。ここには文久二年すでにいたとすべきなのかもしれない。

とまれ蓮月にとっての移転とは、孤独のなかにおのれを保持するためのぎりぎりの条件であった。伊達や粋狂ではなかった。それと全く同じことが、蓮月の「芸術」活動についてもいえるのではないか。蓮月が「きびしょ」（急須）をつくり短冊をしたためるようになるのは、父にも死別し孤独の身となってからである。これは、先にも言及したが、自活の手段というよりは、蓮月自身の生きがいに関わることであったと思う。

もっとも、注文に応じて作りもし売りもしており、それ相応の収入を得てもいるのだから、ことさらな美化はかえって蓮月の実像をゆがめてしまう。しかし蓮月は、つくることと売ることとが本末転倒したとき、必ず自己嫌悪に陥っている。そしてまつわりつく蟻どもをさけて移転した。それができたのは、蓮月にとって作陶作画が自活の手段ではなかったからでもある。

蓮月の魅力もまさにそこにあるのだと思う。その作品は、技術的にみればけっして上手とはいえない。本人にいわせれば、「れいのぶさいくなもの」である。しかしその素朴ながら手づくりの味が、同時代の人々に愛好され、時移って今日、以前にもまして関心を抱かれるようになったゆえんでもある。蓮月の作陶は岡崎時代にはじまる。粟田口のある老婆にすすめられたのがきっかけで、きびしよなどをつくるようになったのだという。

きびしょといえば煎茶器である。当然煎茶茶碗もつくった。抹茶茶碗などもつくってはいるが、大部分は煎茶器である。このことは全くの偶然ではない。右にいう直接のきっかけはともかく、蓮月と煎茶器との結びつきにはそれなりの必然性があったように思う。

というのは当時文人墨客の間に煎茶が流行しており、その茶器類の需要が大きかったからである。煎茶趣味は、江戸初期に来朝した隠元やその後における売茶翁の活躍期をへて、文化・文政時代、京・大坂の上方を中心とする文人墨客たちの間に高揚した。とくに大坂のつくり酒屋であった木村蒹葭堂《けんかどう》は、その名も清風社という煎茶サロンをつくって文人墨客と交わり、そのなかから上田秋成、村瀬栲亭、松村呉春、田能村竹田《ちくでん》あるいは頼山陽といった煎茶人も輩出した。南画家の竹田が晩年にあらわした『屠赤瑣瑣録《とせきささろく》』によると、文化三年（一八〇六）正月十三日朝、竹田の師事していた栲亭のところへ秋成がやってきて昼ころまでいたが、そのときの話では、秋成は『清風茶（瑣）言』（寛政六年刊、序文は栲亭が書いており、抹茶に対して煎茶を大いに喧伝している）の続篇として『茶瘕酔言《ちゃかすいげん》』と題するものを編録したい由を語り、またいま世間で流行している煎茶も、十二、三年このかたのことで、急須ももとは栲亭と秋成の二人が図をつくり、清水《きよみず》の陶工、六兵衛に命じて作らしめたもので、それがいまでは三都をはじめ田舎まで売られるようになった。煎茶の流行も六兵衛の名声も、秋成のおかげである、と語ったとある。秋成は『雨月物語』などの作者として著名であるが、煎茶の普及に果した役割も大きく、当時南禅寺常林庵の後園に住み、「もう何もできぬゆへに、煎茶のんで死をきわめている事じゃ」(『胆大小心録』)、といったものである。

このように煎茶は化政期の上方に高揚し文人たちの間に愛好されていた。化政期といえば蓮月が家庭生活を営んでいた時期であり、岡崎に移ったころは地方にもひろがりを示しはじめていた。しかもこの一帯には文人たちも多数住んでおり、その影響を直接間接受けたことはたしかであろう。かれこれ考えると、蓮月が作陶しまたその作品が愛好される条件は十分にあったのである。蓮月の焼物の芸術的価値については書画のそれとともに別に論じることとして、ここではそうした活動の一端にふれるにとどめよう。

蓮月は窯をもっていたわけではないので、焼くのは他人まかせであった。そのためにか、こんなこともあった。文久元年(一八六一)九月、橘曙覧《あけみ》が伊勢よりの帰路蓮月尼を訪れたが、その折りもらった急須は、「酒あたゝめむとしけるが、おこし火のあまりするどくて、かの蓮月尼のかしくれたるきふす砕けゆく。心ぐるしう思へどすべなし」(『榊の薫』)。曙覧は数日後ふたたび蓮月を訪れた際あやまっている。砕けたというのは火が強すぎたせいもあろうが、やはり焼きがよくなかったからであろう。まさに手づくねの品であった。それはともかく窯は二代か三代の清水六兵衛とくに晩年は黒田光良にもっぱらたのんでいる。光良はもと近江膳所《ぜぜ》藩士であったが、安政のころ蓮月の隣に住んだ縁で作陶のことを学び、二代蓮月を許された人物である。その光良にあてたいくつかの消息をみると、蓮月の陶器づくりの有様がよく分る。

たとえば土も光良から分けてもらっているが、「先日もたんといたゞき、毎々あこぎに候へども、少いたゞき度、御あなたさまのをつかひ候ては、外のはつかへ不レ申」（一五八号）といい、さてそれでつくったものを焼いてもらうのであるが、「近比うた《（歌）》のはうが大にひま《（暇）》に御ざ候ゆゑ、土しごといつよりもたんとでき候て、ありだけもたせ上候」たのが、

大きびしよ《（急焼・急須）》十二、大とくり《（徳利）》二、なべ一、花入一、ちどり《（香炉）》一、小とくり十、小きびしよ五十三、せん香たて二、ちやのみ茶わん七。

であった（一五六号）。

大きびしよ四本、なべ二本、はち三、香ろ三、花入一、とくり七、小きびしよ三十六か七か、小ちやわん七十八。

ということもあった（一四〇号）。小急須の数が「三十六か七か」は、いかにも蓮月らしくていい。そしてこのときには、前回分の「やき料」を二分進めている。お金が「たんと」入ったときにはそれを渡しておき、材料費や焼成費をその都度差し引いてもらうこともあったようだ。なくなればまた追加するのである。これらは売りもしたが、暑中見舞に使いたいので焼いてほしい（一四九号）、と書いているように、贈答用も少なくなかったであろう。そしてこれらの用事をもっぱら引き受けて使い走りしたのが「おとく」さんであった。どうやら鉄斎の肝煎によるものらしい。

ところで「此度御代のあらたまり候事御有がたく」とあるからたぶん明治元年（一八六八）のことと思われるが（九月八日改元）、十二月十七日付の消息（一六〇号）に右の言葉につづけて次のように述べている。

二、三首うめきいだし候。内きびしよに御書被」下候てもよろしくやと存候。

世の中のちりも濁もながれては清きにかへるかもの川水

水上のかみの心の清ければ末の末くむさともにごらじ

蓮月には模倣家が続出したが、これによれば蓮月自身、光良に歌の彫込みをまかせている。

陶器が光良なら、短冊や画賛類は短冊屋の恵美小兵衛や紙屋の田中素心などの協力を得ているが、小兵衛や素心からの注文に応じて短冊、大小画賛、画帖、団扇画賛などをつくることも多かったようである。「いつもながら、うたわるし、て（手）わるし、ゐち（位置ー構図）わるし、みぐるしきことに御ざ候へども、仰にしたがひ書くづし返上奉候」（一八一号）といった手紙も残っている。そしてそれで与えられる代金を「御菓子料」などといったようだ。七夕の画賛の代は百疋であった（一七九号）。短冊五十枚で一折百文ほどの半紙を少々交易ねがいたい、ともある（一八四号）。興味ぶかいのは、黒田光良あての書状（一三四号）によると、たぶん茶器に彫込む歌であったのだろう、十二月のうたを二組たのまれたのに対して、

十二《ヶ》月二組との御事、十二月のうたたんとなく候ゆゑ、大かたおなじものにてこれまで書候所、あなた様のはみなみな御内《みうち》にて御用になり候のゆゑ、おなじうたにてはあし《悪》くと存候。四季組合なればどうでもちがふのを書申べく、十二月ときまり候へばおもはしき書もの御ざなくこまり参らせ候。もしや一組は外へ御やり被レ遊候やうな事なら、おなじもの二組書申べく候。

などと答えていて、手のうちが知られる。そういえば蓮月の作品にはしばしば同じ歌が登場する。手紙の場合であるが、先に世が改まった時のうたを光良に書きおくったことをのべたが、そのうち「世の中は」のうたは富岡鉄斎あて書状（二一七号）のなかにもちゃんと書き込まれている。それは気に入った歌ということもあれば、持駒不足ということもあったらしいのである。注文に追われている時には、そういうことも余儀なくされたのであろう。

ところで蓮月尼はさまざまな歌を短冊に書き、陶器に刻んだ。ことに後者の場合、鉄斎がいうように、「自ら陶器を製す。器必ず自詠する所の和歌を彫る。器皆な別致あるを以て人争つて之を賞す」という有様だった。急須や茶碗など、蓮月尼のつくる煎茶道具は、その素人っぽい「別致」が好まれたが、これには独特の字体で和歌が彫られていることと無関係ではない。いわゆる爪形流といわれる細書きの字である。

蓮月尼の書風について、その時期的な変化を作陶との関係から検討した徳田光圓氏は、陶器に文字を刻むには楊枝の串のようなものを用いるところから、字の線は単純化され、大きさも極端な差はない。そうした陶刻における単純化が、短冊の字にも反映されたのではないか、と指摘しているが、首肯される見方であろう。換言すれば陶器や短冊にみる蓮月尼の文字は、蓮月尼の作意によって生み出された作品なのである。

そういえば蓮月尼の書状、つまり日常の文字は、陶器や短冊の文字とはまるでちがう。

女性を感じさせない力強さがある。それが地の筆であった。晩年になって爪形流の細書きが書状にも見られるようになるのは、年齢的な衰えというより、虚構の文字が書状にも移された結果とみられる。それを最晩年までつくり続けた蓮月尼の生きざまは、並みの女性のものではない。

## 蓮月の思想

さて、そんな蓮月がもっとも好み、それゆえにしばしば用いたうたというのは、おそらく例のうた——貫名《ぬきな》海屋《かいおく》が絶賛して止まなかった「松風」のうた——ではなかろうか。

山里は松の声のみき、なれて風吹かぬ日はさぶしかりけり

海屋は儒者であるが詩文書画に長じ、当時「文は山陽、書は貫名」といわれ、蓮月も自画賛に名前を書いてもらって恐縮したこともある「日本一の大先生様」であったが、酒に酔うほどにこのうたを高吟したといわれる。

このうたを蓮月の心で理解することはわたくしにはできないが、山里という人生の孤独にも馴れてむしろそれを楽しむ境地にあったことが思われる。人々から行方知れずになりたいと思う蓮月であるが、といってことさらに人事を拒否したというわけではない。それ

がまさに松風のうただと思う。

そういう蓮月の心は、かの女の和歌を集めた『海人《あま》の刈藻《かるも》』――明治三年近藤芳樹らの尽力で編集されたが、遺漏が多く、また他人の作が混入しているなど杜撰であった。村上素道『蓮月尼全集』にはそれ以外のものも集めてある――からも知ることができよう。ただわたくしの好みからすれば、四季の叙景には余り感興をそそられるものがなく、生活に即したうた、たとえば、

おりたちて朝菜あらへば加茂川のきしのやなぎに鶯のなく
山水もすめば住るるものならし垣ねの大根のき《（軒）》のいけ栗
としをへしくりや《（厨）》の棚にくろめるは煤になれたる仏なりけり

といったものに興をひかれる。

よをかろく月雪花にうかれきて八十《やそ》ぢもちかくなりひさご哉

という「寄瓢述懐」も、蓮月の心をよくあらわしているように思われる。

蓮月の心というか思想を語る上で忘れてならないのが、幕末志士との交わりのなかで抱

いた政治意識についてである。とくに文久三年（一八六三）八月十九日、七卿の都落ちを見送ったというエピソードは有名であり、それを悲しんだうたもつくっている。度重なる宿替えも志士と接触したため幕吏の追及をさけるのが目的であったという理解さえある。おそらく後者の説は事実に反すると思うが、志士との交わりがあったことはたしかであろう。

しかしわたくしは蓮月が一般に理解されているほど政治思想の持主であったとは思わない。文久元年十一月野村望東尼は和宮の降嫁を見るために上洛した折り蓮月尼をたずねているが、その時のことを記す書簡には、

此日蓮月尼をとひ侍り、たにざく（短冊）三葉ばかりもらひ帰りしかど、歌思ひでず。こゝになければ書いつけ侍らず。いと面白き歌なり。早よはひ七十五（七十一のあやまり）なるよしながら、いまだ五十ばかりとも見え侍る。いといとうつくしき尼ぞかし、昔はいかに花さきし人ならむと思ひやられ侍る。

と記すのみで、時勢論は全く出て来ない。望東尼は蓮月より十一歳年少であったが激しい尊王思想の持主で、このあと慶応元年に至って投獄される。おそらくその望東尼にとって蓮月尼の穏やかさは期待はずれであったのだろう。その美貌のことしか書いていないとこ

ろにかえって望東尼の皮肉をよみとれるように思う。
ここに蓮月尼の政治思想を知ることのできる長歌がある。蓮月が四十七歳の時、天保八年（一八三七）二月、大塩平八郎のおこした乱をよんだ珍しいうたであるが、ただどういうわけか、従来の蓮月研究家はこの歌に関心をよせることがなかった。

この二月十九日のあしたのこととかや、浪花にすめる大しほなにがしといひて、日ごろはひじりの道にたけたりと、世にもゆるされたるが有けり、その人なにとかおもひたがへけん、ゆくりなくおぞきわざしいでてけり、さはよそにきくだにもきもつぶるるばかりになむ

おしてるや　なにはの里に　おほしほの　みちくるがごと
しらぎぬの　はたたてなびけ　くはがたの　かぶとうちきて
ほたるなす　ひばなをちらし　やきめぐり　くゆしめぐれば
いくちまち　つづくいへゐも　ときのまに　のらしなしつる
いかさまに　おもひたがへて　かくはしも　あらびたりけん
さとびとは　おもひもかけず　いかづちの　おつるがごとく

あらがねの　つちにひびけば　みにそはぬ　たまもこがねも
うちすてて　おひをいざなひ　おさなごを　いだきつおひつ
ただよひて　よるひるわかず　なきさけぶ　こゑはたくもに
うちひびき　あはれなりしも　みかふつか　みよといふよの
ねばかりに　いづちいにけん　ひくしほの　い《ゆ》めとやいはん
うつつとは　おもひもあへず　よそにきく　こころもきえぬ
あさましき　ひとつごころの　たがひより　すゑの世までの
ことぐさに　いひくたされん　おそのわざかも

（その後潜伏した平八郎が浪花のまちでみつかった由の詞書があって）

みをつくし身をもつくさで浪花江のあしまがくれに住みけるやなぞ

大塩平八郎の乱についてここで述べるには及ばないが、蓮月の長歌は、この乱を平八郎という一人の人間の思いちがい＝独断によって起された「おそのわざ」と見なし、そのために多くの町人が家や家族を失ったことを憤るのである。ここには蓮月の思想の原基がうかがえるように思う。つまり平八郎の動機よりもそのために市民生活が破壊されたという結果で行為が判断されており、それは一種のヒューマニズムといってよいであろう。ヒューマニズムとは、ある意味では非政治的思想である。そのような蓮月のヒューマニズムは次のうたにもうかがえよう。

戊辰《明治元年》のはじめ事ありしをり

うつ人もうたるる人もこころせよおなじ御国の御民ならずや

あたみかた《仇・味方》かつ《勝》もまくる《負》も哀なりおなじ御国の人とおもへば

だから長州征伐のあったときも（一八六四年）、「中国にはいくさがはじまり候よし、いやな事にて御ざ候」（一三七号）といい、「此末いかになり行候や、どうかいくさもやみ候はゞ有がたき事に御ざ候」（二二四号）とのべている。蓮月にとって尊王とか佐幕とかいった立場はむしろ否定さるべきものであった。

をのこにおはします人人のうらやましければ、たはぶれに

弓矢とり太刀さげはきてこん世には君につかふる身とうまれてん

などというのはそれこそ「たはぶれ」で、本当の心は、

軍《いくさ》にうち立人《たつひと》の扇に

をさまれる御代にあふぎをかのめにて仇うち散しとくかへりませ

というのであった。戦場から「とくかへりませ」――それは非戦でも反戦でもないが（またそんないい方をしたら蓮月はびっくりしようが）、しかし蓮月には素朴な人間主義が底流としてあったといってよいと思う。わたくしはこれまでの説を全面的に否定するつもりはないが、必要以上に熱烈な勤王思想家に仕立てすぎていたのではないかと思う。そして蓮月のそうした素朴な人間主義は、やはりこれまでみて来たような悲惨な運命のなかからかの女自身が育てて来た体験的思想であって、それ以外のものではないのである。

蓮月の晩年の生活について多くはふれなかったが、ここで蓮月は十年余をすごし、明治八年（一八七五）十二月十日、八十五歳の生涯を終えている。

ねがはくはのちの蓮の花のうへにくもらぬ月をみるよしもがな

が、かねてよりつくっておいた辞世である。尼の看病と臨終の世話は、蓮月にふかく帰依していた一尼僧寂黙がしたという。

墓は北区西賀茂鎮守菴町の共同墓地にあり、「大田垣蓮月墓」の字は鉄斎の筆になる。

# 補論　室町文化と同朋衆

## はじめに

室町幕府には同朋衆と呼ばれる一群の遁世者、法体の者がいて将軍に近侍し、諸役に従事していた。使い走り、掃除、配膳、酒奉行、御湯取り、取次、代参といった仕事から、唐物唐絵の目利、表装、保管、あるいは立て花や香、茶垸などの扱い、それらを以てする座敷飾に当る者、将軍主催の連歌会に宗匠もしくは連衆として臨む者、など、多種多様であった。一見して職掌内容に、前半と後半とで大きな差異のあることが分るが、そのことの意味などについては、あらためて言及しよう。

同朋衆に関心を持つようになったきっかけは、茶や花を通して室町文化を理解しようと試みはじめた時、立阿弥や千阿弥、あるいは三阿弥と称された能阿弥、芸阿弥、相阿弥など、諸記録の中に登場する阿弥号をもつ遁世者たち、それが同朋衆であることを知るに及んで、興味の矛先が同朋衆へ向かったのは、自然の成り行きであった(1)。いったい同朋衆とは何者だったのか、その実態を知りたいと思うようになった。また同朋衆はどんな姿形をしていたのか、画証も得たいものだと思い続けていた。

昭和四十五年（一九七〇）夏のことだった。京都府文化財保護基金（当時）による社寺の什物調査に関わり、京都市東山区五条通北に所在する若宮八幡宮を訪ねた時、出された一巻の巻物、外題によって足利将軍の当社（当時は六条左女井《さめがい》にあった）参詣の有様を描いたものと知れたが、展げるうちに現われた、将軍と覚しき武将に扈従する三人の法体姿——それが、探し求めていた同朋衆との出会いの瞬間であった。幻の姿を眼前にした時の感激はいまでも忘れることが出来ない。絵としては多少稚拙の感を免れがたいが、今日でも唯一の画証ではなかろうか。以来、折りあるごとにこの場面を紹介したが、のちに絵巻全体を、所蔵者の許しを得て『足利将軍若宮八幡宮参詣絵巻』（「日文研叢書」七、一九九五年）として刊行することが出来た。[2] こうして同朋衆はいよいよ身近な存在になったのだった。[3]

ところで同朋衆の存在とその役割を認識し評価した最初は『山上宗二記』ではなかろうか。宗二は千利休の弟子で、ともに秀吉の茶頭となった堺の茶人であるが、二人とも秀吉の勘気を蒙り殺されるという経歴をもつ。本書はその宗二が天正十六～七年（一五八八～八九）頃、何人かに書き与えた茶書で、その冒頭、序の部分で次のように述べる。

夫《それ》 茶湯ノ起ハ、普光(広)院殿（義教）、鹿薗(苑)院（義満）(殿脱)ノ御代ヨリ唐物絵讃等歴々集リ畢、其比御同朋衆ハ善阿弥（山水河原者・同朋ではない）・毎阿弥（能阿弥の父）ナリ（後略）。

（『茶道古典全集』巻六）

といい、続いて東山慈照院殿こと義政の時代、名物が悉く集まったこと（いわゆる東山御物）、能阿弥の推薦で村田珠光が義政の師匠となり、御同朋芸阿弥、相阿弥が仕えたこと、などを記す。同時代の茶湯や茶人に関する宗二の発言は重視されるが、右の記述に関する限り、室町将軍の順序は逆であり、同朋衆の例示も適切とはいえず、歴史認識は甚だ不正確である。それでもここには歴代将軍の中でも義政の芸術性や能阿弥・芸阿弥・相阿弥、いわゆる三阿弥の役割を評価する東山文化論の萌芽が見えている。しかも同朋衆に対する認識は、以後長い間、これ以上に深まることはなかったといってよいであろう。近代に下り、三阿弥が絵画史の上で取上げられることはあっても、記録類から抜き出した関係記事を列挙するだけで、それらから帰納される同朋衆の存在形態や役割などが明らかにされることはなかった。

同朋衆にあらたな光が当てられるようになったのは、第二次世界大戦後の仏教史研究、なかでも時宗（衆）研究の進展に負うところが大きい。その先鞭をつけたのが吉川清氏の著書、『時衆阿弥教団の研究』（一九五六年）である。

本書は、法然の浄土教団にはじまり、一遍の時衆教団の成立や展開を論じ、近世における時衆の形骸化に及ぶが、そのなかの一章で、「文化史上に現れた時衆の阿弥」を取上げ、時衆の関わった茶道、華道、工芸、絵画、連歌や散楽、能楽などの芸術、芸能について論述されている。

吉川氏の論考は、それまで等閑に付されていた時衆の果した、広汎な分野にわたる役割を世に知らしめた点で、半ば驚きをもって受けとめられ、その後における仏教史研究はもとより、中世文化史の研究にも大きな刺戟を与えたことはいうまでもない。その前後から研究生活に足を踏み入れていた私などもその例外ではなく、「阿弥の芸術」「阿弥の文化」といったキャッチフレーズが新鮮に見えたものだった。同朋衆についていえば、時衆の本質に直接関わる存在であっただけに、同朋衆をめぐる議論は、時衆という観点が導入されたことにより、あらたな展開を遂げることになった。

## 一 同朋衆の原郷

同朋衆がはじめて記録の上に姿を現わすのは、延文三年（一三五八）十二月二十二日、足利義詮が将軍宣下を受けるため参内した時の行粧のなかに、

一、其次ニ御刀二振、御同朋、右（先行する「歩行者」）同前の上着ニ而、馬上にて持。

（『将軍宣下記』）

と見えるものである。二列に分れて進む歩行者三百人に続き、法体ながら武者並みの衣装に身をつつみ、太刀を持して騎馬する姿（二人か）は、結構目立ったに違いない。後年の作成になるが、前述の『足利将軍若宮八幡宮参詣絵巻』に描かれた（ただしこれは歩行）、将軍に扈従する三人の同朋衆の姿（素襖袴）とすでに重なるイメージがある。

初見が義詮の将軍職就任時であることは、その父・尊氏の時代に存在していた可能性があろう。尊氏による開幕からも二十年が経っている。残念ながら創設された時期や経緯は詳かにしないが、本稿ではその原像がどのような状況のなかから立ち現われるかを見極めたいと思う。

もっとも、同朋衆の設置をめぐっては、一つのエピソードが伝えられている。同朋は「佞坊・童坊」に出るとする『細川頼之記』の記事である。頼之は義満を幼少時から補佐して足利幕府体制の基礎固めをした武将で、『太平記』は、上洛した頼之が義満を補佐することになったところで、「中夏無為ノ代ニ成テ、目出タカリシ事共ナリ」と述べて筆を擱き、全四十巻を終える。ただし頼之はその後専断的な手法が嫌われ幕府を追われてしまう。そんな頼之が家臣の奸佞を断つため、「佞坊」とか「童坊」と名付けた法師六人（随阿弥・昭阿弥・波利阿弥（波阿弥・利阿弥カ）・高阿弥・頭阿弥）を置き、将軍に仕えるに追従を専らとせしめ、殿中でたわけた言動をとらせたというもの、頼之の行なった少年義満（当時十一歳）の帝王教育だったとすれば、このような場面は幕府殿中で見かけることはあったかも知れない。一概に荒唐無稽な話として退けることはあるまい。

しかし、これをもって、義満十一歳の時に同朋衆が創設されたとすることは出来ない。同朋衆はこれ以前、義満の父・義詮の時にはすでに存在していたからである。この話は、むしろ同朋衆の中から選ばれた人物を侫坊・童坊に仕立てたこと、童坊という呼称も同朋に着想したものであろうことを思わせる。少なくともその逆ではない。童坊に阿弥号を名乗らせたというのも、それであろう。

同朋衆が数ある幕府職制のなかで特異な存在と見なされるのは、必ず法体で阿弥号を名乗っていたことにある。

法体、遁世者の姿となることには「効用」があった。古来、得度した僧が租税を免かれ、落髪したことで罪を許されたという事例は少なくない。ことに身分が低くとも、それで貴人と交わることが出来た。同朋衆はこの範疇に属しよう。出家、遁世することで世俗の絆を断ち、世俗の論理から自由になることが出来たからである。むろんそれで身分格差が解消されたわけでも、自由な身になれたわけでもないが、少なくともそのように扱うという社会的に認知されたルールがあったことは確かである。したがって遁世の果した効用は、身分の上下に関わらなかったとしても、現実には当時における社会的な弱者が当事者であったと考えられる。しかもそれは、将軍家と日常的に接触するための要件というように止まらず、幕府の使者として宮廷貴紳らと接する場合にも有効な手段であり、したがって同朋衆は幕府にとっても必要不可欠な存在だったことにも目を向ける必要がある。

同朋衆は法体であるとともに必ず阿弥号を名乗った。この二つについては例外はない。世の出家者が最初から、またすべてが阿弥号を付けていたわけではない。阿弥号は東大寺の復興に当ったことで知られる浄土宗の僧、俊乗坊重源が「南無阿弥陀仏」と号したのがはじまりと伝えるが（重源と協力して造像に当った仏師快慶も「安阿弥陀仏」と号していた）、鎌倉時代以後、念仏系の宗派で用いられるようになった。とくに鎌倉中期、一遍の唱えた時宗では、入信者は僧侶、在家を問わずすべて阿弥号が付せられたことから、この一派を特徴づけるものとなった。なお、入信者は、「時衆《じしゅう》」で呼ばれることが多く、宗派名としても用いられた。

しかし、阿弥号をもつ法体者たちが、なぜ「同朋」衆だったのか。同朋が「同朋同行」という仏教用語に由来するとすれば、それを名称とする職制として編成された背景には相応の理由、換言すれば宗教的な意味が込められていたとしなければなるまい。

そのことで思い当るのが、時宗（衆）との関係である。この宗派は早くから葬送に関わり遺骸の処理に当ったことで、武士との間に深い関わりが生まれていた。延元三年（一三三八）閏七月、新田義貞が越前足羽郡藤島灯明寺畷《とうみょうじなわて》で斯波高経と戦って敗死した時、その「尸骸ヲハ輿ニ乗セ、時衆八人ニ舁セテ葬礼追善之為ニ往生院（時衆寺院）へ送ラ」（西源院本『太平記』巻二十）れ、その後さらにその首は朱の唐櫃に入れられ京都へ送られている。また応永七年（一四〇〇）七月、小笠原長秀が信濃守護職に補任されて同国に入部した時、これに従わない国人村上満信らと戦って敗れ一族多く討死したが、これを聞いた善光寺妻戸時衆、十念寺聖《ひじり》らは急ぎ合戦の場に赴き、負傷者は看護し、死者に対しては塚を築いて卒都婆を立て十念を授けて供養している（『大塔軍記』）。

これらはたまたま出くわした合戦での振舞いであるが、最初から軍陣に従う時衆も現われていた。その初見は鎌倉最末期のことで、正慶二年（元弘三年・一三三三）一月、鎌倉幕府軍が河内千早城に楠木正成を攻めた時、これに従う「時衆二百人」がいたという『正慶乱離志』（『楠合戦注文』とも）の記事である。しかしそれが鎌倉幕府のシステムにならなかったのは、幕府そのものがそれからわずか四ヶ月後に滅亡するからである。従軍時衆の姿が目につくようになるのは、それに続く南北朝の動乱においてであり、室町期に及ぶ。たとえば足利義満が山名氏清を討った明徳の乱（一三九一年）では、「奥州（氏清）ニ付申タリケル時衆」が氏清の死を御台所に報告しており、家臣の家喜九郎にも「最後マデ付タル時衆」がいて、その妻に遺品を届け遺言を伝えた上、最期の有様を語って聞かせている（『明徳記』）。従軍時衆のもたらした情報が軍記物の素材とされているわけである。(4)

ここで、この時期における従軍時衆についての典型的な史料をあげておきたい。応永六年（一三九九）十一月二十五日付、第十一代他阿弥陀仏自空《じくう》上人教誡状である。ちなみに近時この文書をふくむ旧七条道場金光寺文書（道場廃絶後、同じく時宗寺院の長楽寺に寄せられていた）が公刊された（村井康彦、大山喬平編『長楽寺蔵七条道場金光寺文書の研究』二〇一二年）。これに関わった者として本書が時衆研究に役立つことを願っている。

（端裏書）「十一代上人御自筆　軍勢時衆ノ掟」

軍勢に相伴時衆の法様は、観応の比、遊行より所〻へ被遣し書ありといへとも、今ハ見おひ聞およへる時衆も不可有、仍或檀那の所望といひ、或時宜くるしからしといひて、心にまかせてふるまふ程に、門徒のあさけりにおよひ、其身の往生をもうしなふもの也、檀那も又一往の用事ハかなへとも、門下の法にたかひぬれハ、時衆の道せはくなりて、かへて檀那の為も難儀出来すへし、然ハ世出可被心得条〻

一、時衆同道の事ハ、十念一大事の為也、通路難儀の時分、時衆ハ子細あらしとて、弓矢方の事にふミをもたせ、使せさせらるゝ事努〻あるへからす、但妻子あしきハ惣して人をたすくへき事《いは》いはれあらハ、不可有子細

一、軍陣において、檀那の武具とりつく事、時としてあるへき也、それもよろいかふとのたくひハくるしからす、身をかくす物なるかゆへに弓箭兵杖のたくひをハ時衆の手にとるへからす、殺生のもとひたるによてなり

一、歳末の別時にハ、軍陣なりともこりをかきときをし、阿弥衣を着して、称名すへき

条、勿論也、雖然所によりて水もたやすからす、食事も心にまかせぬ事あるへし、又檀那の一大事を見ん事も無力にしてハ叶ましけれハ、食事ハ何時にてもあるにまかせてさたし、こりハかゝすともくるしかるへからす、若又□へからん所にてハ、如法におこなふへき也

一、合戦に及ハん時ハ思へし、時衆に入し最初、身命ともに知識に帰せしめし道理、今の往生にありと知て、檀那の一大事をもすゝめ、我身の往生をもとくへき也、此旨存知せさらん時衆にハ、能〻心得やうに可被披露、穴賢〻〻

南無阿弥陀仏

応永六年十一月廿五日　　他阿弥陀仏

冒頭、「軍勢に相伴（う）時衆の法様」とは、文字通り従軍時衆の守るべき心得のことであるが、これによれば観応年間（一三五〇～五二）に同種のものが出されていたが、最近は忘れられ、守られなくなっているとして、あらためてこの年出されたものであった。

その内容は、

○時衆が軍勢に同道するのは十念一大事のためであるから、弓矢方のことで使者（いわゆる陣僧）になってはいけない。

○軍陣においては護身のため鎧甲を身につけるのはかまわないが、弓箭兵仗を手にして

殺生してはならない。

○檀那の一大事（最期）を見届けるのに身がひもじくては叶わないから、食事はいつでもある時に食べておけ。

など、いずれも従軍僧にとっては切実な事柄であったことが分る。

これが、各種軍記などに登場する「トモニツレタル遁世者」とか「最期マデ付タル時衆ノ徒」といわれた従軍時衆本来の役目であった。

注目されるのは、この「法様」には書かれていないタイプの従軍僧が現われていることである。先に、応永七年七月、信濃守護小笠原長秀と国人衆との合戦後における在地の時衆らの行動についてふれたが、その長秀が入国するため信濃に向かっていた時のこと、その軍陣に遁世者が「前打《さきうち》」として従っていた。同じく『大塔軍記』に記すところであるが、この人物は、面貌醜くて、その体ははなはだ賤しかったが、洛中の名仁（人）で、連歌は侍従周阿弥の古様を学び、早歌は諏訪顕阿・会田弾正の両派を窺い、物語は古山珠阿弥の弟子、弁舌広才は師匠に勝るほどの上手である。狂忽して舞えば当座の興を催し、歌えば座中の頤《おとがい》を解く。まことに淵底を究める風情は言語道断で、是非の批判に及ばない。今日の見物出立は頓阿弥をもって規模とした、などとある。この頓阿弥は遁世者というだけだが、従軍時衆と考えてよいであろう。

それにしても、まことに多芸多才の持ち主で、「軍勢に相伴時衆の法様」を越えた存在といわねばならない。しかし、頓阿弥ほどでなくともこのような才能特技は、どの従軍僧にも求められていたに違いない。むしろそれが従軍僧の要件になったと思われる。次の一文が、その間の事情を簡潔に述べてくれている。

惣じて時衆の僧、昔より和歌を専とし、金瘡（刀などの切り傷）の療治を事とす。依レ之御陣先へも召連れ、金瘡を療治し、又死骸を治め、或は最後の十念をも受け給ひけるほどに、何れの大将も同道ありて賞翫あるとぞ聞えし。

（『異本小田原記』氏綱連歌の事）

ここまで来ればこの時衆の僧は、その檀那（武将）の同朋衆たることの条件を完全に備えたといってよいであろう。だから普段は、従軍僧の役割を離れ、同朋衆（もしくはそれに類する立場）として近侍したかも知れない。「トモニツレタル遁世者」「最後マデ付タル時衆ノ徒」の姿を追い求めることで、武将と時衆との関係のなかに「賞翫される遁世者」の出現する環境があり、それが同朋衆の原郷であり原像であったことを見て来た。むろんこうした従軍僧が、いつまでも同朋衆の供給源であったわけではないが、時衆との関わりがなければ「同朋」衆といった名称の職掌は生れなかったと考える。

## 二　同朋衆論の陥穽

同朋衆の原郷ないしは原像を求めて「賞翫される遁世者」に行き着いたが、その間ずっと気になっていたことがある。それは、「賞翫される遁世者」とは、特別な才能特技を持った遁世者の謂《いい》に他ならないが、本稿冒頭に掲げた職掌内容から判断しても、同朋衆はこの種の遁世者だけとは思えなかったからである。その辺りのことをあらためて検討し、同朋衆の存在形態について適正な理解を得ておきたいと思う。

ここに掲げたのは同朋衆が語られる際によく引用される伊勢貞親の『条々聞書抄』（第五）の一部である。

殿中さま〴〵の事 いらぬ事ながら少々しるし候

Ⓐ から物奉行　から物見候事

千阿・相阿

から物は唐土より渡り来りたる物也、絵賛の類・茶入・小壺・香合・印籠・硯・硯屏、其他様様の物也。

此の唐物の善悪、上中下の品を目利する奉行也。是皆御たのむ（憑）の返礼に御使を以、公家大名其他諸家へ被レ遣物也。

Ⓑ　取次の御とんせい人

吉阿・調阿・快阿・越阿・歳阿

取次は御たのむ被ㇾ下時、取次て御使江渡し、諸家より進上を取次て納る也。とんせい人は遁世人也。剃髪したる者を云。即ち同朋也。

八朔憑（今日のお中元に当る）における物品の贈答に関して、その「取次」（Ⓑ）と「目利」（Ⓐ）に当った者たちの役割分担を示したものである。文脈から読み取る限り、Ⓑの取次、吉阿以下の五人には「とんせい人は遁世人也……即ち同朋也」とあるから同朋衆であることは間違いないが、そのような記載のないⒶの唐物奉行二人、千阿・相阿は、遁世人でも同朋衆でもなかったかの如くである。しかし千阿、相阿が遁世人・同朋衆であったことは明白な事実であるから、そのことを踏まえて解釈しなければ正しい理解は得られない。こういうことだと思う。

Ⓐが「唐物《からもの》奉行」と、職掌だけを記しているのなら、Ⓑも「取次」だけですむはずのところを、それでは不十分と考えて「取次の御とんせい人」としたが、そのわけは、他の同朋衆が遁世人（法体姿）であるように、遁世人である取次も同朋衆なのだ――言葉を補って説明すれば、そんな文脈ではなかろうか。つまり唐物奉行と同列には扱ってもらえない（かも知れない）「取次」が、ひとかどの同朋衆であることを強調したもの、と受け止めら

れよう。この記載を通して、すべての同朋衆が同列、横並びではなかったこと、立場、地位の違う二つのグループに大別されることがうかがえると思う。これは、本稿冒頭に列挙した同朋衆の職掌から受ける印象に合致する。

以上、『条々聞書抄』の記載から汲み取れる事柄を述べて来たが、その意図するところは、そこから得られる右のような認識を欠いたために陥った、同朋衆をめぐる議論の陥穽（落し穴）に注意を促すことにあった。

先に、戦後における同朋衆研究にあらたな光を与えたのは吉川清氏の論著であったと述べたが、それに触発されてあらたな議論も起こっている。世阿弥をめぐる議論はその最たるものであったといえよう。

世阿弥が、義満の寵を受けたことを理由にその同朋衆であったとみる理解は古くからあり、世阿弥関係の書物の多くはそのように記述している。そのなかに、「世阿弥という名を与えられた時をもって同朋衆の一人に加えられた」とする、阿弥号に言及した理解（桑田忠親『世阿弥と利休』第三章「同朋衆としての世阿弥」、一九五六年）もあったが、時衆と結びつけて論じられることはなかった。それが吉川氏によって、世阿弥は時衆であり、同朋衆であったとされるようになったわけである。

この世阿弥時衆・同朋衆説に真向うから異を唱えたのが、在野の能楽研究家・香西精《こうさいつとむ》氏である。氏は「世阿弥の禅的教養」などで、世阿弥は一介の芸能者にとどまらず、禅への深い理解・教養をもつ一級の文化人であった、とする一方、「同朋衆雑考」では、同朋衆は将軍家の殿中で使い走りをするような家事使用人であり、将軍家の殿中雑役夫に過ぎない。一流の文化人であった世阿弥と同列に扱うような存在ではない、と論じ、世阿弥は時衆でも同朋衆でもなかったと主張、あらたな説を切って捨てたのだった(ともに『世阿弥新考』所収、一九六二年)。

香西氏の論は、世阿弥を敬愛して止まぬ氏の世阿弥の復権にかけた戦いといってよく、その言説の激しさに驚かされたものだが、世阿弥は時衆でも同朋衆でもなかったという氏の主張は、まったくその通りである。「阿弥号を与えられた時をもって同朋衆になった」のではなく、最初から与えられていなかったことが、同朋衆ではなかったことの証左なのである。座的結合の中で生活した猿楽者は、個人として仕えた同朋衆とは、もともと別個の存在であった。氏の論は、安易な時衆阿弥文化論に猛省を促すことになったといってよい。その点でわたくしは香西氏の仕事を高く評価する。

しかし、同朋衆論に限っていえば、氏の所論には大きな問題が存していた。それは、間違いなく同朋衆であり、しかも氏が雑役夫呼ばわりをするような存在ではなかった、いわゆる三阿弥らを、同朋衆ではなかったとして議論から除外したことである。かれらの果した文化的な役割については、のちにふれるが、三阿弥らを除外すれば、残る同朋衆が雑役夫並みのものだけになってしまうのは火を見るよりも明らかで、それではまっとうな同朋衆の論にはならない。筆鋒鋭い論調の下に大きな「落し穴」があったのである。

香西氏の世阿弥研究を評価しながらも、その中でとられている同朋衆理解の手法を、あえていま持ち出したのは、近時における同朋衆研究に、氏と同じような論法が見受けられるからである。ここでは個別に取上げることはしないが、大よそ以下のようなことである。端的にいえば、三阿弥をはじめ専門的な仕事に従っていた同朋衆は、同朋衆のなかでは異例な存在であり、平均的、標準的な同朋衆ではない、として議論から除外する。かれらを同朋衆であると認めた上で、しかしそれは例外的な存在であるとし、だからかれらを取上げない方が公正な議論になる、という論法である。

一見、正当な議論のようだが、果してそうだろうか。この言説は、先にみた『条々聞書抄』に即していえば、同朋衆に見られた二つのグループのうち、「唐物奉行」たち（Ⓐ）ではなく、「とんせい人」は「即ち同朋也」と書かれた人たち（Ⓑ）だけを取り上げたものであり、かつて香西氏のとった論法の再現といわねばならない。むろんⒷを雑役夫呼ばわりすることはないが、しかし香西説以上に問題なのは、Ⓐを同朋衆と認識していながら、これを意図的に同朋衆論から除外排除していることにある。

なぜこのような偏頗な同朋衆論が出て来たのか。おそらくその背景にあるのは、かつて時衆阿弥文化論が犯して来た、安直にその文化を評価する風潮に対する反撥や批判であったと思う。したがって近時の研究では、同朋衆の文化的役割は軽視もしくは否定されることになる。吉川氏の研究の影響を受けつつ同朋衆とその文化を主要なテーマに研究を始めたわたくしなども、批判される側の人間と思われる。現に本稿も同朋衆の文化を取上げている。しかしそれが、同朋衆の果した文化的役割そのものが評価できないというのならまだしも、文化的役割を果した同朋衆を除外したことで出て来る判断だとすれば、穏当な評価とはいえないだろう。

重ねて申せば、既往の研究を批判するためにこのような論法をとるのであれば、みすみす誤った道を進み、陥穽に落ちることになろう。それは避けねばならない。

そのためにはどうすればよいか。事実を正しく認識すること、それ以外にはあるまい。一部の同朋衆の仕事内容が特殊であり異例であったとしても、それが同朋衆の仕事と分っているのであれば、それを除外する理由などないはずである。除外するのではなく包摂することである。それが事実に基づく議論の出発点でなければならない。

## 三 「会所」の同朋衆

同朋衆を論ずる上でいま求められているのは、同朋衆を全体として把握し、理解することである。自明のことといってよいが、それを進める上でもっとも適切かつ有効な方法は、かれらが互いに関わり合いながら仕事に従っていた「場」に着目することだと考える。その場とは「会所」である。

室町時代の武家社会、ことに幕府将軍家の推進した諸行事の場として発展したのが会所であり、その会所にさまざまな形で関わったのが同朋衆とみられるからである（会所については川上貢氏『日本中世住宅の研究』一九六七年参照）。

会所とは文字通り人々の集う場所——部屋であれ建物であれ——のことであったが、やがて会所にふさわしい構造の建築様式が生れた。それが書院造であるが、この様式が寺院・公家さらに庶民の間に普及浸透し、日本人に共通する生活様式を育てる場となった。その意味でも会所に関わった同朋衆の役割は小さくはなかったのである。

「会所」という言葉の初見は、管見によれば平安中期、慶滋保胤や恵信僧都源信らによる勧学会《かんがくえ》の会所である。仏典研究と讃仏（仏典の中の言葉を題に詩歌をつくった）の会であるが、会場の調達に苦労したことから、ある受領に「会所堂宇」の造営を依頼している。天延三年（九七五）のことである（『本朝文粋』）。その後、平安後期から鎌倉期にかけて盛行した和歌会の会所が登場する。鴨長明の著わした『無名抄』に、

この頃人々の会に連なりてみれば、まず会所のしつらひより初めて、人の装束のうちとけたるさま、おのおのが気色有様、乱れがはしきこと限りなし。

などとあって、会所での和歌会の有様が語られている。和歌の会所の「しつらひ」という

のは、壁に掛けられた人麿影や懐紙を置く卓《しょく》とか厨子棚の類であろうか。人麿影を掛けて和歌会を催すことは六条藤家によって院政期にはじめられていた。この一文からも会所といえばその「しつらひ」が不可欠、不可分の要件であり、関心事であったことが知られて興味深い。鎌倉後期成立の仏教説話集、無住の『沙石集』（巻八）にも、近代の作法として在家の俗士が名誉欲や家のかざりとして建てた建物が、「酒宴ノ座席、詩歌（ノ）会所」として用いられていたことが語られている。「詩歌ノ会所」という表現には、会所が何よりも先ず詩歌の場だったという気分が込められている。『無名抄』と同様、会所は文芸の場であったことが分る。

会所の雰囲気が一変するのは南北朝の動乱期である。主人公が武家に代わり、「しつらひ」のモノが豪華になった。

バサラ大名として知られる佐々木（京極）道誉ら「在京ノ大名衆ヲ結テ茶ノ会ヲ始メ日々寄合、活計ヲ尽」（『太平記』巻三十三）したのはむろん会所であるが、道誉の京極屋敷の場合、康安元年（一三六一）十二月、南軍の楠木正儀らの入洛に備え、次のように調えていたという（同前巻三十七）。

爰《ココ》ニ佐渡《ノ》判官入道々誉都ヲ落《チ》ケル時、「我《ワガ》宿所ヘハ定《メ》テサモトアル大将ヲ入替《カハラ》ンズラン。」トテ、尋常《ジンジヤウ》ニ取《リ》シタ、メテ、六間《ムマ》ノ会所《クワイショ》ニハ大文《ダイモン》ノ畳ヲ敷双《シキナラ》べ、本尊・脇絵《ワキエ》・花《クワ》瓶《ビン》・香炉・鑵子《クワンス》・盆《ボン》ニ至《ル》マデ、一様ニ皆置《キ》調ヘテ、書院ニハ義之《ギシ》ガ草書ノ偈《ゲ》、韓愈《カンユ》ガ文《ブン》集《シフ》、眠蔵《メンザウ》ニハ、沈《ヂン》ノ枕ニ鈍子《ドンス》ノ宿直《トノヰ》物ヲ取副《リソヘ》テ置ク。十二間ノ遠侍ニハ、鳥・兎・雉・白鳥、三竿ニ懸双《ケナラ》べ、三石入許《バカリ》ナル大筒ニ酒ヲ湛《タタ》へ、遁世者二人留置《メキ》テ、「誰ニテモ此《コノ》宿所へ来ラン人ニ一献ヲ進メヨ。」ト、巨細《コサイ》ヲ申置《キ》ニケリ。

一読して、前代の詩歌の会所に比して格段の違いが生じていることが知られよう。一つは、飾られるモノが豪勢な唐物唐絵の類であったこと、二つは、飾りや饗応に関わったと見られるヒト＝遁世者がいたこと、である。この遁世者は同朋衆の出現を予感させるものがある。しかしこの会所＝トコロは、建物の中の一部屋で、「六間」というから十二畳の広さであった。それがやがて独立した建物である会所が登場する。室町幕府においてである。

室町幕府の殿舎のうちハレの建物である正殿は、基本的には王朝以来の寝殿造を踏襲していたが、その周囲に設けられた庭間（奥向）建物群（小御所・泉殿・観音殿・禅堂など）の一つに会所が出現する。その最初が義満の室町殿、いわゆる「花の御所」（一三七八年）に建てられた一宇の会所である。次の義持は、うとまれたことへの反撥から父義満の政策を次々と覆し、幕府の殿舎も室町殿を捨てて三条坊門殿（一四〇九年）に移しているが、それでも会所は一宇設けている。この三条坊門殿には永享元年（一四二九年）、もう一宇の会所が建てられたが、これは次の義教が室町殿を新造して移るまでの間に建てたものである。その義教は、室町殿に移ると（一四三一年）、早速会所造りに乗り出し、南向会所（一四三二年）、会所泉殿（一四三三年）、新会所（一四三四年）と、連年造営している。先の三条坊門のそれを合わせると、じつに四宇もの会所を短期間に造ったことになる。将軍家における会所への関心の高まり、なかでも義教の執着ぶりには驚かされるものがある。歴代将軍のなかで義教ほどの文芸愛好者はいなかったのである。永享初年、和歌会についで連歌会を恒例の行事としたのをはじめ、各種文芸を月ごとに配して月次《つきなみ》の行事としたのもそのあらわれである。猿楽愛好も義満に負けてはいなかった。音阿弥を重用したこと、そのために世阿弥の悲劇が生じたことはよく知られている。この猿楽も行事化された。そしてこれらの年中行事はすべて会所で催されたのである。先に武家文化は「会所の文化」として展開したと述べたが、そのことの実態がここにある。こうして会所文化は義教時代に頂点に達したのである。同朋衆の活躍が目立つようになるのが義教時代であったのは、故なしとしない。

　室町文化はしばしば義満の北山文化と義政の東山文化という、二つの山なみにたとえて理解されることが多い。前者が北山山荘の金閣、後者が東山山荘の銀閣あっての表現であるが、わたくしは北山と東山の間こそ、もっと重視される必要があると考えている。残念ながら義教には金閣、銀閣に比すべき記念建造物がないが、室町幕府に営まれた会所群は、それらに劣るものではなかったと思いたい。

ところで義教は、永享二年(一四三〇)三月十七日、前月に完成した醍醐寺金剛院の会所開きをかねた花見のため醍醐寺へ御成《おなり》している。この新造会所には上段の間と下段の間があり、飾るべき物として、御絵七幅(上段の間の床に三幅一対、下段の間の床には四幅一対で掛けた)、小盆三、古(胡)銅の三具足、香合、花瓶一対、卓二、草花瓶一、小壺一、食籠一、硯一、水入、筆架、小刀、筆墨各一、軸物一、鉢二、石二、水瓶一などを運び、それらを立阿弥《りゆうあみ》に命じて会所に飾らせている。むろん立阿弥は義教の同朋衆である。御成の三日後には同じ席で、義教はじめ摂政や諸大名、それに「遁党」、すなわち遁世姿の同朋衆も三人、重阿・玄阿・祖阿が加わって連歌会が催されている。新造の会所開きは同朋衆たちがお膳立てをして実現したといって差支えないであろう。

この義教御成に関して、私には、少なくとも二点、注目したいことがある。

一つは、御成に際しては、将軍を迎える側がこれを名誉として最大限の饗応に当り、室礼(座敷飾)にも意を用いた。ところがこの場合――迎える側が寺であり、新造の会所開きということもあったろうが――御成する側、将軍の方が必要な道具類を持ち込み、同朋衆に飾らせている。これでは話が逆ではないか、と思うところだが、三日後に同じ会所で大名・公卿を招いて連歌会が行われることを合わせ考えると、将軍家蒐集にかかる品々を展覧することこそが、将軍家の威光を誇示する儀式であったこと、そのために御成り先の座敷飾も将軍家が行なったのである。したがって同様のことは大名邸御成などでも行われたに違いない。

座敷飾に当る同朋衆は将軍家の権威発揚の役を果しているわけである。座敷飾に当る同朋衆の存在と役割が、あらためて認識させられる。

二つは、その同朋衆の職掌に関して。

この時の座敷飾に当った立阿弥は、通常立て花に当ったことで知られる同朋衆である。しかし立て花が三具足の瓶花をはじめ、座敷飾のなかで欠かせない役割を果していたことを考えれば、立阿弥が「御会所の同朋」と呼ばれているのも納得がいく。醍醐寺の場合、かれが行なった座敷飾の記録――『醍醐寺金剛輪院御会所御飾注文立阿記』も作成している。この立阿弥は、座敷飾の最初の結集者となる能阿弥の先輩格に当る。室町殿中での座敷飾は、こうした同朋衆たちが経験と知恵とを共有し合うなかで纏め上げられたもの、といえそうだ。それが『君台観左右帳記』である。

『君台観左右帳記』には能阿弥本と相阿弥本とがあるが、前者が内容的に素朴であるのに比し、後者は説明も整理されていて、時代的な違いを示している。内容はどちらの系統も三部、すなわち⑴画人録、⑵座敷飾、⑶器物、の説明から成る。

⑴は宋・元代を中心とする画人を上中下の品等に分け、それぞれが得意とする画題を書き上げたもの。

⑵は、（押板）床飾、書院飾、違棚飾についての説明。

⑶器物の説明は、彫物（漆工品）、胡銅物、茶垸物、土之物（天目茶碗）、葉茶壺、抹茶壺および文房具などについて。

順序はこの通りだが、⑴の絵も⑶の器物も、あわせて⑵の座敷飾の構成要素なので、全体として座敷飾の書ということが出来る。したがって⑴⑶⑵が本来の順序であるが、床飾の主役であった絵画（唐絵）に対する関心の高さが、このような編成にした要因であろう。じじつ⑴画人録の部分だけが抜き出され、『君台観左右帳記』の名で流布したものもある。

床の間のなかった初期の会所では、画軸が壁に掛けられ、その前に三具足（板または卓の上に、香炉を中に瓶花と燭台が置かれた）が置かれることで、そこが部屋の正面とされた。画軸と瓶花のバランスを考慮するのが、座敷飾の手はじめでもあったろうか。やがて三具足をのせた押板（または卓）が、厨子棚や文机などとともに造りつけとなり、いわゆる床の間が生れ、書院座敷が出現する。こうして先の⑴⑶をもってする⑵座敷飾の規式が求められることになる。これを「室礼」といったのは、以前からあった和語「しつらひ」の漢語表現であるが、「礼」には規式《ルール》の意があることで、「室内を飾る上での規式」を意味する語として用いられるようになったもの。同朋衆たちは、会所をはじめ幕府殿中の臨時・恒例の座敷飾に当るなかで、経験的に「室礼」をまとめ上げて行ったのである。室礼は生活美学の母胎といってよく、それを生み出したのが同朋衆であった。

このように見て来ると、いわゆる三阿弥(5)をはじめ会所飾に直接間接関わった同朋衆が、数ある同朋衆の中で重視されるようになったのも了解されよう。それは室町武家文化の展開のなかで必要とされた才能特技の持主だったからに他ならない。その意味で同朋衆は室町文化を象徴する存在だったといって過言ではないであろう。

三阿弥らを抜きにした同朋衆論はありえず、同朋衆を抜きにした室町文化論もありえない。ことに日本文化がもつ、この時代に形成される生活文化の要素を考えるとき、文化史上における同朋衆の役割はもっと認識、評価されてよいのではなかろうか。

## 四　同朋衆の季節——結びにかえて

同朋衆をめぐるいくつかの問題を考えて来たが、ここでは同朋衆の仕事ぶりを点描することで同朋衆の活躍した季節のことを思い、去って行く時代の姿を見届けたい。

義教の時代のはじまりとともに活動を開始しているのが能阿弥である。唐物唐絵の目利・管理や、それらによる会所の座敷飾に当るなかで、やがて「室礼」を『君台観左右帳記』としてまとめ上げたのは、義教による会所文化の、一つの結実といってよいであろう。

その義教の持った芸術的資質を受け継いだ義政の時代に、芸阿弥・相阿弥が活躍する。ことに相阿弥によって会所の室礼がより洗練された形で完成した意味は大きい。その室礼が、その後の歴史のなかで日本的な生活美学の母胎となるからである。そうした義教・義政らを下支えしたのが、かれら同朋衆であったことを、もう一度確認しておきたい。

三阿弥をふくめて同朋衆らが関わった会所の諸芸について見ておきたい。芸阿弥や相阿弥が絵をよくし、「国工」「国手」などと呼ばれたのは、その仕事を通じて得た能力によるものであろう。相阿弥は立て花でも名を知られた。

立て花といえば、例の醍醐寺金剛輪院の会所開きの室礼に当った立阿弥のことが思い出される。あれは永享二年（一四三〇）のことだったが、その五年前の応永三十二年（一四二五）正月五日、義持が諸大名の邸宅に御成した際、久阿弥・圭阿弥とともに供奉しているのが初見で、義持の没後は義教に仕えている。したがってそのあとに登場する能阿弥の先輩格に当る。

立阿弥が立て花に長じていたのにはわけがある。立て花は真（三具足の花）・行（書院の花）・草（違棚の花）として座敷飾の中核をになっていたからである。ついでに言えば、立て花は、この座敷飾の場で鍛えられるなかで構成論を育て、床の間の主役となる。池坊系の立て花の隆盛に押されはするが、「花の立て様を記した書」（『日葡辞書』）である「花伝書」のなかに、座敷飾のことがのちのちまで書き続けられることにも留意しておきたい。

この立阿弥について注目されるのは、応永―永享期に活躍する立阿弥と、寛正から永正にかけて、やはり立て花に当った立阿弥とは、とても同一人物とは思えないことである。立阿弥は同名異人が二人いた。

二人といわず三人もいたのが千阿弥である。千阿弥も同朋衆としての仕事は能阿弥より数年早くはじめており、立阿弥と同期であったが、義教や義政から命じられ香合や堆朱《ついしゅ》の盆、桂漿《けいしょう》の食籠、茶碗などを沙汰した記事が多いから、座敷飾のうち唐物道具を扱うのを主としたようだ。「唐物奉行」と呼ばれたゆえんである。二人目の千阿弥も同じような仕事に従っている。どうやら数ある同朋衆のうち、少なくとも立阿弥と千阿弥に限って同じ名が踏襲されたのは、茶や香などが座敷飾のなかで主要な役割を果していたことと無関係ではなかろう。

ところで千阿弥といえばすぐに想起されるのは、義政に仕えた同朋衆の千阿弥が千利休の祖父であったという伝承であろう。『千利休由緒書』の語るところで、この千阿弥が、義政の子義尚が没した(一四八九年)のち、堺に下って閑居した。千家の名はその千阿弥の千を取って名字にしたものである、と。天文四年(一五三五)の文書(『念仏差帳日記』念仏寺築地塀修復費の奉伽帳)には今市町の個所に、「与四郎殿せん」との記載があり(当時利休は十四歳であった)田中を本姓とする一族のなかに千家が分立していたことが確かめられるのだが、私は千家は同朋衆の千阿弥とは無関係であったと考えている。義尚の没後も千阿弥は堺へ下向してはおらず、京都に住んでいたことが確認されるからである。伝承の如く千家の千が千阿弥の千に出るものであれば(そのことの真偽は確かめようがないが)、その千阿弥は、同朋衆の千阿弥ではなく、堺の町衆のなかに少なからずいた時衆(阿弥号を名乗り、寺院を建立した有力者もいた）の千阿弥であったと考える。田中家にいた千阿弥の千が一族間での通称となり、やがて家名になったと見る。したがって千家は田中家の分家筋であったはず（村井『千利休』）。先の『千利休由緒書』にいう伝承は江戸初期に生み出された家譜伝説の類ではなかろうか。

同朋衆には、この他にも具体的な芸術分野で活躍したものが少なくないが、当然のことながら幕府殿中、会所での仕事に関わりが深いものばかりであった。

義詮代に姿を現わした同朋衆は、室町幕府の体制確立にともない、その職制の一つとして整備され、拡充されて行った。次に掲げるのは、かつて『文学』（三二巻一号）掲載の小論（「武家文化と同朋衆」）に用いたものであるが、同朋衆の盛衰が実感できるデータと思うので、再掲載させて頂いた。数の上からは義政時代にピークに達しているが、この時代以後顕著となる将軍権威の失墜、将軍家蒐集物、いわゆる「東山御物《ごもつ》」の流出、といった事態を考えると、同朋衆の存在とその役割が衰退に転ずる分岐点でもあったといえよう。

応永年間　毎阿弥・圭阿弥・久阿弥・知阿弥・三阿弥・艮阿弥・退阿弥・即阿弥・貞阿弥・増阿弥・立阿弥等々。

永享年間　重阿弥・賀阿弥・慶阿弥・玄阿弥・祖阿弥・万阿弥・相阿弥・春阿弥・弘阿弥・木阿弥・用阿弥・久阿弥・快阿弥・千阿弥・佐阿弥等々。

寛正～
長享年間　誉阿弥・春阿弥・千阿弥・吉阿弥・太阿弥・快阿弥・暁阿弥・越阿弥・初阿弥・調阿弥・松阿弥・古阿弥・甘阿弥・見阿弥・玉阿弥・西阿弥・睦阿弥・慶阿弥・珍阿弥・立阿弥・閑阿弥・徳阿弥・千阿弥・福阿弥・白阿弥・春阿弥・夏阿弥・能阿弥・多阿弥・愛阿弥・穆阿弥・兆阿弥・道阿弥・菊阿弥・永阿弥・用阿弥・懐阿弥・如阿弥・租阿弥・寿阿弥・西阿弥・歳阿弥・頼阿弥・海阿弥・吉阿弥・周阿弥・仙阿弥・直阿弥・杉阿弥・遊阿弥・朝阿弥・栄阿弥・耳阿弥・目阿弥等々。

延徳～
永正年間　立阿弥・万阿弥・歳阿弥・耳阿弥・目阿弥・直阿弥・理阿弥・右阿弥・松阿弥・堅阿弥・藤阿弥・道阿弥・紅阿弥等々。

大永～
天文年間　千阿弥・吉阿弥・珍阿弥・用阿弥・祐阿弥・緑阿弥・春阿弥・万阿弥等々。

永禄年間　春阿弥・孝阿弥・万阿弥・緑阿弥・歳阿弥・百阿弥・福阿弥・台阿弥・輪阿弥・松阿弥・慶阿弥等々。

同朋衆の時代の終りが始まっていた。その要因が、右に述べたような、かれらの存立基盤そのものの地盤低下にあったことはいうまでもないが、十五世紀末辺りから目立ちはじめる文化状況の変化のなかで、同朋衆の立場が浮遊しはじめていたことも見逃せない。『君台観左右帳記』は、同朋衆たちが関わった会所文化の帰結であり、同朋衆の持っていた「創造性」——経験知の集積としての、だが——の発露であったといえるが、しかしそれが纏め上げられた頃から、適用の「場」が変化しはじめていた。書院造の会所は、大型化と小型化という両極分化を遂げる。大型化し立体化した豪華絢爛の大広間の主役は、豪壮な障壁画であろうが、それは国工・国手といわれ絵画に長じた同朋衆でも、手の及ぶところではなかったろう。

他方、小型化は、義政時代に萌芽する四畳半志向のなかで、東山山荘の東求堂同仁斎のような四畳半小書院を生む一方、四畳半——それは脱俗の空間という意味があった——を共通項とする草庵を生み出す。しかしその草庵＝「市中の山居」の主役は富裕都市民であった。しかも四畳半志向と併行するように唐物から和物への趣好、美意識の変化が生じていた。『君台観左右帳記』のなかにも、その動きが視野に入っていたことを示す証拠はあるが、しかしそれは、もはや唐物奉行の職掌ではあるまい。茶だけではない。花の世界でも、立て花は座敷飾の主役といってもよかったが、池坊を中心とする町なかの芸術として作られて行く。同朋衆の出番は、あらゆる分野で、なくなり始めていたのである。

同朋衆の時代は、同朋衆自身が関わって来た文化のありようの変化、変質のなかで、終らざるを得なかったのだった。

幕府滅亡も近い永禄五年(一五六二)五月の『光源院(義輝)御代当参衆并足軽以下衆覚』によれば、御供衆・申次衆・御小袖御番衆・奉行衆・御末之男・御小者・足軽衆・御部屋衆・詰衆番衆、奈良御供衆・御大名相伴衆・外様大名在国衆などのなかに「同朋衆」として、前掲表の最後、春阿弥以下の十一人があげられている。これが、室町幕府最末期の「当参」同朋衆の面々であった。

同朋衆は室町時代に現われ、この時代で消えた、室町時代の武家文化をになった遁世者たちのことである。同じ名が江戸幕府にも見られるが、あらゆる意味で、室町幕府の同朋衆に比せられる存在ではない。

(1) 日本史研究会編『講座日本文化史』第四巻(一九六二年)の第二章「中世文化の開花」の中で同朋衆を取上げたのが最初である。

(2) これには下坂守氏「『足利将軍若宮八幡宮参詣絵巻』の図像と画面構成」で美術史的・風俗史的な視点をふくめ、政治・社会的な背景のなかでこの絵巻物を検討して頂いた。

(3) (1)以後、同朋衆についての論考数篇は、『武家文化と同朋衆』(一九九一年)に収録。他に「中世文化と同朋衆」(『足利将軍若宮八幡宮参詣絵巻』〔日文研叢書〕七、一九九五)、「時衆と文芸」(『長楽寺蔵七条道場金光寺文書の研究』二〇一二年)がある。

(4) 時衆の中世文芸に果した役割について、もっとも包括的・綜合的な研究を進めたのが金井清光氏で、『時衆文芸研究』(一九六七年)その他がある。また大橋俊雄氏の「時衆教団史研究のあゆみ」(『時宗の成立と展開』一九七三年)も参照のこと。

（5）三阿弥については野地修左氏『日本中世住宅史研究』（一九五五年）に詳しい。

【付記】

（2）に記したように下坂守氏の精緻な検討によって、この絵巻物は、社伝では応永十七年（一四一〇）八月十五日、足利義持が当時六条左女牛《さめがい》にあった若宮八幡宮へ参詣した時の様子を描いたものといい、外題もそのように書かれていたが、義持のこの時の社参は確認出来ないこと、巻頭に「将軍御社参之躰」とあるように、特定の将軍の社参ではなく、歴代将軍の当社参詣の典型的な姿を描いたものであること、を明らかにされた。そこで以後『足利将軍若宮八幡宮参詣絵巻』と称することにした。注（3）参照のこと。

# あとがき

本書はこれまで刊行した『花と茶の世界――伝統文化史論』および『平安京と京都――王朝文化史論』とあわせて文化史論三部作をなすものの一つであり、右二冊と同様、これまで発表して来た関係論考を四部に構成し、主としてわが国中世に展開した生活文化の実態と意味を問うたものである。

題して『武家文化と同朋衆――生活文化史論』――人によってはこの主題と副題の取合わせを奇異に思われるかもしれない。これは武家の京都開幕が、京都はもとより、ひろく日本文化にとっても大きな意義をもっていたとする持論によるものであり、またそれとの関係で同朋衆の存在とその文化史上の役割に関心を抱いて来たことが大きい。京都府文化財保護基金の仕事として府下の寺社調査を行なった際、東山五条の若宮八幡宮で見た義持社参図絵巻のなかに、将軍に扈従する三人の同朋衆の姿（第I部扉写真参照）を発見したときの喜びは、二十年を経たいまも鮮明に覚えている。その同朋衆の関与したのが武家の屋形の座敷飾であるが、それは遊楽の場として武家社会で本格的に発達した会所が、書院座敷として発展するなかで育てられた生活美学であった。中世文芸にみられる型の成立は武家社会においてもっとも典型的にみられ、それが町衆社会にひろまるところに、各種芸道論も生まれたように思う。その点で中世の武家文化は、こんにちに至る日本文化の母胎になったといって過言ではないであろう。本書の書名にあえて武家文化の語を用いた理由である。

今回、その機会を与えられ、これまで書き綴って来た各種論考を文化史論三部作の形で刊行して頂いたことについて、あらためて三一書房元専務寺村嘉夫氏および同社荒木和夫氏の両氏に御礼を申し上げたい。今年八月還暦を迎えた(——本当は書きたくなかったのであるが、とうとう書いてしまった……)わたくしにとって、はからずもその記念出版の形になったのは、やはり有難いことであり、心から御礼申し上げたく思う。還暦そのものに格別感ずるところはないが、寺村氏の御尽力によって別に用意している出版とあわせ、一つの区切りとしたい。長年つとめた京都女子大学から現職に移ってすでに三年余が過ぎた。その区切りとするには少し間があいた感もするが、そのこともふくめて、一つのケジメとし、これを機に再出発したいと思う。それにしてもこの間、じつに多くの方々のお世話になった。心から御礼申し上げたいと思う。

一九九〇(平成二)年十一月　　村井康彦

# 文庫版あとがき

三十年の歳月を経て、小著が『ちくま学芸文庫』の一冊として再び日の目を見ることになった。本書の主題である同朋衆は、文化史研究の早い時期に取り組み始めたテーマだったこともあっていまも愛着があり、有難い限りである。しかし改めて読み返してみて、論旨の重複と史料の重出ばかりが目についた。これは同じ主題で考察を重ねながら、研究が稚拙な歩みだった証左で、恥じ入るばかりである。読者におかれては、どうかその辺りのことを〝お覚悟〟の上で小著とお付き合い頂ければ幸甚である（なお三十年来の〝ほころび〟も何ケ所か見付かり、手直しさせて頂いた。ご寛恕を請う次第である）。

京都に住んで来た者として、王朝以来の公家文化に関心を持つ一方、武家文化にこだわり続けて来たのにはわけがあった。南北朝以来、『太平記』にもしばしば登場するように、在京大名と呼ばれた武家が公家よりも遥かに多く集住していたというだけでなく、やがてかれらが武家社会独自の文化を生み、それが京都で成熟する生活文化の土壌になったことを重視するからである。なかでも「会所」に着目したのは、文字通りこれが武家文化の育つ「場」となるからで、義満の「花の御所」にはじめて一字の会所が登場して以来、代を重ねるごとに増え、武家社会・文化を象徴する存在となって行く。のちに日本人の生活美学の母胎となる「室礼《しつらい》」を案出したのをはじめ、会所を場とする文芸活動に深く関与したのが同朋衆であった。しかも同朋衆は武家社会の仕組みのなかからのみ生れ、公家社会には存在しなかった。小著は、そのような同朋衆を通して武家文化の構造と特質を繰り返えし考察した軌跡である。

同朋衆に関心を持ちはじめて半世紀を超えるが、早い時期から画証として若宮八幡宮（京都市東山区五条）の所蔵になる『足利将軍若宮八幡宮参詣絵巻』の紹介をお許し頂いたことを心から御礼申し上げたい。こんにちでは唯一の画証ではなくなったが、歴史書の類にこの絵巻物に描かれた同朋衆の画像を見るたびに、ひそかに喜んでいる。

藤岡泰介氏には、新型コロナウイルス蔓延のさなか、このたびの文庫化にともなう編集上のすべてにわたりお世話になったことを記し、深甚の謝意を表したい。

二〇二〇年八月　　著者

初出一覧

天文文化論　原題「都市の美意識」『季刊日本の美学』一九八六年三月　ぺりかん社

二つの「一座建立」『芸能史研究』一九七五年七月　芸能史研究会

北山殿の唐物数奇『日本文学の歴史』6「文学の下剋上」一九六七年十月　角川書店

東山殿の芸術生活　同右

同朋衆と阿弥衆『歴史手帖』一九七六年四月　名著出版

武家文化と同朋衆『文学』一九六三年一月号　岩波書店

佐渡の世阿弥『芸能史研究』一九六五年七月　芸能史研究会

能と狂言『京都の歴史』3「近世の胎動」一九六八年十月　学芸書林

芸能空間としての書院『歴史公論』一九七八年十月　雄山閣

座敷飾の成立『茶道聚錦』二「茶の湯の成立」一九八四年六月　小学館

『君台観左右帳記』と『御飾書』『茶の湯の古典』1「君台観左右帳記 御飾書」一九

八三年十月　世界文化社
武家と遊楽　『近世風俗図譜』2「遊楽」一九八三年十二月　小学館
伝書の時代　『図説いけばな大系』6「いけばなの伝書」一九七二年二月　角川書店
中世芸道の成立と伝授　『いけばな美術全集』二「いけばなの成立」一九八二年十一月　集英社
初期の京焼　『日本の美』第5集「宗達 光琳 京焼」一九七七年十二月　学研プラス
京料理と生活文化　『京料理の歴史』(「総論」) 一九七九年四月　柴田書店
蓮月尼　『蓮月』一九七一年十一月　講談社
室町文化と同朋衆　『文学』二〇一六年十一・十二月号　岩波書店

# 解説　「場」と芸能の室町文化論

橋本　雄

## はじめに

ここ二十年ほど、室町時代史のブームが続いている。対象となるのは、南北朝時代の十四世紀から、戦国大名が群雄割拠をくりひろげる十六世紀までの約三〇〇年だ。政治・経済・宗教・外交はもちろん、隣接諸学の文学や美術、考古学などの世界からも新たな史実が提供され、日々歴史像は更新されつつある。書籍類も毎月のように公刊されている。しかし、いわゆる「文化史」の分野は、どれほど相貌を新たにしてきたのだろうか。

ここでいう文化史の「文化」とは、まさしく本書のサブタイトルにみえる「生活文化」のことである。ただし、著者のいう「生活文化」はやや独特のニュアンスを有する。そこで最初に、著者自身の端的な説明を近年の回顧から紹介しよう。

我々、生活文化というふうに申しますと、冷蔵庫を使うようになりましたとか、テレビが普及しました。だからこれらを用いるようになって便利な生活になりました、などという使い方をする。つまり、ここでいう生活文化とは、生活に用いられるさまざまなものの総体のことを指している。しかし、私のいう生活文化、というより生活芸術は、そうした生活そのものではなくて、それを素材としながらそれを非日常的なものに仕立て直す、そういう文化芸術の構造のことをいい、それは都市でこそ初めて生まれたものではないか。農村では生まれなかった。（村井康彦・朝尾直弘・酒井一〈鼎談〉「半世紀の歴史研究を振り返る」『大阪商業大学商業史博物館紀要』六号、二〇〇五年、九八頁。傍線・傍点橋本）

日常から生み出される非日常――。いかにもパラドクシカルで魅惑的な表現だが、ふだんの生活に彩りや安らぎを添えるために、人々が工夫してきたことへの賛辞である。著者はこうも語っている。

茶の湯にしても、飲むというだけだったら、ああいう点前作法なんか要らない。茶室も要らない。庭も要らない。ほんとに必要最小限度の道具が二つ、三つあれば済むことです。それをああいうふうに仕立てているということで、これは一種の虚構の文化というふうに見るべきではないだろうか。（同前鼎談、九七頁。傍点橋本）

茶の湯の世界も、抹茶をお湯に攪拌して飲むだけでは済まされない。お手前や座敷飾り等のもてなしで非日常的な味わいを添えている。伝統的なせりふ劇の狂言でいえば、人々の日常的言動を、特徴的な型や物言いに落とし込んで面白おかしく表現する。また、昨日まで唐物として漢の文物と崇められていたものが、今日は和風文化の一道具に「見立て」られる。中国の酒瓶が日本では床の間の花瓶に飾られ、彼の地での酒壺が鎌倉日本では骨壺に転用されることすらあった。そして街中には夢の隠退所、「市中の山居」が建てられる。日常と非日常とは、かくも相対的かつ流動的であったといえよう。

ただし、そうした生活文化・文化表象の複雑な変転の様相は、美術史・文学の方面で深められつつあるが〈島尾新『「和漢のさかいをまぎらかす」』〈淡交新書、二〇一三年〉・深沢眞二『「和漢」の世界』〈清文堂、二〇一〇年〉など〉、総体としての語り口はどれほど変わったのだろうか。実はそれほど革新的進展を遂げていないのではないか。

私事にわたるが、解説子は学窓以来、中世日本の対外関係史を勉強してきた。外交文書だの経営構造だの、国際交流のいわばハード面を探究するのが主たる仕事であった。しかし、国境を越える人・モノ・情報に関して、それらが日本社会にどんなインパクトを与えていたのか、あるいは日本社会が何を欲してきたのか、あまりに無関心に過ぎた。その反省のうえに立って、この十年ほどは、「文化交流史」の研究を志している。そして実は、こうした勉強を始める際の最初の教科書こそ、本書『武家文化と同朋衆』であった。

以来、本書はめざす地平であると同時に、今後乗り越えるべき目標として屹立し続けている。近年の室町時代史のすぐれた叙述においても、本書は必ずといってよいほど参考文献一覧に顔を覗かせ、影響を与えてきたことがわかる（桜井英治『室町人の精神』〈講談社学術文庫、二〇〇九年。初出二〇〇一年〉など）。こうした記念碑的作品が文庫化されることに感慨を禁じ得ないのは、おそらく解説子だけではあるまい。初めて本書をひもとく読者の方々におかれても、扱われるテーマの豊かさはもちろん、茶道や華道、能楽（謡曲・狂言）、絵画などの文化・芸能に対する著者の造詣の深さ、視線の温かさを直接味わえるチャンスだと喜んでほしい。

そして、文字通りの浅学非才に本書の「解説」など身に余るが、せっかく頂戴した機会なので、本書の学問的意義についてデッサンし、いかなる課題を本書から引き出せるか、最後にわずかながら展望してみたい。

## 著者の足跡のなかで

さて、本書は広い意味での室町文化を主題としつつも、それをさらに日本文化史全体に位置づけた労作である。単なる室町時代史に収まらないポテンシャルをもっている（そもそも著者は日本古代史から研究を出発している——その概要は前掲鼎談を参照）。少なくとも、上滑りしているかのごとき日本文化論に飽きた方には、まず本書をおすすめしたい。実証的な見地から、日本の伝統文化・生活文化を考えるための縁《よすが》が、そこかしこに籠められている。

とはいえ、日本文化論に多少とも関心をもつ方なら、著者の代表作の一つ、『茶の文化史』(岩波新書、一九七九年)を一再ならずひもといた経験があるだろう。本書『武家文化と同朋衆』の目次および巻末初出一覧を見ると、本書は、時期的にも内容的にも、『茶の文化史』の基礎となる論稿を多く収載していることに気づく。一見、本書のハードルは高そうかもしれないが、まったく臆する必要はない。平易にして機知に富んだ筆致が、村井文化史学の根源へ誘ってくれる。

また、これまた長く読み継がれてきた著者の『千利休』(講談社学術文庫、二〇〇四年。初出一九七一年)を引きつぎ、さらに前後左右に著者が思索を深めた作品として本書を楽しむ途もあるだろう。千利休については、その後も陸続として専著が出されており、それらとの異同や距離感を確認するのも面白いのではないか(二〇二〇年度上半期現在で最新のものとして、その「あとがき」に著者村井氏も登場する、田中仙堂『千利休』〈宮帯出版社、二〇一九年〉を挙げておきたい)。

## 生活文化を考える

この「生活文化」という概念は、さきに著者村井氏の言葉を引いたように、基本的には、京都を中心とした日本（ヤマト）に根ざした、生活スタイルの伝統的構造をさす。具体的にいえば、起居《たちい》振舞や催し事、芸能・芸術の形成や構築である。そしてその多くは、実に室町時代の京都周辺に求められる（いわゆる能楽や連歌のほか、茶道・華道・香道などを想起されたい）。生活空間に即してみれば、畳敷きや違い棚、床の間の成立が列挙されよう。

戦国時代には、各大名領国で「小京都」と呼ばれるような都市空間が生まれ、こうした規準系は適宜アレンジを加えられ、各地それぞれの展開をみせた。ざっくりした言い方をすると、武家勢力の拡張が、日本の大部分にある程度共通した生活文化を広めていったわけである。

建築や美術、文学や芸能など、どんな表象文化においてもつねに問題になるのは、伝統か創造か、固陋か進取かという問題であろう。これらは、つねにせめぎ合いの関係にある。場や状況を考えながら、その都度、調整・更新が図られ、新たなものが生み出されてゆく。もちろん本書の随処では、各地方地方の独自性にも目配りがされている。東京出身の解説子としては、京都中心主義ばかりではない筆致に少しばかりホッとする。

——と、冗談はさておき、冒頭の引用文（著者の回顧談、とくに傍線部末尾付近）を読むと、やはり著者の議論は都市至上主義、京都中心主義ではないか、といぶかしむ向きもあろう。しかし、注意してほしい。著者は、「文化芸術の構造」（傍点橋本）が都市で生まれたと言っているのであり、「文化芸術」のすべてが都市で生まれたとはいっていない。ここで「構造」とされるのは、さまざまな芸術・芸能の取り合わせ、組合せ方の妙を含意しているからだろう。この点は、あるいは誤解を招きかねないので銘記しておきたい。

そして、本書に取り上げられる生活文化史を、ただの一分野史として片付けてはならない点も、改めて強調しておこう。むしろ、日本列島に生きる人々の全体史を解明する手立てとして、その主軸に置かれても不思議ではないと思う。過去・現在、そして未来の人々が生活したり事に臨んだりするときの約束事《プロトコル》が、生活文化に結晶しているからである。たとえば、人々の生活においてもっとも保守的とおぼしき要素、「食文化」についてさえ、このことは当てはまる。

在京大名衆が「日々寄合、活計ヲ尽」した有様は『太平記』も好んで取上げるところで、バサラ大名の佐々木道誉などはその典型であった。ひんぱんにもたれた連歌会や茶寄合には食事が出され、それが分国や郷里を異にする武士たちの間に料理についての知識の交換を促したことはいうまでもない。……京都を場とする都鄙の交流が食事文化に及ぼした影響は絶大で、武家社会を中心に本格的な式正《しきしよう》料理が発展した時代的な理由もこの辺りに求められよう。（第Ⅳ部「京料理と生活文化」、三五七頁）

食生活は基層文化の一つであり、生活文化の代表例とみなされる。そこに大きな展開をもたらしたのが南北朝期、武家の京都進出なのであった。今後は、蝦夷地(北海道)や南島・琉球(沖縄)など周縁地域への影響や関連性も含めて、さらに考察を深めていく必要があるように感ずる。

### 武家の文化と同朋衆

以下、本書を徐々にひもといていきたい。当然のこととはいえ、豊穣な内容をもつ作品なので、隈無く言及することは土台不可能である(解説子の能力からいっても絶望的だ)。なるべく本書の「幹」を探り当てつつ叙述してゆくつもりだが、あくまで主観的な読書案内になる公算がきわめて高い。著者および読者諸賢にはあらかじめお詫びしておきたい。

著者の定義するような生活文化が生まれた背景には、空前の全国的流動がみられた南北朝の動乱、つづく幕府の京都設置、一定数の守護の京都常駐という、新たな史的局面が強く影響していた(七五~七七頁)。総体的に見て、都鄙間交渉の増大によりさまざまな地域の文化がコキマゼられたことは間違いないが、そのパッケージ化において武家の文化的主導性が発揮されたわけである。そして、室町幕府のもとで、陰ながら幾多の文化活動に励んだのが、将軍同朋と呼ばれる、将軍お付きの遁世者集団であった。本書のタイトルに掲げられた彼らこそ、本書の主人公である。

> 室町時代になると、将軍家や大名は多かれ少なかれ、文芸、芸能をよくする「道々《みちみち》ノ物ノ上手共」「数奇ノ人」を近侍させ、「遊物《あそびもの》（者）」＝芸能者を召しかかえていたのである。それは和歌・連歌・茶湯・立花《たてばな》・舞・白拍子・早歌《そうか》・八撥《やつばち》（羯鼓《かつこ》）・一声《いっせい》（囃子）・コキリコ（小切子）等、文芸、芸能全般にわたっていた。公家社会にこうした芸能者が出入りしなかったわけではないが、文化（芸）享受の形態というか構造においては武家社会独特のものと言ってよいのであって、そこに武家文化の特質を認めることもできるのである。したがって同朋衆の存在がこの問題とふかくかかわってくる。（第Ⅰ部「東山殿の芸術生活」、八九〜九〇頁。傍点橋本。また、一部のルビは橋本による）

右の本書引用文の末尾に現れる「同朋衆」のうち、足利将軍家に仕えたさまざまな職能人が幕府同朋とよばれた人々である（他の大名の家にも同朋がいたことがわかっている）。具体的にいえば、美術品鑑定や画作などで著名ないわゆる三阿弥（能阿弥・芸阿弥・相阿弥）や、義政が寵愛してやまなかった作庭家の善阿弥など、「阿弥」号をもつ遁世者（平たくいえば出家者）たちを指す。一芸に秀でた者もあれば、多様な雑務をこなす程度の者もあり、実に多様な人材から構成されていたという。足利将軍家がプロデューサーだとすれば、幕府同朋は現場をしきるディレクター兼クリエイターといったところであろうか。

著者村井氏にとって、おそらくもっとも思い出深い業績の一つが、本書第Ⅰ部の扉絵、同朋衆を描いた若宮八幡宮所蔵の将軍参詣絵巻の発見であろう。同絵巻には、幕府同朋衆三人が描かれていた。同朋衆の姿が、これにより初めて巷間に共有されたわけである。

その後、下坂守氏と著者との共同研究の成果は、国際日本文化研究センター編『足利将軍若宮八幡宮参詣絵巻』（日文研叢書第七集、一九九五年）としてまとめられ、現在は同センター Website 上にて全編閲覧できる（http://doi.org/10.15055/00005532）。なお、下坂氏の再検討により、同絵巻はかつて唱えられた義持の参詣を描いたものではないことが解明され、以後、《足利将軍若宮八幡宮参詣絵巻》とよぶのがおおむね通例となった（下坂守『描かれた日本の中世』〈法藏館、二〇〇三年〉参照）。

こうした図像史料の紹介によって、さらに同朋衆への注目度は高まり、同朋衆の基礎的研究が着実に進展した（家塚智子「同朋衆の存在形態と変遷」〈『芸能史研究』一三六号、一九九七年〉・同「室町時代における唐物の受容」〈久保智康編『東アジアをめぐる金属工芸』勉誠出版、二〇一〇年〉、末柄豊「室町文化とその担い手たち」〈榎原雅治編『日本の時代史11　一揆の時代』吉川弘文館、二〇〇三年〉など参照）。そして今回、著者がさらに自身の研究をブラッシュアップした「室町文化と同朋衆」が増補されることも実にありがたい。

さて、著者による同朋衆への注目は、同朋が軒並み「阿弥」号を名乗ったことから、彼らが正真正銘の時衆と言えるのか（第Ⅰ部「同朋衆と阿弥衆」）、さらに議論は進んで観阿弥・世阿弥の位置づけにまで及んでゆく（同「武家文化と同朋衆」）。とりわけ世阿弥の佐渡配流をめぐる緻密な再検討は、近年の世阿弥研究ではあまり顧みられていないようだが、著者の世阿弥に対する思い入れ（愛着？）が感じられる逸品である。その実証過程とともに堪能してほしい（同「佐渡の世阿弥」）。

いずれにせよ、世阿弥に関する検討の結果、「阿弥号を付されたことのなかに、芸能者が同朋衆に準ずる立場で貴人に奉仕した、武家文化の構造的な特色」を著者は見出した（一四三頁。傍点橋本）。この「構造」の文言は、まさしく先述の著者による「生活文化」の定義と直結するだろう。本書の一貫したモチーフをここに看取することができる。

### 「寄合」の文化の重視

以上から、本書にいう「武家文化」が、ある「構造」の組み立てに比重を置いていることはわかった。それでは、それを構成する個々の中身《コンテンツ》はどのようなものだったのだろうか。

室町時代の武家は、幕府が京都に置かれたこともあって、朝廷の流儀や美意識に多少なりとも感化された。富田正弘氏の画期的な研究（「室町殿と天皇」『日本史研究』三一九号、一九八九年）以後、〈公武統一政権〉という呼び名が人口に膾炙しているように、朝廷と幕府とは政治・経済・文事・対外交流などの諸分野で密接に交流していた。そうした貴顕の文化がまず混じり合い、やがて民衆の生活圏にも影響を与えていき、われわれの伝統的な生活文化となった。つまり、室町時代文化こそが、わが国の伝統文化の水源地である——。一見すれば、こうした下降拡大史観のように映るだろう。また、常識的な文化史の語りそのものとさえいえる。

だが、実際に本書が説くのは、そうしたヴェクトルのみではない。本書の真骨頂は、室町文化の「現場」に迫っていくなかで、むしろ民衆世界の活力に注目した点にこそ求められよう。たとえば、「寄合」や「当座」、「一座建立」、という当時の言葉は、実際には都市京都からだけでは生まれ得ない概念である（序論「二つの「一座建立」」・「天文文化論」）。衆庶の文化がエリート文化と混淆し、都鄙・上下が「コキマゼ」られることによって、室町社会が伝統的な生活文化の種を生み、育てていったのである。武家の文化的主導性は、取り込み志向と組合せの巧みさによって新たな文化傾向をつくりだしたといえる。そうした複雑な現象を、室町時代という歴史性を重視して著者は「武家文化」と総括してみせたのではないか。

ともあれ、本書の流布により今や常識と化した感が強いが、公式融合の室町時代という時代状況抜きに「武家文化」は語れない。「武家」という言葉に飛びついて「一面的だ」などと批判を加えようものなら、それはけだし見当違いというほかあるまい。

そして何よりも、この時代の文化を「場」に注目して描き切った、というのが本書最大の成果の一つではなかろうか。「寄合」というのは人が集まるだけではなく、ある目的のためにひとつの空間を共有することである。「場」を規定するのは人間だけではない。そこに置かれる調度品、臨席の作法がその「場」を定義づけ、特徴を与える。そしてそのなかから、主客同座の芸能——主客同時参加型の芸術——が発展し、やがて『君台観左右帳記』などの座敷飾りの文化や茶華香道が生み出された。そうした流れを浮き彫りにし、かつ雕琢したのが本書なのである。

なお、「寄合（性）」に注目した室町文化史・日本文化論は、今なお通史類でさかんに論じられているが、その先鞭を付けたのがまさしく本書であった点も特記すべきであろう（近時の代表例として、村井章介編『日本の時代史10 南北朝の動乱』〈吉川弘文館、二〇〇三年〉、榎原雅治『室町幕府と地方の社会』〈岩波新書、二〇一六年〉など参照）。

## 禅宗文化との密接な関連性

この武家文化論に関連してもう一つ見逃せないのは、禅宗文化との関係である。いうまでもなく、鎌倉時代に本格化し、やがて一宗派として独立するようになった禅宗勢力は、当初、鎌倉幕府や有力守護など、おもに武家勢力と結びついた。さらに、天皇家や摂関家の帰依をも得ることで、発展を遂げていった。後醍醐天皇の親政を経て、室町幕府、なかんづく三代足利義満の時代に、官寺としての五山十刹の制は固まる（以上の展開につき、原田正俊『日本中世の禅宗と社会』〈吉川弘文館、一九九八年〉、斎藤夏来『禅宗官寺制度の研究』

〈吉川弘文館、二〇〇三年〉など参照)。つまり、京都・奈良の旧仏教勢力に准じた存在となり、禅の文化、それと密接な関係にある中国の文物がこれを荘厳していった。その果実を受け継いだのが、四代義持・六代義教、そしてやがて幕府を傾けることとなる八代義政であった。

禅宗風の強い独特の文化作品として、まず本書は、応永年間にさかんにつくられた渡唐天神像を取り上げる(第I部「北山殿の唐物数奇」)。天神様こと菅原道真が、中国杭州の高僧、無準《ぶじゆん》師範《しばん》に渡海参禅して開悟した、という荒唐無稽なストーリーに取材した絵画作品である。解説子も太宰府に住んでいた縁で多少調べたことがあるが、本書での分類や歴史的意味の解明には蒙を啓かれた憶えがある。また、海商たちの信仰対象ともなったこと、聖廟北野社での連歌会に始まり、各地の連歌会に天神菅公の名号が称えられ、床の間に天神像が飾られるようになったことなど、これまた多くの先駆的な指摘が確認できる。

その後、渡唐天神を含む禅と天神の関係については、今泉淑夫・島尾新編『禅と天神』(吉川弘文館、二〇〇〇年)なる論文集でさまざまな論点があぶり出され、近年では渡唐天神説話の創作地が筑前大宰府光明寺界隈、創作者が菅原氏出身の東福寺派僧鉄牛円心であったことが解明された(大塚紀弘「渡唐天神説話源流考」『日本宗教文化史研究』九巻二号、二〇〇五年)。一方、解説子のささやかな成果としては、応永年間の渡唐天神像ブームが、足利義持の頻繁な北野社参籠をみた禅宗勢力による天神信仰の取り込み作戦であったとする仮説がある（拙著『中華幻想』勉誠出版、二〇一一年、第Ⅱ章）。なお、最新の先行研究のまとめや展望などは、芳澤元「渡唐天神像と寧波」（村井章介ほか編『日明関係史研究入門』勉誠出版、二〇一五年）に手際よくまとめられている。

ところで、この渡唐天神像は、美術史の分野でいう「詩画軸」とよばれるジャンルに属する。人物や山水の水墨画（着彩も含む）の上部余白に、賛（漢文による能書き）が書き込まれる躰《てい》の作品群である。この詩画軸がさかんに作られたのが、四代義持の時期にあたるため、しばしば当時の年号をとって、「応永の詩画軸」と呼ばれる（高橋範子『水墨画にあそぶ』〈吉川弘文館、二〇〇五年〉参照）。また、おそらく当時最新の中国水墨画様式（「新様」）を用いて描かれ、多くの禅僧が賛を寄せた国宝《瓢鮎図》（画僧大巧如拙筆、退蔵院所蔵）など、新規の禅機画・詩画軸が作られるようになったのも、義持の主導による（本作品の難解な賛文の解釈は、芳澤勝弘『「瓢鮎図」の謎』〈ウェッジ選書、二〇一二年〉に詳しい）。そして、次代の永享年間に活躍する六代将軍義教のもとで、会所というパーティ会場が独立した建物として立ち現れると、書院飾の規矩が必要となってきた。座敷飾りの規範化である。それがやがて『君台観左右帳記』という故実書に結実し、近世以降の美意識や美的観念を規定してゆく。

こうした認識のうえに立って、著者は、「室町文化のピークを北山（義満期―橋本注）と東山（義政期）の間に求めたい」（序論「天文文化論」〈初出一九八六年〉、一七頁。傍点橋本）、と宣言する。すなわち、北山文化や東山文化の重要性は否定こそしないものの、その中間に位置する応永・永享期（四代義持・六代義教期）のそれにもっと注目すべきだ、という主張である。

中学・高校の歴史教科書などをひもとくと、依然として、金閣の北山文化のあとは銀閣の東山文化に飛んでしまい、会所も座敷も『君台観左右帳記』も顧眄《こべん》されることすらない。せいぜい、さきの《瓢鮎図》が挿絵程度に使われる状況である。だが、日本文化史のその後の展開を考える上では、むしろ応永・永享期に育まれた文化にこそ、われわれは注目すべきであろう。そしてそれは義政期＝東山時代をかいくぐり、戦国中期の天文期文化に結実する。要するに、本書の議論に即していえば、室町時代の文化は、①北山文化、②応永・永享（期）文化、③東山文化、④天文（期）文化、の継起として捉えてゆくべきなのである。

さればこそ、こうした問題点を早くに指摘した本書の先見性は明らかであろう。それに引きかえ、今なお応永文化論が一般に浸透し切っていないのは、後進の怠慢というほかあるまい。我々が応永・永享期の文化の価値をきちんと押さえ、実証的成果を積み重ねてゆく必要がある。

もっとも、こうした方向性の研究は、喜ばしいことに、著者の古巣である国際日本文化研究センターの共同研究で深められつつある（研究主題「応永・永享期文化論――「北山文化」「東山文化」という大衆的歴史観のはざまで」、代表は大橋直義・呉座勇一の両氏）。解説子も多少お手伝いさせていただいているが、その成果や社会への浸潤を、心から期待したい。

## 『君台観左右帳記』・『御飾記』の世界

話を本書の主人公、同朋衆に戻そう。彼らが後世に残した功績の一つに、『君台観左右帳記』や『御飾記』とよばれる、飾りの故実書・マニュアルがある。彼ら自身の職務の延長から出てきたもので、おおよそ(1)画人録（宋・元時代を中心とした画家を等級付けして得意分野＝画題をリストアップしたもの）、(2)座敷飾（押板飾・書院飾・違棚飾の規式）、(3)器物の説明（胡銅〈金属器〉・漆器・陶磁器など）、から成る。本書第Ⅱ部「『君台観左右帳記』と『御飾書』」初出時以前にも、著者は『日本思想大系23　古代中世芸術論』（岩波書店、一九七三年）などで同史料類の校注・解説に携わってきた。まさしく自家薬籠中の物の如く、その分類や解説は数々の視点を与えてくれる（第Ⅱ部「座敷飾の成立」・「『君台観左右帳記』と『御飾記』」）。たとえば、次のような総括は見事というほかない（二三五〜六頁）。

室町殿行幸記・御成記など――ハレの座敷飾――事実の記録
君台観左右帳記・御飾記など――ケの座敷飾――事実の記録＋規範の提示

また、こうした記録を構成するために必要な要素として、飾るもの、飾る場所、飾る人間、の三つを挙げている（二三八頁以下）。これは今までみてきたように、著者がとりわけ「場」の芸能・芸術を重視してきたことと相通ずる。

我々は、つい自分の関心に従って、画人録の部分だけをみて中国絵画のあれこれを論じ、あるいは「土之物《つちのもの》」（陶器）の項から和物の価値上昇などを考えてしまう。おそらく、著者の意図するところは、「場」や「人」と切り離してモノしかみようとしない各分野史に対する苦言なのではなかろうか。さまざまな要素を包含する「空間」をまるごと観察考究せよ、という叱咤であると真摯に受け止めたい。

さて、『君台観左右帳記』や『御飾記』などは、写本・伝本が非常に多く、能阿弥系統・相阿弥系統といった分類もなされてきた。また、どれが祖本に近いのか、あるいは逆に完成形とみなせるのかも、古くからの話題である。著者は初出稿「『君台観左右帳記』と『御飾記』」を載せた史料集（『茶の湯の古典1』世界文化社、一九八三年）でも、東北大学所蔵狩野文庫本『君台観左右帳記』（書写年代は奥書によると永禄二年〈一五五九〉。本奥書は永正八年〈一五一一〉）を最古の写本として高く評価し、長らくこれが定説となっている。

著者の検討によれば、『君台観左右帳記』の座敷飾りの部分は、時代を下るにしたがって、押板飾りの絵が減少し、違い棚（茶の湯棚）の図が増えるなどの傾向を見せるという。これは、「器物飾の中心が押板（そこは立華が主役となる）から違棚や茶の湯棚へと移行する姿を示して」―（二五四頁）おり、要するに座敷飾りの領域区分（茶道と華道との分業）が進んだことをうかがわせる。これは近世的な家業の分化、宗匠家の成立とも不可分の現象であろう。

なお本書刊行の後、天文五年（一五三六）最古写本の『君台観左右帳記』（大谷大学所蔵本）が再発見され（本奥書は大永四年〈一五二四〉）、矢野環氏により、それを含む二〇〇種近くの写本が総ざらいされた。系統学的な数理計算を施して写本生成の系統樹を明示する、文字通りの労作が公表されている（『君台観左右帳記の総合研究』勉誠出版、一九九九年）。復元された写本群の系統樹の絵柄については、当該書を参看されたいが、そこでの検討結果によって、文明八年（一四七六）本奥書をもつ能阿弥本（『群書類従』所収）の不自然さが明らかになった。このように、前世紀末から『君台観左右帳記』や『御飾記』の研究は新段階に入ったことも付記しておきたい（矢野氏の議論の概要は、「『老葉《わくらば》』に対する系統学的アプローチ」〈中尾央・三中信宏編著『文化系統学への招待』勁草書房、二〇一二年〉も参照のこと）。

## 「東山文化」――日本文化史上最大の焦点

このほかにも幾多の論点を有する本書だが、紙幅も尽きつつある。ここで視点を変え、本書から我々後進が引き出せる論点としては何が考えられるか、つまり今後の研究課題とは何か、について若干展望してみたい。とはいえ、所詮は巨人の肩にのるだけの存在ゆえ、揚げ足取りの類いに終始する点もまたあらかじめお断りしておきたい。

日本の文化史のなかでも、「東山文化」、あるいは義政期の文化動態がとりわけ重要だということは大方の賛同を得られるだろう。この時期の文化が、後世、なかんづく江戸時代の美意識の規範となったことはもはや常識に属する(板倉聖哲監修・根津美術館編『南宋絵画』〈展覧会図録、二〇〇四年〉、三井記念美術館編『東山御物の美』〈展覧会図録、二〇一四年〉など参照)。とくに、茶の湯の歴史(茶道史)を考えるうえで、東山殿の東求堂同仁斎が焦点となることも論を俟たない。その周辺から、いくつかの論点を探ってみたいと思う。

第一に、茶道史の語りでは、珠光が義政・能阿弥らに茶の湯を教えたり、逆にお墨付きを貰ったりしたことが神話のように語られてきた。もちろん本書ではそうした巷説に一線を画しているが、能阿弥・珠光への注目度はそれなりに大きなものがある。

まず能阿弥以下、芸阿弥・相阿弥の三阿弥についていえば、著者は現在なお心すべき重要な指摘を行なっていた。

のちに三阿弥が茶道の分野で必要以上に神聖視されるに至るその理由は、かれらが茶道の名手であったからではなく、殿中茶湯に必須不可欠であった、茶湯が行なわれる座敷の室礼=座敷飾を重要な職掌としていたからである。……当時の茶湯を、いわゆる茶道

成立後の事実認識から論じても意味はないのである。(一四〇頁)

これは、〈義政・能阿弥―珠光〉という茶道史の神話を根底から覆した指摘といっても過言ではない。我々は、まずこの認識から出発せねばならないであろう(この点は残り少ない本解説の後段でも関説したい)。

第二に、しかし珠光については若干の違和感をもっている。著者曰く、「村田珠光が一の弟子古市澄胤に与えた「心の文」のなかにみられるような、「和漢のさかいをまぎらかすこと肝要〳〵」といった、唐物から倭物への美意識の動き」(二二〇頁)、という箇所である。和物に対する評価が上がってきたことは、同じ珠光「心の文」でも、「初心の人躰がびぜん物(備前物)・しがらき物(信楽物)などをもちて、人もゆるさぬたけくらむ(闌け暗む)事、言語道断也」の部分を引くべきであったろう(桜井英治「桃山モードの基盤」〈『此君』十一号、二〇二〇年〉参照)。

そしてここからは卑見となるが、珠光が「和漢のさかいをまぎらかす」の一句に籠めた真意は、和物の否定でも唐物の称揚でもなく、あるいは和漢の積極的融合でもなく、「モノに過度に執着拘泥するな」という教訓であった。これは、「心の文(心の一紙)」の末尾にみえる、「心の師とハなれ、心を師とせざれ」の典拠(源信『往生要集』、さらにさかのぼって大般涅槃経《だいはつねんはんぎょう》)を辿り、また珠光の参じた一休宗純の維摩経的な禅浄融合志向を踏まえた解釈である。珠光の置かれた状況と、彼の主張したかったポイント、そしてこうした珠光の教えを受け止めた人々の意識のずれにも、今後なお一層の注意が必要ではなかろうか〈拙稿「珠光の嘆き」〈鈴木幸人編著『かなしむ人間』北海道大学出版会、二〇一九年〉・同「文化交流史から問い直す」〈吉田一彦・上島享編『日本宗教史1　日本宗教史を問い直す』吉川弘文館、二〇二〇年〉など参照〉。著者から引き継ぐべき宿題として、今後も追究してゆきたい。

## 茶道史の始原としての東求堂

第三に、これまた茶道史の語り口と関連してくるが、東求堂同仁斎の位置づけである。本書では、建築史の通説に沿ってであろうか、東求堂解体修理の折に現れた天井長押の墨書に「丈間」〈方丈の意ヵー橋本注〉・「御ゐろりの間」といった墨書が発見されたこと、また相阿弥『御飾記』などに「御持仏堂……四畳半敷、御囲炉ニ南蛮物釣物」とみえることなどから、同仁斎を「茶室」の一種とみなしている（一八〜九頁）。ところが、東求堂の修理報告書を見直すと、同じく内法長押に「ちやノまのにし」〈茶の間の西〉という墨書がある（『国宝慈照寺東求堂修理工事報告書』京都府教育委員会、一九六五年）。

そこで「茶の間」という言葉を調べてみると、東求堂とほぼ同時期の『蔭凉軒日録』〈相国寺鹿苑院蔭凉軒主の日記〉延徳二年（一四九〇）六月十日条に、「茶の間に於いて茶を碾《ひ》く」「来たる十九日座敷の茶也。茶磨《ちゃうす》六ケ有り」とある。つまり、「茶の間」は茶を抹《ひ》く場所であって、喫茶する場（同十九日条によれば記主の禅僧亀泉集証の縁の寮舎二軒）の「座敷」とは異なる空間とみなすべきであろう。東山の同仁斎と禅刹の一寮舎とを同一視できるか、という批判もあろうが、同時代の室町殿周辺の言葉として、無下に軽視はできないものと思う。

また、銀閣のなかでも同仁斎は、移築・移動の可能性が認められており（前掲『報告書』、百瀬正恒「東山殿・慈照寺（銀閣寺）の建物配置と庭園」〈桃崎有一郎・山田邦和編著『室町政権の首府構想と京都』文理閣、二〇一六年〉三一五頁。初出一九九五年）、時期は不明ながら、上記墨書もそうした際に書き込まれた可能性があるだろう（なぜ同仁斎部分のみ墨書が突出して多いかなども要検討）。実際、当初から囲炉裏があったと論ずる関野克氏さえ、「囲炉裏の痕跡と蛭釘《ひるくぎ》は当初のものと断定されていない」と述べる（『金閣と銀閣』日本の美術153、至文堂、一九七九年、八六頁）。創建当初、本当に囲炉裏は切られ、茶事が行なわれていたのだろうか。

加えて、近年、室町殿の御成など、喫茶を含む御成・饗応の次第を精査した橋本素子氏によると、室町殿のような貴人は、「御休息」の際、同朋衆や御所侍などが用意した茶を喫するのが通例であった。「御休息」の場に、風炉《ふろ》をはじめとする茶道具がある場合もあったが、たいていは茶立所（＝「茶湯所」――本書八五頁）が別にあり、そこで茶を点てて室町殿に提供されていたわけである。また、室町殿邸宅における法会の場面を参考にすれば——屏風や障子の陰で——幕府同朋などの茶涌等奉行（御茶湯奉行）が茶を点じ、室町殿に給仕したとみるべきだという（橋本素子「中世後期「御成」における喫茶文化の受容について」『茶の湯文化学』二六号、二〇一六年）。つまり、東求堂の同仁斎にあって、その主人義政が自ら茶を点じて喫したり、あるいは客人をもてなしたりしたという仮説は、さらなる吟味が必要となったように思われる。つまり、研究史は一周回り、かつて同仁斎を茶室でなく書斎であると論じた野地修左氏の所説（『日本中世住宅史研究』臨川書店、一九八一年。初出一九五五年）も改めて議論の俎上に上すべき段階に至ったのではなかろうか。

とはいえ、実のところ著者は、すでにその可能性についても論及していた。

ただし一般的にいって、会所が茶室でないということと、そこで茶会がもたれなかったということとは同義ではない。炉は切られていなくても、台子《だいす》をもちこみ風炉《ふろ》での点茶がなされたかもしれないし、別の部屋（茶立所―橋本注）で点てられた茶が同朋衆によってこの部屋に運ばれたかもしれないからである。（一〇六頁。傍線橋本）

東求堂同仁斎は会所でないけれども、今後、改めてこうした線で穿鑿《せんさく》してみる必要があるのではないか。

そして、このことはただちに、『君台観左右帳記』・『御飾記』などの成立年代論に結びついてくる。先にもみたように、これらの書物《マニュアル》は、同仁斎が手前を行なう空間かのように語っているからだ。さすがに、『君台観左右帳記』が江戸時代に作られた完全なる偽書だとは解説子も考えていないが、著者村井氏や矢野環氏らの研究を踏まえたうえで、改めてその成立過程を考え直す必要があるように感じている。これは、さきに本書から引用した、三阿弥神話の解体、という著者の問題設定にも重なり合う。結果的に杞憂（ないし徒労）に終わろうとも、再検討すべき一課題と考えたい。

## おわりに

近世末期まで展望する第Ⅳ部については、明らかに手薄になってしまった。狭い室町時代のみを専門とする解説子の限界だとお許しいただきたい。

また、本解説の最後の方では、著者においては百も承知であろう事柄を、非難がましくつらつら述べる仕儀となった。けれども、先達の学恩に報いるべく率直な疑問を付記してみた、というのが本心である。何より、すべて自分自身の課題として今後考えてゆかねばならない事柄ばかりであり、その点でも本当に多くの示唆を本書からは頂戴してきた。もちろん、折に触れて読み返す本書からは、今後もなお少なくない論点を汲み取ることができるに違いない。

最後の最後に、楽屋話をひとつ許されたい。解説子は、著者─村井康彦先生と直接の接点をもっていない。つねに活字を通じて勉強させていただいてきた一人である。人づてにお人柄などを伺い、思い切って完全に胸をお借りするつもりで拙文を綴ってきた。最初に書いたように、史学史的にも定評ある本書の復刊に携われた喜びはこの上ない。読者におかれては、自ら本書をひもといて、この広やかな文化史研究を楽しんでいただきたい。読めば読むほど、発見のある作品である。

（北海道大学文学研究院教授）

ちくま学芸文庫

# 武家《ぶけ》文化《ぶんか》と同朋衆《どうぼうしゅう》 生活《せいかつ》文化《ぶんか》史論《しろん》


二〇二〇年十月十日 第一刷発行

著 者 村井康彦（むらい・やすひこ）

発行者 喜入冬子

発行所 株式会社 筑摩書房
東京都台東区蔵前二―五―三 〒一一一―八七五五
電話番号 〇三―五六八七―二六〇一（代表）

装幀者 安野光雅

印刷所 明和印刷株式会社

製本所 株式会社積信堂





ISBN978-4-480-51008-2 C0121